조음·음운장애

신혜정 · 권미지 · 김시영 · 김유경 · 박상희 · 박현 · 이은경 · 이지윤 공저

ARTICULATION
AND
PHONOLOGICAL
DISORDERS

학지사

머리말

A는 우연히 보물이 가득한 동굴을 발견했고, 동굴 문을 여는 암호가 "열려라 참깨"라는 것도 알게 되었습니다. A는 눈이 휘둥그레져서 주문을 외쳤지만 문은 열리지 않았습니다. 자세히 들어보니 A는 "열여아 탐때"를 외치고 있었습니다. 이럴 때 우리는 A의 발음 문제를 진단하고 치료하기 위해 언어재활사의 도움이 필요합니다. 조음·음운장애는 언어장애 중에서도 출현율이 높아 매우 중요한 교과목으로 음성학과 음운론에 대한 기초 지식이 없다면 학습하기가 매우 어려운 영역입니다.

이에 처음 조음·음운장애를 접하는 학생을 대상으로 쉽고도 명확한 개념을 제시하여 기초를 다지고, 학기 중의 임상 실습에도 즉각적으로 활용할 수 있는 수업 교재가 필요하다고 생각했습니다. 또한 언어재활사 국가시험을 준비하는 수험생들에게도 길잡이가 되었으면 좋겠다는 마음으로 용기를 내었습니다. 본 저자들은 조음·음운장애 연구회 모임인 '청출회'의 회원들로 평소 관심 분야를 맡아 저술하였습니다. 여러 부족한 점이 있을 줄 알지만 앞으로 적극적인 연구와 검증을 통해 점점 더 채워 가고 수정해 나가겠습니다.

우리들이 기억하는 가장 오래된 조음·음운장애 교재는 『조음장애치료』(1988)입니다. 그 이전에는 구음장애라는 용어가 사용되다가 1980년대에 조음장애로 통칭되었습니다. 이후 음운장애라는 용어가 출현하여 현재는 조음음운장애 및 조음·음운장애라는 용어가 대중적으로 사용되었습니다. 최근에는 『말소리장애』(2015)라는 용어로 교재가 발간되기도 했는데, 말소리장애는 1920년대에는 전통적으로 조음장애(즉, 말 산출 장애)와 동의어로 쓰였고, 1970년대 이후에는 음운장애(즉, 음운규칙 장애)와 동의어로 사용되기도 했습니다. '말'의 두 측면은 모두 상호적이기 때문에 절대적인 구별은 어렵지만, 또한 두 부분이 분명하게 구별되어 설명되는 부분도 많이 있습니다. 이에 여러 고민 끝에 이 책의 제목을 조음과 음운 둘 다를 포함하며 대중적으로 사용되는 용어인 '조음·음운장애'로 정하였습니다. '조음·음운장애'라는 용어는 학생들이 기본적인 개념을 습득하는 데 유리합니다. 앞에서 발음 문제로 동굴의 문을 열지 못했던 A의 말을 평가하고 치료할 때에도 조음과 음운에 대한 두 용어를 분리하는 것이 언어재활사 및 치료 대상자 모두에게 도움이 될 것으로 생각합니다.

이 책은 학생들의 조음·음운장애 치료 직무 역량 향상에 주안점을 두고 있습니다. 따라서 교재 내용을 음성·음운론의 기초, 음운 발달, 조음·음운장애 원인에 관한 부분 1~5장, 진단과 진단 실제 부분 6~7장, 치료 개관, 음성학 및 음운적인 치료법, 특정장애군 치료, 치료 실제에 대한 부분 8~11장으로 구성하였습니다. 각 장에는 예제를 삽입하여 학생들의 이해를 도왔습니다.

이 책이 나오기까지 격려하고 기다려 주신 존경하는 은사님, 사랑으로 지켜 주시고 돌봐 주신 부모님, 우리들의 바쁨을 함께 참아 내고 견뎌 준 사랑하는 가족, 우리가 용기를 내도록 좋은 자극을 준 멋진 조음·음운장애 연구자들과 동료, 우리를 끊임없이 변화하게 하고 성장시키는 사랑하는 제자들에게 무한한 감사를 전합니다.

또한 저희 제자들이 슬기롭고 지역사회에 공헌하는 훌륭한 언어재활사로 거듭나기를 진심으로 고대합니다.

마지막으로 책을 집필할 수 있도록 배려해 주신 학지사에게도 감사드립니다.

2023년 3월
저자들을 대표하여
신혜정

차례

제1장 조음·음운장애의 개념

신혜정

이 책은 언어치료를 전공하는 학생들의 조음·음운장애 교과를 위해 집필하였다. 언어치료학과에 재학 중인 학부생들은 조음·음운장애의 기초 교과로 음성학, 음운론 등을 선수 과목으로 이수하였거나 언어치료학 개론이나 언어 발달 등의 교과에서 조음·음운장애의 기초적인 내용을 접하였을 것이다. 언어치료에 관한 전문 지식이 없다 하더라도 발음의 문제로 인식되는 조음·음운장애는 언어치료의 다른 전공 분야보다 학부생들이나 일반인들에게 쉽게 이해될 수 있다. 본 교재는 조음·음운장애를 가진 전 연령 대상자들을 진단 및 평가하고 치료 계획을 세우는 데 필요한 지식을 습득하는 데 그 목적이 있고, 이 지식들은 언어치료의 다른 영역을 학습하는 데도 도움이 될 것으로 생각한다.

1. 조음·음운장애의 개념

1) 의사소통장애와 조음·음운장애

인간은 주로 구어(speech)를 통해 의사소통한다. 구어는 생득적 기제에 의해 습득되고 동물과 인류를 구분하는 능력이다. 또한 구어는 인간만이 사용할 수 있는 고유한 의사소통 방식으로 진화의 산물이다. 인류는 직립을 하면서 중력의 영향으로 후두가 하강하고, 이전보다 긴 성도를 얻게 되었다. 이를 통해 인류는 구어를 통한 의사소통을 사용할 수 있는 구조를 가지게 되었다. 의사소통은 다양한 양식을 통해 가능하지만 구어를 통한 의사소통은 인간만이 가능하다.

일반적으로 의사소통은 "한 사람 또는 그 이상의 사람으로부터 다른 사람들에게 정보와 이해가 전달되는 과정으로 두 사람 사이에서 사실, 감정, 태도, 신념, 생각 등을 전달하는 것"으로 정의할 수 있다(김정리, 2003). 구어를 통한 의사소통은 화자가 말하는 것을 청자가 이해하는 과정으로 사람들 사이에서 구어를 통해 정보를 전달하고 이해하는 과정이라고 할 수 있다.

화자가 청자에게 구어를 통하여 정보를 전달하고자 한다면 화자는 먼저 자신의 생각과 상대방에게 전달할 말을 계획해야 하는데 상대방이 이해할 수 있도록 하기 위해서는 자신과 상대방이 함께 공유하는 언어, 즉 기호상징 체계에 따라야 하며 이러한 체계는 화자 및 청자의 뇌에 내재되어 있어야 한다. 화자의 뇌 속에서 계획된 언어는 호흡, 발성, 조음 등과 같은 신체활동을 통해서 말소리로 생성되며, 생성된 말소리는 공기 중에 음파의 형태로 존재한다. 또한 화자에 의하여 생성된 말소리는 청자의 청각 경로를 통해 뇌에 전달되며, 청자 또한 뇌 속에 내재되어 있는 언어 체계에 대한 지식을 활용하여 화자의 말을 이해한다(권도하 외, 2009). 이러한 의사소통 과정을 언어연쇄(speech chain)라고 하며 [그림 1-1]과 같다.

[그림 1-1]은 언어연쇄의 5가지 과정, 언어학적 단계(linguistic level), 생리학적 단계(physiological level), 음향학적 단계(acoustic level), 생리학적 단계, 언어학적 단계를 보여 주고 있다. 이 단계들은 대화가 시작되고 마칠 때까지 반복된다.

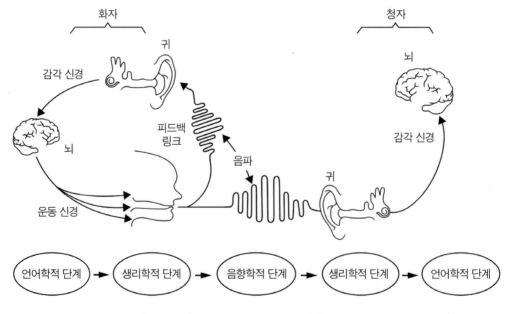

[그림 1-1] 구어를 통한 의사소통 과정: 언어연쇄

출처: http://thelanguageblog.info/general-linguistics/acoustics-and-linguistics/

구어를 통한 의사소통은 화자의 언어학적 단계와 생리학적 단계를 통해 산출되고 음향학적 단계를 거쳐 청자의 생리학적 단계와 언어학적 단계를 통해 이해된다. 대화가 진행되면 화자와 청자의 입장은 계속 반복되고 이러한 과정이 대화의 과정이고 의사소통의 과정이다.

의사소통장애는 이러한 언어연쇄 과정에 문제가 발생하는 것으로 화자의 언어학적 단계의 손상은 언어장애(language disorder), 화자의 생리학적 단계의 손상은 구어장애(speech disorder)를 발생시키고, 청자의 생리학적 단계의 손상은 청각장애가 된다.

언어학적 단계는 구어산출을 위한 언어의 구문적 · 의미적 · 음운론적 · 음성학적 지식이 작용하는 과정이고, 생리학적인 단계는 조음 기관의 근육 운동을 통제하는 과정이다. 언어학적 단계의 어려움으로 발생하는 발음 문제를 음운장애(phonological disorder)라고 하고, 생리학적 단계의 어려움으로 발생하는 발음 문제를 조음장애(articulation disorder)라고 한다. 다시 말하면 국어의 음운규칙을 습득하지 못한 경우를 음운장애, 운동학적으로 조음산출에 어려움을 갖는 경우를 조음장애라고 한다. 하지만 국어의 음운(phoneme) 습득은 언어학적 단계와 생리학적 단계가 모두 관련되고 상호작용하므로 조음장애와 음운장애를 구분하여 사용하기보다는 조음 · 음운장애로 사용하고 있다. 임상 현장에서 두 장애를 구분하는 데에는 상당한 어려움이 있고, 조음산출 오류와 음운규칙 습득의 어려움을 모두 동반하는 경우를 포함할 수 있기 때문이다. 영어권에서의 음운장애를 명확하게 구별하여 설명하는 경우도 있다. 예를 들면, /s/를 복수형에서는 산출하지 못하고 단어 내에서는 산출한다면 음운장애라고 한다.

2) 조음 · 음운장애의 정의

앞서 언어연쇄에서 조음 · 음운장애가 어떤 단계에서 발생하는지 설명하였다. 언어연쇄적인 측면에서는 화자의 생리학적 단계에서 조음 · 음운장애가 발생한다는 설명을 기억할 것이다. 이러한 생리학적 단계에서 구어가 산출되기까지는 세분화된 단계가 있다. 우선 말소리 산출을 위해서는 호흡, 발성, 조음이라는 과정을 거쳐야 한다. 언어연쇄에서 음향학적 단계가 공기 입자의 움직임이라고 하였는데 물리학적으로 소리는 공기 입자들의 움직임이다. 따라서 우리가 말소리를 산출하기 위해서는 우선 호흡을 통해서 공기를 폐로 흡입하고, 폐에 들어온 공기를 밖으로 내보내야 소리가 산출된다. 폐에서 나온 기류가 성도를 거치면서 베르누이 효과에 의해 성대를 진동시키게 되고 이를 통해서 발성이 이루어진다. 이러한 소리가 바로 음원이 되는 것이다. 이러한 음원은 조음 기관을 통해서 여러 다른 소리로 산출된다. 혀를 앞으로 하였는가? 입술을 내밀었는가? 혀를 뒤로 하면서 올렸는가? 등에 따라서 다양한 자음과 모음이 산출되는 것이다. 이러한 소리는 구강, 비강, 인두강, 입술강을 거치면서 음색을 결정하는 공명이 일어나며 바로 우리가 지금 산출하고 있는 자음, 모음으로 산출되는 것이다.

조음·음운장애(articulation and phonological disorder)는 이러한 발음에 문제가 되는 경우를 말한다. 즉, 조음 기관의 구조적인 문제나 운동적인 문제로 조음을 정확하게 산출할 수 없는 경우, 음운규칙의 학습 실패, 청각 기관의 이상으로 인한 문제, 지적 장애로 인한 문제 등으로 인해 조음 기관의 기질적·기능적 문제 또는 감각장애나 언어장애 등의 원인으로 정확한 발음을 습득하지 못하여 의사소통에 문제가 발생한 경우를 조음·음운장애라고 한다.

조음·음운장애는 용어적으로 여러 변천사가 있었다. 1980년대 이전에 번역된 언어 치료 관련 책에는 발음장애 또는 구음장애라는 용어로 현재 우리가 사용하고 있는 조음·음운장애를 정의하였다. 1980년대에 조음장애(articulation disorder)라는 용어로 보편적으로 사용하였고, 음운장애(phonological disorder)라는 용어가 나타나기 시작했다. 이후 언어치료학 분야에서 말소리 문제에 대한 언어학적 접근의 필요성이 대두되면서 조음장애와 음운장애라는 용어를 구분하여 사용하기 시작하였다(Rucello, 2008). 조음장애는 운동학적으로 발음 문제, 음운장애는 인지·언어학적인 언어 체계 문제로 발음 문제가 출현하는 경우로 정의한다. 쉽게는 해부생리 신경학적 문제가 존재하면 조음장애, 그렇지 않으면 음운장애로 구분한다(〈표 1-1〉).

하지만 이 두 현상이 뚜렷하게 다르게 나타나지 않는 경우도 있어서 조음·음운장애라고 명명하게 되었다. 그러나 조음·음운장애라고 하더라고 뚜렷이 설명할 수 없는 현상이 나타나는 것을 정의할 수 없어서 말소리장애(speech sound disorder)라고 하였으며, DSM-5(2013)에도 '말소리장애'를 정의하고 있다. 또한 기질적 문제를 동반하지 않고 발음에 오류가 있는 경우를 기능적 조음·음운장애로 정의하여 설명하기도 한다. 나타나는 현상은 발음의 오류이지만 그 원인과 패턴에 따라서 다양한 용어로 정의하고 있다. 이것은 진단과 원인에서 보다 자세하게 다루어질 것이다.

이처럼 임상에서 구어산출에 어려움을 가지는 아동이나 성인을 지칭하는 용어로 조음장애(articulation disorder), 음운장애(phonological disorder), 조음·음운장애

〈표 1-1〉 조음장애와 음운장애 특성

개념	조음장애	음운장애
증상	• 문맥에 따라 일관된 오조음	• 문맥에 따라 비일관적일 수 있음
원인	• 해부학적 문제 　– 구조적 이상(입술, 치아, 혀, 구개) 　– 감각적 이상 　청각: 청력손실, 청각적 기억력, 어음식별력 문제 　촉각: 구강·감각 지각의 문제(조음 기관 협응 어려움) • 생리적: 조음 기관 운동적 문제 • 신경적: 신경운동적 병리 　– 중추신경계 이상 → 말초신경계 이상 　　→ 근 이상, 조음 기관 운동능력 이상	• 인지 · 언어적 문제(청각장애 등 기질적 장애 제외) • 문맥에 따른 특정 음소 정조음 여부 확인, 음운변동 오류패턴 존재 확인 • 구어명료도 낮음, 음소대조에 어려움, 문법적 오류 존재
기초 관련 학문	• 음성학	• 음운론
오류	• 음성학적 오류 　(전형적인 말소리 산출의 어려움)	• 음운론적 오류 　(다른 언어 영역의 영향을 받음)
진단	• 조음검사 • 자발구어 샘플 전사 평가 • 구강 및 조음 기관 기능 평가 • 말초적 구어운동 과정 평가	• 음운변동 분석(변별자질 분석 등) • 상위음운 평가(음운인식 등) • 음운처리과정 평가

(articulation-phonological disorder), 말소리장애(speech sound disorder) 등을 다양하게 사용한다. 이에, 본 교재의 저자들은 용어통일을 위한 집필회의에서 현재 언어치료 임상 현장에서 가장 일반적으로 사용되고 있는 조음·음운장애를 사용하기로 결정하였다.

2. 조음·음운장애 출현율

1988년 미국의 자료에 따르면 학령전기 아동의 10~15%가 조음·음운장애를 보이고, 초등학생의 5%가 조음·음운장애를 보인다고 하였다(김민정, 2021 재인용)(Office of Scientific and Health Reports, 1988). 2014년 장애인실태조사 결과 언어장애인의 장애 형태는 발음이 이상하여 알아듣기 어려운 조음장애가 33.8%로 가장 많은 것으로 나타났다. 2015년 김수진 등의 설문 연구에 의하면 언어치료사가 일주일에 10여 명의 의사소통 장애인을 평가 또는 치료를 하고 이 중 44%가 말소리에 문제가 있고 11%는 다른 의사소통장애 없이 조음·음운장애가 있다고 하였다. 조음·음운장애가 나타나는 연령은 4~7세가 약 50%를 차지한다고 하였다. 이 연구를 통해 부모들은 아동의 발음 문제를 어릴 때부터 주의 깊게 관찰하고 치료를 조기에 시작함을 알 수 있다.

3. 조음·음운장애의 치료 역사

조음·음운 문제가 성숙에 의해 개선되지 못한다면 치료가 필요하다. 조음·음운장애 치료의 방향은 음성적 치료와 음운적 치료로 나눌 수 있다. 음성적 치료는 말소리를 산출하기 위한 운동학적 기능을 하지 못한다는 전제하에 개발한 치료 전략이고 음운적 치료는 인지·언어학적으로 오류를 분석하여 인지와 언어를 기반으로 치료를 하기 위해 개발한 전략이다. 조음장애와 음운장애의 정의에서도 운동학적 문제와 인지·언어학적 문제를 기준으로 설명하였듯이 이를 기반으로 한 치료적 접근 맥락까지 이어지는 것이다. 조음장애와 음운장애는 치료적 접근 측면에서는 음성적 치료와 음운적 치료로 나누어진다. 〈표 1-2〉는 음성적 치료와 음운적 치료의 대표적인 기법에 대해서 제시하고 있고, 이 책 제8장, 제9장에서 이에 대한 상세한 치료 방법을 다룰 것이다.

〈표 1-2〉 음성적 치료와 음운적 치료의 대표적인 기법

개념	조음장애	음운장애
치료	• 음성적 치료 접근법 　－ 전통적 치료법 　－ 말운동 접근법 • 과제분석법 • 청각적 자극/모방법 • 조음점 지시법 • 말소리 수정법 • 짝자극 기법 등	• 음운적 치료 접근법 　－ 오류패턴 치료 　－ 음운대조 이용 　－ 자연스러운 의사소통 맥락 강조 　－ 의사소통 기능이 있는 단어로 치료 시작 • 변별자질 접근법 • 음운변동 분석 접근법 • 대조법 • 주기법 • 상위음운 접근법 등

▶ **학습정리**

☑ 의사소통은 한 사람 또는 그 이상의 사람으로부터 다른 사람들에게 정보와 이해가 전달되는 과정으로 두 사람 사이에서 사실, 감정, 태도, 신념, 생각 등을 전달하는 것이며, 말로 하는 의사소통은 언어연쇄를 통해서 이루어진다.

☑ 언어연쇄에서 화자의 생리학적 단계에서 문제가 발생하면 조음·음운장애가 발생하게 된다.

☑ 조음·음운장애(articulation-phonological disorder)는 발음에 문제가 되는 경우를 말하며, 조음 기관의 구조적인 문제나 운동적인 문제로 조음을 정확하게 산출할 수 없는 경우, 음운규칙의 학습 실패, 청각 기관의 이상으로 인한 문제, 지적 장애로 인한 문제로 발생한다.

☑ 조음·음운장애 출현율은 학령전기 아동의 10∼15%, 초등학생의 5% 정도이다.

☑ 조음·음운장애 치료의 대표적인 방법은 음성적 치료 방법과 음운적 치료 방법이 있다.

제2장 **우리말의 모음과 자음**

신혜정, 권미지

　우리말의 모음과 자음을 알아보기 위해 음성학(phonetics)과 음운론(phonology)의 개념을 간략히 소개하고자 한다. 언어재활사는 음성학과 음운론에 관한 기본적인 지식을 습득하여야 한다. 언어재활사가 실시하는 조음·음운장애 중재는 언어재활사가 알아야 하는 지식을 결정하고, 언어재활사는 중재 내용에 관한 음성학과 음운론의 선행지식을 충분히 숙지하고 있어야 한다. 조음·음운장애는 자음, 모음 등의 음운뿐만 아니라, 음절, 음운규칙, 운율 등의 말소리 전체에 걸쳐서 나타나기 때문이다. 음성학과 음운론은 모든 사람의 말소리를 연구하는 학문으로 음성학은 말소리의 음성(phone) 특성을 객관적으로 규명하며, 연구방법에 따라 말소리의 생성 과정을 연구하는 조음음성학, 생성된 말소리의 물리적인 특성을 연구하는 음향음성학, 생성된 말소리를 청자가 지각하는 방법을 연구하는 청음음성학의 분야가 있다. 음운론은 언어의 음운 체계를 파악하고, 발화에서 나타나는 음운현상에 대하여 연구하는 학문 분야이다.

1. 음운과 음성

　음운론은 음성학을 기초로 하여 추상적이고 심리적인 음운의 특성을 설명한다. 음성학에서 제시하는 음성 정보에서 의미 분화에 기여하는 음성의 언어학적 특성을 찾는 것이다. 간단히 말하면 음성학은 음성을 연구 대상으로 하고 음운론은 음운을 연구 대상으로 한다. 언어에 있어서 음성은 소리의 최소 단위이다. 우리말 'ㅂ'를 IPA로 기재할 때 [p], [b]로 나타낼 수 있는데, 이때 [p], [b]는 음성 수준이다. 이에 반해 음운은 의미의 분화를 가져오는 소리의 최소 단위이다. 우리말에서 '불'을 IPA로 기재하면 [pul], 두 번 반복하여 말할 때 '불불'은 [pulbul]로 나타낸다. 이때 [p]와 [b]는 둘다 음소 /ㅂ/로 의미가 달라지지 않기 때문에 의미가 분화되지 않는다고 표현한다. 즉, [p]와 [b]는 두 음성, 한 음소이다. 또한 우리말 양순평파열음의 변이음(allophone)이다. 변이음은 음성학적 차이는 있지만 의미가 분화되지 않을 때 사용하는 용어이다. 다시 설명하면 음성은 물리적이고 구체적이며 개별적이다. 이에 반해 음운은 심리적이고 추상적이며 집단적인 것이다. 발화되어 나타나는 모든 언어의 실현은 물리적인 음성이지만, 이것을 이해하는 것은 추상적인 음운적 변별성에 의해서 이루어진다(신지영, 2014). 즉, 음성학은 말소리의 음성 자질(sound feature)을 동등하게 분석하지만, 음운론은 음성 자질들 중에서 의미를 분화시키는 변별 자질(distinctive feature)을 분석 대상으로 한다. 음성을 표기할 때는 '[ ]'에 넣어 기록하고, 음운을 표기할 때는 '/ /'에 넣어서 기록한다.

음성, 음운, 음소, 운소의 차이는 무엇일까? • • • • • • • • • • •

- 음성은 조음 기관을 사용하여 산출하는 말소리로 음성 체계에서 단일기호로 나타나는 단일 언어음
- 음운은 음소와 운소를 아우르는 말
- 음소는 뜻을 분화시키는 최소의 단위
- 운소는 뜻을 분화하는 데 관여하는 음소 이외의 운율적 특성으로 높낮이, 길이, 강약, 강세 등

2. 구어산출 기관

[그림 2-1]은 전체적인 조음 기관의 발동부, 발성부, 조음부, 공명부에 대한 그림이다. 좀 더 자세한 구어산출에 관여되는 기관은 [그림 2-2]에 나타내었다.

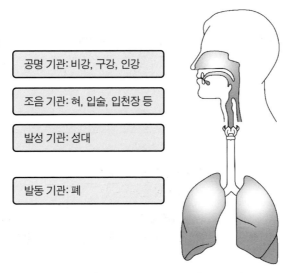

공명 기관: 비강, 구강, 인강

조음 기관: 혀, 입술, 입천장 등

발성 기관: 성대

발동 기관: 폐

[그림 2-1]　발동부, 발성부, 조음부, 공명부

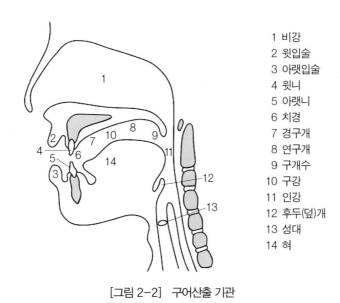

1 비강
2 윗입술
3 아랫입술
4 윗니
5 아랫니
6 치경
7 경구개
8 연구개
9 구개수
10 구강
11 인강
12 후두(덮)개
13 성대
14 혀

[그림 2-2]　구어산출 기관

출처: 김수진, 신지영(2020).

1) 발동 기관

　인간의 발동 기관으로는 폐, 후두, 연구개가 있으나, 우리 말소리 산출에서 사용되는 발동 기관은 폐가 유일하다. 구어산출을 위해서는 기류를 생성하는 발동이 선행조건이다. 발동을 통해 공기 흐름이 발생한다. 발동 기관인 폐는 공기를 들이쉬고 내쉬

는 호흡 기관으로 우리 말소리는 공기를 내쉬는 날숨에서 모두 산출된다. 즉, 우리 말
소리는 모두 부아날숨에서 생성되는 말소리라고 할 수 있다. 그러나 폐가 아닌 기관
을 발동 기관으로 하는 경우도 있는데 이를 흡착음, 내파음, 방출음이라고 한다.

〈표 2-1〉 발동 기관에 따른 말소리 분류

발동 기관 \ 기류 방향	날숨소리	들숨소리
폐	날숨소리(부아날숨소리) (한국어의 모든 소리)	
후두	성문날숨소리 (방출음, ejective)	성문들숨소리 (내파음, implosive)
연구개		연구개들숨소리 (흡착음, click)

2) 발성 기관

발성은 폐에서 올라온 기류가 성대를 지나면서 형성되는 기류의 조절과정으로 후
두 안에 위치한 성대는 유일한 발성 기관이다. 성대의 일차적인 기능은 음식물로부터
폐를 보호하는 밸브 역할을 한다. 인간은 성대의 밸브 기능을 이용하여 말소리를 산
출한다. 성문의 개폐 정도, 성대의 크기나 긴장도는 말소리 산출에 영향을 미친다. 성
대는 진동 유무에 따라 유성음과 무성음을 산출하고, 성대의 긴장도와 성문의 개폐
속도는 말소리의 높낮이를 결정하며, 성문 개폐의 강도는 말소리 크기에 영향을 미친
다. 또한 성대는 강세나 억양 등의 운율의 분화에도 관여한다.

3) 조음 기관

성대를 통과한 기류는 조음 기관에서 기류의 변형이 발생하여 다양한 말소리를 산
출한다. 조음 기관은 성도(vocal tract)의 모양을 변형시킨다. 성도의 변형에 관여하
는 조음 기관으로는 입술, 혀, 치아, 구개, 성대 등이 있다. 조음 기관 중에서 가장
능동적인 기관은 혀이고, 부위별 명칭도 각각 다르다. 혀의 가장 앞부분은 설첨(혀
끝, tongue tip), 입을 다문 상태에서 치경 부분에 닿는 설단(혓날, tongue blade), 혀의
평평한 윗부분을 설배(혓몸, tongue body)라고 하며, 전설(front), 중설(central), 후설

(back)로 구분한다([그림 2-3]). 설배의 뒷부분은 설근(혀뿌리, tongue root)으로 인두벽과 면하여 있다. 구개는 수동적인 조음 기관으로 앞니 뒷부분의 치경(alveolar ridge), 상악의 딱딱한 뼈 부위인 경구개(hard palate), 상악뼈가 없는 연구개(soft palate), 목젖(구개수, uvula)으로 구분된다.

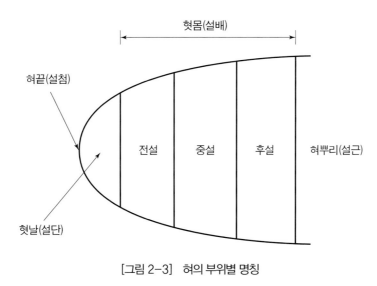

[그림 2-3] 혀의 부위별 명칭

출처: 김수진, 신지영(2020).

4) 공명 기관

성대를 통과한 기류는 성도의 공명 기관을 통과하면서 특정한 음가를 가진 말소리로 산출된다. 공명 기관은 인두강(pharyngeal cavity), 구강(oral cavity), 비강(nasal cavity), 입술강(lip cavity)으로 구분된다. 구강음을 산출할 때는 연인두폐쇄가 이루어져 기류가 비강으로 흐르지 못하고 구강으로만 흐르게 되고, 비음을 산출할 때는 연인두폐쇄가 이루어지지 않아 기류가 비강을 통과하여 흐른다. 말소리에 따라 공명 기관은 다르게 작용하고, 공명강의 구조와 크기는 개인에 따른 독특한 음색을 결정한다.

이러한 구어산출 기관은 말소리를 만들기 위한 필수적인 기관이며, 어느 한 부분에 문제가 있어도 원하는 말소리를 만들 수 없다. 발성 기관과 공명 기관의 문제는 음성산출에, 조음 기관의 문제는 기류의 변형을 가져오지 못하여 말소리 산출에 장애를 가져오게 된다. 따라서 말소리 산출은 조음 기관의 기질적·기능적 문제와 밀접한 관련성을 가지게 되고, 조음·음운장애 진단과 치료에는 조음 기관의 검사와 훈련이 선행되기도 한다.

3. 모음

모음이란 폐에서 올라온 기류가 성도를 통과할 때 어떠한 방해도 받지 않고 산출되는 소리를 말한다. 모음의 조음에는 조음 기관들이 접촉하거나 가까이 근접하는 일이 없으므로, 자음의 분류와는 다르게 모음은 혀의 위치(tongue position)와 입술의 모양에 의해 분류된다. 혀의 위치는 혀의 전후에 따라 전설(front), 중설(central), 후설(back)로 분류되고, 혀의 고저에 따라 고모음(high), 중모음(mid), 저모음(low)으로 분류된다. 입술의 모양은 원순(rounded)과 평순(unrounded)으로 분류된다. 혀의 전후에 따른 혀의 이동 범위는 경구개와 연구개까지이고, 전설 고모음 /ㅣ/의 경우 설배의 전설을 경구개에 바짝 접근시켜 조음하고, 후설 고모음 /ㅜ/의 경우에는 설배의 후설을 연구개에 바짝 접근시켜 조음한다(이호영, 2001). 혀의 고저는 개구도로 표현되기도 하며, 혀의 최고점과 구개와의 거리에 따라 구분한다. 고모음의 경우 혀의 최고점과 구개의 거리가 가장 짧고, 저모음인 경우 혀의 최고점과 구개의 거리가 가장 멀리 떨어져 있다. 하지만 혀의 고저에 관한 혀의 최고점과 구개의 거리는 절대적인 값을 가지기보다는 상대적인 개념으로 이해하는 것이 적절할 것이다. 입술의 모양은 입술의 둥글림의 유무에 따라 원순모음과 평순모음으로 구분된다. 이처럼 모음은 혀의 전후, 혀의 고저, 입술의 모양에 따라 구분된다. 우리말 모음사각도는 [그림 2-4]에 제시되어 있고, 표준 발음법에서 제시하고 있는 단모음 체계는 〈표 2-2〉와 같다.

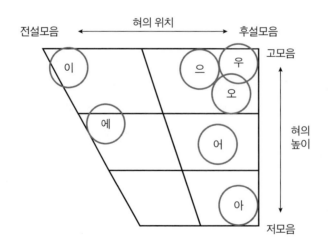

[그림 2-4] 우리말 모음사각도(7모음)

〈표 2-2〉 표준 발음법의 단모음 체계(10모음)

	전설모음		후설모음	
	평순	원순	평순	원순
고모음	ㅣ(i)	ㅟ(y)	ㅡ(ɯ)	ㅜ(u)
중모음	ㅔ(e)	ㅚ(Ø)	ㅓ(ʌ)	ㅗ(o)
저모음	ㅐ(æ)		ㅏ(ɑ)	

　표준 발음법에서 제시하고 있는 단모음은 실제 표준어 화자들이 사용하고 있는 단모음 체계와는 차이가 있다. 표준 발음법에서 단모음으로 규정하고 있는 /ㅟ, ㅚ/는 실제 화자들이 대부분 이중모음으로 사용하고 있으며, /ㅔ/와 /ㅐ/는 청각적으로 변별되지 않고 있다. 이러한 음성적 특성을 반영하여 실제 표준어 화자들이 보편적으로 사용하는 국어 단모음 체계는 〈표 2-3〉과 같다(석동일 외, 2013; 신지영, 2014).

〈표 2-3〉 우리말의 단모음 체계(7모음)

	전설모음	후설모음
고모음	ㅣ(i)	ㅡ(ɯ), ㅜ(u)
중모음	ㅐ/ㅔ(ɛ)	ㅓ(ʌ), ㅗ(o)
저모음		ㅏ(ɑ)

　실제 화자들이 산출하는 단모음의 조음 산출의 구체적인 방법은 다음과 같다(석동일 외, 2013).

- /ㅣ/: 혀의 앞부분을 경구개를 향해 거의 닿을 정도로 높이되 마찰음이 나지 않을 정도로 접근시킨다. 아래턱과 위턱이 거의 맞닿을 정도로 아래턱을 올린다. 입술을 윗니가 보일 정도로 조금 열고, 평평하고 자연스럽게 옆으로 벌려 소리 내는 평순, 전설, 고모음이다.
- /ㅐ/: 혀의 앞부분을 /ㅏ/ 소리 낼 때보다 들어올린다. 아래턱을 /ㅏ/소리 낼 때보다 조금 올려서 윗니와 아랫니 사이에 엄지손가락이 들어갈 정도로 벌린다. 입술은 펴진 상태로 자연스럽게 벌려 윗니, 아랫니가 모두 보이도록 해서 소리 내는 평순, 전설, 중모음이다.

- /ㅏ/: 혀의 중앙부를 평평하게 펼쳐 아래로 아주 낮추고, 아래턱은 완전히 아래로 내리며, 입술을 자연스럽게 크게 벌리면서 내는 평순, 후설, 저모음이다.
- /ㅡ/: 혀 중앙부 뒤쪽을 입천장의 조금 뒤로 높이 올리고, 아래턱을 거의 다 올려서 닫는다. 입술이 평평하게 펴진 모습을 하고 아랫니가 조금 보일 정도로 자연스럽게 옆으로 벌려서 내는 평순, 후설, 고모음이다.
- /ㅜ/: 혀의 뒷부분을 연구개에 거의 닫힐 정도로 높이 올리고, 아래턱이 거의 닫힌 위치까지 올라가서 이가 전혀 보이지 않게 한다. 입술을 최대한 둥글게 오므려 앞으로 내밀 때 소리 내는 원순, 후설, 고모음이다.
- /ㅓ/: 혀의 중앙부의 약간 뒷부분을 입천장 가운데를 향해 중간 위치까지 올린다. 아래턱은 /아/보다 조금 올려 윗니와 아랫니 사이에 새끼손가락이 들어갈 정도의 좁은 틈이 나게 한다. 입술은 자연스럽게 펴진 모양으로 아랫니가 보일 정도로 벌려서 내는 평순, 후설, 중모음이다.
- /ㅗ/: 혀의 뒷부분이 연구개를 향해서 중간 정도 올리고, 아래턱이 반쯤 열린 위치에서 윗니와 아랫니 사이를 새끼손가락이 들어갈 정도로 조금 연다. 입술은 둥글게 모아 내밀 때 소리 내는 원순, 후설, 중모음이다.

우리말의 모음은 발음하는 동안 조음동작이 변하지 않는 단모음과 발음하는 동안 조음 기관의 움직임에 변화가 있는 이중모음으로 구분된다. 이중모음은 활음과 단모음의 연쇄로 이루어진 말소리로 활음(반모음, 반자음)은 조음 기관의 동작이 매우 짧고 빠른 것을 특징으로 한다. 우리말의 활음은 /j, w, ɥ/계열로 구분되며 세 개의 활음은 7개의 단모음과 결합되어 10개의 이중모음으로 구분된다. 이때 활음은 단모음에 선행하는 상향 이중모음으로 한국어의 이중모음 체계는 〈표 2-4〉와 같다.

〈표 2-4〉 우리말의 이중모음 체계

	ㅣ(i)	ㅐ/ㅔ(ɛ)	ㅏ(a)	ㅡ(ɯ)	ㅜ(u)	ㅓ(ʌ)	ㅗ(o)
j		jɛ	ja		ju	jʌ	jo
w	wi	wɛ	wa			wʌ	
ɥ	ɥi						

4. 자음

　우리말 자음은 폐에서 생성된 기류가 성도에서 장애를 받아 만들어지는 소리이다. 성도 내에서의 장애는 파열, 마찰 등으로 다양하게 나타난다. 특히, 우리말 자음은 홀로 발음될 수 없으므로 자음만으로 이루어진 음절도 만들 수 없다. 하지만 이러한 특성은 우리 국어의 특징으로 다른 언어권에서는 자음만으로 음절을 구성할 수도 있다. 자음은 장애를 받는 성도 내의 위치와 장애가 만들어지는 방법에 따라 구분될 수 있고, 성대의 긴장도와 기식성 유무에 따라서도 구분된다. 자음은 장애가 일어나는 성도 내의 위치에 따라 조음위치, 장애가 만들어지는 방법에 따라 조음방법, 성대의 긴장도와 기식성 유무에 따라 발성유형으로 구분한다. 우리말 19개의 자음은 이러한 조음위치, 조음방법, 발성유형에 따라 분류된다. 다음은 우리말 자음에 있는 말소리의 분류 방식으로 조음위치에 따른 5가지 분류, 조음방법에 따라 5가지 분류, 발성유형에 따라 3가지로 분류된다. 우리말 자음의 체계는 〈표 2-5〉와 같다.

〈표 2-5〉 우리말 자음의 체계

조음방법 \ 발성유형		조음위치 양순음	치경음	경구개음	연구개음	성문음
파열음	평음	ㅂ/p/	ㄷ/t/		ㄱ/k/	
	경음	ㅃ/p*/	ㄸ/t*/		ㄲ/k*/	
	격음	ㅍ/pʰ/	ㅌ/tʰ/		ㅋ/kʰ/	
마찰음	평음		ㅅ/s/			ㅎ/h/
	경음		ㅆ/s*/			
파찰음	평음			ㅈ/tɕ/		
	경음			ㅉ/tɕ*/		
	격음			ㅊ/tɕʰ/		
비음		ㅁ/m/	ㄴ/n/		ㅇ/ŋ/	
유음			ㄹ/l/			

1) 조음위치

우리말 자음의 조음위치는 양순음, 치경음, 경구개음, 연구개음, 성문음의 5가지이다.

- 양순음(bilabial): 위·아래의 입술이 관여하여 산출되는 자음으로 /ㅂ, ㅃ, ㅍ, ㅁ/ 가 있다.
- 치경음(치조음, alveolar): 치경과 설단(또는 설첨)이 관여하여 산출되는 자음으로 /ㄷ, ㄸ, ㅌ, ㄴ, ㄹ, ㅅ, ㅆ/가 있다.
- 경구개음(palatal): 경구개와 설배의 전설이 관여하여 산출되는 자음으로 /ㅈ, ㅉ, ㅊ/가 있다.
- 연구개음(velar): 연구개와 설배의 후설이 관여하여 산출되는 자음으로 /ㄱ, ㄲ, ㅋ, ㅇ/이 있다.
- 성문음(glottal): 성대 사이에서 산출되는 자음으로 /ㅎ/가 있다.

우리말 자음에는 없지만 아래 입술과 윗니가 관여하는 순치음(labiodental), 윗니와 설첨이 관여하는 치음(dental), 설첨과 치경의 뒷부분이 관여하는 반전음(권설음, retroflex), 구개수와 후설면이 관여하는 구개수음(uvula), 인두벽과 설근이 관여하는 인두음(pharyngeal)이 다른 언어권에서는 산출될 수 있다. 이러한 조음위치에서 산출되는 자음은 조음장애 아동의 산출오류에서 흔히 관찰되기도 한다.

2) 조음방법

우리말 자음의 조음방법은 파열음, 마찰음, 파찰음, 비음, 유음의 5가지이다.

- 파열음(plosive): 공기가 성도의 정해진 조음위치에서 폐쇄 되었다가 개방되는 자음으로 /ㅂ, ㅃ, ㅍ, ㄷ, ㄸ, ㅌ, ㄱ, ㄲ, ㅋ/가 있다. 조음 기관의 폐쇄는 일정한 지속 이후에 급속한 기류의 개방이 이루어지기 때문에 폐쇄음, 정지음, 파열음으로 불린다.
- 마찰음(fricative): 공기가 성도의 일정한 조음위치에서 조음 기관이 협착되는 사이로 기류가 통과하면서 마찰 소음이 나는 자음으로 /ㅅ, ㅆ, ㅎ/가 있다.

- 파찰음(affricate): 공기가 성도의 일정한 조음위치에서 폐쇄된 후 연이어 개방되는 것이 아니라 마찰 구간이 형성되어 개방이 지연되어 이루어지는 자음이다. 즉, 폐쇄와 마찰 구간이 연이어 일어나는 자음이다. 자음으로 /ㅈ, ㅉ, ㅊ/가 있다.
- 비음(nasal): 비음은 폐쇄음과 마찬가지로 공기가 성도의 정해진 조음위치에서 폐쇄되는 자음인 것은 같으나, 연인두의 개방이 이루어지는 자음으로 /ㅁ, ㄴ, ㅇ/이 있다. 비음은 우리말소리에서 유일하게 연인두의 개방이 이루어지는 말소리이고, 비강 공명이 생성되는 소리이다.
- 유음(liquid): 혀로 성도 앞쪽의 중앙을 폐쇄하고 혀의 측면으로 공기가 나오는 자음으로 설측음(lateral) /ㄹ/([l])이다. 초성에서는 탄설음 /ㄹ/([ɾ])로 산출된다.

3) 발성유형

자음의 발성유형은 성대의 진동 여부에 따라 유성음(voiced)와 무성음(voiceless), 기식성 유무에 따라 유기음(aspirated)과 무기음(unaspirated), 긴장성 유무에 따라 경음과 연음으로 분류된다. 우리말의 양순파열음을 유성성에 따라 분류하게 되면 ㅂ[p] 무성음, ㅃ[p*] 무성음, ㅍ[pʰ] 무성음으로 구분되며, 기식성에 따른 분류를 살펴보면 ㅂ[p] 무성 무기음, ㅃ[p*] 무성 무기음, ㅍ[pʰ] 무성 유기음으로 구분된다. 한국어 양순파열음을 긴장성에 따른 분류로 살펴보게 되면 ㅂ[p] 무성 무기 연음, ㅃ[p*] 무성 무기 경음, ㅍ[pʰ] 무성 유기 경음, 즉 평음, 경음, 기음(격음)의 발성유형으로 분류된다.

음소가 음운 환경에 따라서 달리 실현되는 소리를 변이음이라고 한다. 우리말 자음이 음운 환경에 따라서 변이음으로 산출되며 자주 사용되는 변이음 기호는 〈표 2-6〉과 같다. 언어재활사는 치료목표 음소 설정을 위해서 실제 변이음이 청지각적으로 구별하기 어렵지만 음운 환경에 따라서 다르게 산출된다는 것을 알고 있어야 한다.

〈표 2-6〉 변이음 기호

범주		음소	주요 변이음	환경	예
파열음	평음	p	p	어두초성	바지
			b	어중초성	가방
			p˥	종성	집
		t	t	어두초성	다리
			d	어중초성	포도
			t˥	종성	솥
		k	k	어두초성	기차
			g	어중초성	사과
			k˥	종성	북
	기음(격음)	pʰ, tʰ, kʰ	pʰ, tʰ, kʰ	초성	파, 타, 카
	경음	p*, t*, k*	p*, t*, k*	초성	빠, 따, 까
마찰음	평음	s	ɕ	j, i, wi 앞	시계
			s	그 외 모음 앞	사람
	경음	s*	ɕ*	j, i 앞	씨앗
			s*	그 외 모음 앞	쌀
	성문음	h	ç	어두초성 i, j 앞	히
			h	그 외 어두초성	하마
			ɦ	어중초성	기후
파찰음	평음	tɕ	tɕ	어두초성	자
			dʑ	어중초성	과자
	기음(격음)	tɕʰ	tɕʰ	초성	차
	경음	tɕ*	tɕ*	초성	짜
비음		m n ŋ	m n	초성	나비
			m˥, n˥, ŋ˥	종성	감, 산, 강
유음		l	l	종성, /ㄹ/뒤 초성	달, 빨래
			ɾ	초성, 모음과 모음 사이	라면, 소리

   앞의 표에서의 변이음의 예를 살펴보면, /밥/에서 초성 /ㅂ/는 [p], 종성 /ㅂ/는 [p˥]로 나타날 수 있다. 이와 같이 파열음은 초성에서는 막았다가 터지지만, 종성에서는 불파음 [p˥], [t˥], [k˥]로 산출된다. 우리말 전사에서 비음 /m, n, ŋ/의 경우 종성에서 불파기호 생략이 가능하다. 우리말에서 모음과 모음 사이, 공명자음과 모음

사이에서 평자음은 유성음화된다. 예를 들어, /바지/에서 모음과 모음 사이의 어중초성 /ㅈ/를 전사해 보면 [padʑi]로 유성음화가 나타난다. 어중 초성에서 유성음화가 나타나는 대표적인 주요변이음은 [b], [d], [g], [ɦ], [dʑ]이다.

우리말 자음 산출의 구체적인 방법은 다음과 같다.

- 양순파열음 /ㅂ, ㅃ, ㅍ/는 윗입술과 아랫입술이 관여하여 이루어진다. 연구개 폐쇄를 통해 비강을 막고 입안에 날숨을 가두었다가 두 입술을 터뜨려서 내는 소리이다. 양순파열음 /ㅂ, ㅃ, ㅍ/는 울림소리가 아니나 /ㅂ/가 모음이나 유성음 사이에 오면 유성음으로 소리난다. /ㅂ/는 연구개를 올려 비강을 막고, 두 입술을 다물어 구강 안에 잠시 공기를 가두어 압축시켰다가 여리게 터뜨려 낸다. /ㅂ/는 성대가 울리지 않으나 「냄비」나 「초밥」 등과 같이 모음 사이에 오면 유성음이 된다. /ㅃ/는 연구개를 올려 비강을 막고, 두 입술을 다물어 공기를 인두강 안에 잠시 가두고 압축시켰다가 /ㅂ/보다 조음 기관(특히, 후두)을 긴장시켜 내는 소리로 성대는 울리지 않는다. /ㅍ/는 연구개로 비강을 막고 두 입술을 다물어 구강 안에 공기를 가두어 압축시켰다가 세게 터뜨리며 낸다. 이때 성대는 울리지 않는다.
- 양순비음 /ㅁ/는 아랫입술이 윗입술에 관여하여 나는 소리로 입안에 날숨을 가두었다가 두 입술을 터뜨려서 내는 소리이다. 이때 비강을 열어 날숨을 비강으로 통과시켜 내보내면서 성대를 진동하여 소리를 내면 /ㅁ/가 된다. /ㅁ/는 두 입술을 다물고 연구개를 내려 비강로 공기를 통과시켜서 비강을 통하여 밖으로 내보내며 내는 소리로, 조음 기관이 모두 울리는 유성음이다.
- 치경파열음 /ㄷ, ㄸ, ㅌ/는 연구개를 올려 비강을 막고 혀끝을 윗잇몸에 댄 다음, 공기를 혀로 터뜨려 내는 소리이다. /ㄷ/는 연구개로 비강을 막고, 윗잇몸에 붙여 날숨을 입안에 잠시 가두었다가 압축시켜 여리게 터뜨려 낸다. /ㄷ/는 성대 울림이 없으나 앞뒤에 모음이 오면 유성음이 된다. /ㄸ/는 연구개로 비강을 막고, 혀끝을 윗잇몸에 붙여 입안에 잠시 가두어 압축시켰다가 조음 기관을 긴장시켜 터트린다. 성대는 울리지 않는다. /ㅌ/는 연구개로 비강을 막고, 혀끝을 윗잇몸에 붙여 공기를 잠시 가두어 압축시켰다가 강하게 터뜨려 낸다. /ㅌ/는 성대가 울리지 않는 무성음이다.

- 치경비음 /ㄴ/는 치경파열음과 위치는 같으나 비강을 열고 비강을 통해 코로 공기를 내보낸다. 혀끝을 윗잇몸에 대고 입술은 열린 상태로, 연구개를 내려 공기를 직접 비강으로 보내어 비강을 통하여 내보내며 내는 소리이다.

- 치경마찰음 /ㅅ, ㅆ/는 혀끝을 아랫니 뒤쪽에 대고 혀끝과 윗잇몸 사이에 좁은 틈을 만들어 거기서 공기를 마찰시켜 내는 소리이다. /ㅅ/는 자음 중에서 가장 지속시간이 길다. /ㅅ/는 연구개를 올려 비강을 막고, 혀끝을 아랫니 뒤에 댄 채, 앞 혓바닥을 윗잇몸 가까이 접근시켜서 잇몸과 혓바닥 사이의 좁은 통로로 공기가 마찰되어 나올 때 나는 소리로 성대가 울리지 않는다. /ㅆ/는 /ㅅ/와 같은 방법으로 발음하며 조음 기관, 특히 후두를 긴장시켜 낸다. /ㅆ/도 성대가 울리지 않는다.

- 하경유음 /ㄹ/는 비강을 막고 혀끝을 윗잇몸에 대고 혀의 양쪽으로 내보내어 나는 설측음과 혀끝을 치경에 살짝 붙였다 튕기듯 떼는 탄설음의 두 가지가 있다. 설측음은 끝소리 /ㄹ/이며, 탄설음은 첫소리 /ㄹ/이다. /ㄹ/는 성대가 울리는 유성음이다.

- 연구개파열음 /ㄱ, ㄲ, ㅋ/는 연구개로 비강을 막고 후설을 연구개에 접촉하여 내는 소리이다. /ㄱ/는 연구개를 올려 비강을 막고 후설은 연구개에 닿도록 올리면 혀끝은 아래 잇몸에 댄다. 그리고 공기를 혀 뒤 인두에 잠시 가두어 압축시켰다가 터뜨려 낸다. /ㄱ/는 성대 울림이 없으나 유성음 사이에 있을 때 유성음이 되고 앞에 무성자음 끝소리가 오면 된소리가 된다. /ㄲ/는 연구개를 올려 비강을 막고 혀끝은 아래 잇몸에 댄 채 후설을 연구개에 붙인다. 그리고 공기를 인두 안에 잠시 가두어 압축시켰다가 터뜨린다. 조음 기관을 긴장시켜 내는 소리로 성대는 울리지 않는다. /ㅋ/는 연구개를 올려 비강을 막고 혀끝을 아래 잇몸에 댄 채 후설을 연구개에 붙인다. 그리고 공기를 인두 안에 잠시 가두어 압축시켰다가 거세게 터뜨린다. 성대는 울리지 않는다.

- 연구개비음 /ㅇ/은 음절의 종성에서만 실현되는 자음이다. 종성 /ㅇ/은 연구개를 내려 비강을 열고, 후설을 연구개에 댄 상태에서 공기가 비강을 통해 코로 나오며 나는 소리로 성대를 비롯한 여러 조음 기관들이 울린다.

- 성문마찰음 /ㅎ/는 연구개로 비강을 막고, 성문을 약간 열어 폐에서 공기가 흘러나올 때 마찰을 일으키며 나는 소리이다. /ㅎ/가 유성음 사이에 있을 경우 공기 마찰은 성문뿐만 아니라 입안 전체에서 나는데 이를 구강마찰이라고 한다. /ㅎ/는 모음과 같이 공기가 조음 기관의 방해를 전혀 받지 않고 통과하므로 혀의 위

치는 다음에 오는 모음에 의해 결정된다.

- 경구개파찰음 /ㅈ, ㅉ, ㅊ/는 연구개로 비강을 막고 혓몸을 입천장에 붙여 공기를 혀 뒤에 잠시 가두어 두었다가 터뜨리면서 혓몸과 입천장 사이의 좁은 통로로 공기가 나오면서 마찰된 후 터트리며 내는 소리이다. /ㅈ/는 연구개를 올려 비강을 막고 앞 혓몸을 경구개에 댄 다음, 공기를 인두에 잠깐 가두었다가 혓몸을 경구개에서 조금 떼면서 터뜨린다. /ㅈ/는 성대의 진동이 없으나 모음 사이에서 발음되면 울림소리가 된다. 또한 앞에 무성자음의 끝소리가 오면 된소리가 된다. /ㅉ/는 /ㅈ/와 같은 요령으로 내되 후두를 비롯한 조음 기관을 긴장시켜 낸다. /ㅊ/는 연구개를 올려 비강을 막고 앞 혓몸을 경구개에 댄 다음, 공기를 인두에 가두어 압축시켰다가 혓몸을 조금 떼면서 세게 터뜨려 내는 성대진동이 없는 무성음이다.

[그림 2-5]는 일반적인 자음의 방법 분류를 설명하고 있다.

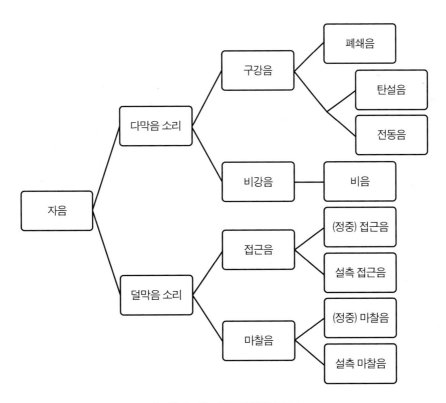

[그림 2-5]   자음의 방법 분류

그림과 같이 기류의 방해를 받는 정도에 따라 완전한 폐쇄가 나타나면 다막음 소리, 완전한 폐쇄는 아니지만 좁힘으로 방해를 받으면 덜막음 소리라고 한다. 덜막음 소리는 소음과 같은 난기류가 발생하는지 유무에 따라 발생하면 마찰음, 그렇지 않으면 접근음(approximant)이라 한다. 각 음들은 기류의 방향이 입술 중앙으로 가는지 혀의 양옆으로 나가는지에 따라 정중음과 설측음이라 불린다. 다막음 소리는 연인두 폐쇄가 이루어지는지 유무에 따라 구강음과 비음으로 나눈다. 구강음에서 폐쇄의 길이가 길 때 폐쇄음, 그렇지 않을 때는 전동음(trill)과 탄설음(flap)이다. 폐쇄가 짧게 일어나는 음들 중 한 번의 접촉만 이루어질 때 탄설음, 여러 번 접촉이 나타날 때 전동음이라 한다.

5. 전사

1) 전사 방법

한글의 자음과 모음으로는 의사소통에서 산출되는 말소리의 모든 정보를 표시할 수 없다. 이러한 말소리를 표기하기 위해서는 별도의 기호가 필요하다. 이것을 국제음성기호(International Phonetic Alphabet: IPA)라고 한다. 국제음성기호는 국제음성협회에 의하여 1888년에 제정된 음성기호로 자음과 모음으로 구성되어 있고 말소리를 전사하는 가장 일반적인 방식이다. 국제음성기호는 모든 언어권의 발음을 국제적인 표준안으로 통일하여 원활한 학문적 소통을 위한 것이다. 즉, 학자마다 서로 다른 전사기호와 전사 체계를 표준화한 것이다. 따라서 음성 전사를 하기 위해서는 IPA 기호를 정확하게 이해하는 것이 필요하다. [그림 2-6]은 최종적으로 제정된 것으로 IPA 홈페이지(http://www.langsci.ucl.ac.uk/ipa)에서 다운 받을 수 있다. IPA는 라틴문자에 기초하여 변형된 문자와 여러 가지 기호를 마련하여 다양한 음성 표기가 가능하다. 국제음성기호로는 간이 표기(broad notation)와 정밀 표기(narrow notation)를 할 수 있으며, 정밀 표기를 위해서는 여러 구별기호(diacritics, other symbols)가 사용될 수 있다. 국제음성기호는 음성 표기의 개선을 위하여 꾸준히 개정되고 있다.

말소리를 음성기호를 써서 실제 발화되는 음성을 필요한 범위에서 있는 그대로 표기하는 방법을 음성전사(Phonetic transcription)라고 한다. 음성전사는 음성 특징을 어느 정도까지 정밀하게 표기할 것인가에 따라 '정밀전사(narrow transcription)'와 '간략전사(broad transcription)'로 나눌 수 있다. 정밀전사는 해당 언어가 가진 특징을 가능한 한 자세하게 표기에 반영하는 방법으로 IPA의 구별기호(diacritics)를 사용하여 말소리를 정밀하게 표기하고, 표준어와 방언의 세밀한 연구 등에서 사용된다. 이러한 연구 목적이 아닐 때는 일반적으로 간략전사를 사용한다. 간략전사는 가능한 보조기호를 사용하지 않고 일반적으로 사용되는 기호를 쓰고 미리 이에 대해서 언급하는 경우가 많다. 정밀전사와 간략전사에서 정밀전사가 간략전사보다 더 우월한 것이라는 오해가 있기도 하는데 이는 어휘상의 오해일 뿐으로 연구의 목적 외에는 굳이 정밀전사를 사용할 필요는 없다(유필재, 2005). 그러나 언어치료에서는 오조음에 대한 정밀전사가 필요한 경우가 있다. [그림 2-7]에서는 장애 음성을 위한 IPA 기호를 제시하였는데, 구강 구조의 결함으로 인한 구개열 대상자의 경우 비강으로 기류가 누출되는 장애 음성을 가지게 되는데, 이때 언어재활사는 비누출 기호 등에 대해서 숙지하고 장애 음성을 전사할 수 있어야 한다.

2) 국제음성기호

THE INTERNATIONAL PHONETIC ALPHABET (revised to 2020)

[그림 2-6] 국제음성기호의 구성

출처: www.internationalphoneticassociation.org(2022. 02. 10.)

　[그림 2-6] 국제음성기호에서 제일 위의 박스는 폐를 발동 기관으로 하는 자음들이다. 가로측은 조음위치, 세로축은 조음방법을 나타낸다. 이 자음 방법은 〈표 2-5〉를 참고하면 된다. 표의 왼쪽에 있는 음소는 무성음, 오른쪽은 유성음을 나타낸다. 바로 아래 왼쪽 박스는 폐를 발동 기관으로 하지 않는 자음이다. 그 밖의 기호들(other symbols)은 조음위치가 두 개 이상인 음소들에 대한 음성기호들이다. 정밀부호는 음소의 상하 좌우에 첨자 형태로 사용되는 기호로 음성학적 특성을 알기 쉽게 나타낸다. 모음은 분절음은 모음사각도로 나타내었으며, 아래는 초분절음을 표시하고 있다. 다양한 음을 표현하기 위한 구별기호가 사용되는데 언어재활사가 주로 사용하는 구별기호를 선정하여 〈표 2-7〉에 제시하였다.

〈표 2-7〉 자주 사용되는 구별기호

무성음 voiceless n̥ d̥	숨소리 breathy voiced b̤ a̤	치음 dental t̪ d̪
기식음 aspirated pʰ tʰ	쥐어짜는 음 creaky voiced b̰ a̰	비강음 nasalized ã ẽ
불파음 no audible release p̚ t̚	비누출 ñ̥ d̥̃	중설음화 centralized ë

extIPA SYMBOLS FOR DISORDERED SPEECH
(Revised to 2008)

CONSONANTS (other than on the IPA Chart)

	bilabial	labiodental	dentolabial	labioalv.	linguolabial	interdental	bidental	alveolar	velar	velophar.
Plosive		p̪ b̪	p̄ b̄	p̺ b̺	t̼ d̼	t̪̄ d̪̄				
Nasal			m̄	m̺	n̼	n̪̄				
Trill					ɾ̺	ɾ̪̄				
Fricative median			f̄ v̄	f̺ v̺	θ̼ ð̼	θ̪̄ ð̪̄	h̪̄ ɦ̪̄			fŋ
Fricative lateral+median								ʪ ʫ		
Fricative nareal	m̃							ñ̥	ŋ̥̃	
Percussive	w̮						⊓			
Approximant lateral					l̼	l̪̄				

Where symbols appear in pairs, the one to the right represents a voiced consonant. Shaded areas denote articulations judged impossible.

DIACRITICS

↔	labial spreading	s�	"	strong articulation	f̬	*	denasal	m̃
⎺	dentolabial	v̄	˷	weak articulation	v̞		nasal escape	v̰
⎴	interdental/bidental	n̪̄	\	reiterated articulation	p\p\p	≈	velopharyngeal friction	s̃
=	alveolar	t̺	,	whistled articulation	s̩	↓	ingressive airflow	p↓
~	linguolabial	d̼	→	sliding articulation	θs̲	↑	egressive airflow	!↑

CONNECTED SPEECH

(.)	short pause
(..)	medium pause
(...)	long pause
f	loud speech [{f laʊd f}]
ff	louder speech [{ff laʊdɚ ff}]
p	quiet speech [{p kwaɪət p}]
pp	quieter speech [{pp kwaɪətɚ pp}]
allegro	fast speech [{allegro fɑst allegro}]
lento	slow speech [{lento sloʊ lento}]
crescendo, ralentando, etc. may also be used	

VOICING

ˬ	pre-voicing	ˬz
ˬ	post-voicing	zˬ
(ˬ)	partial devoicing	(z̥)
˳)	initial partial devoicing	˳z
(˳	final partial devoicing	z̥)
(ˬ)	partial voicing	(s̬)
ˬ)	initial partial voicing	ˬs
(ˬ	final partial voicing	s̬)
=	unaspirated	p=
h	pre-aspiration	hp

OTHERS

◯, (C̄), (V̄)	indeterminate sound, consonant, vowel	ʞ	Velodorsal articulation
(P̄l.v̄l̄s), (N̄)	indeterminate voiceless plosive, nasal, etc	¡	sublaminal lower alveolar percussive click
( )	silent articulation (ʃ), (m)	‼	alveolar and sublaminal clicks (cluck-click)
(( ))	extraneous noise, e.g. ((2 sylls))	*	sound with no available symbol

© ICPLA 2008

[그림 2-7] 장애 음성을 위한 IPA 기호의 구성

▶ **학습정리**

☑ 우리말 자음과 모음의 특성을 설명할 수 있다. 우리말 자음은 19개로 조음위치, 조음방법, 발성유형
에 따라 구분된다. 우리말 모음은 단모음 7개, 이중모음 10개로 구분되며, 단모음은 혀의 전후, 혀의
고저, 입술의 둥굴림으로 구분된다.

☑ 음운은 심리적인 존재로서의 말소리이며, 음성은 물리적인 존재로서의 말소리를 말한다.

☑ 구어산출 기관은 발동부, 발성부, 조음부, 공명부로 구분할 수 있다.

☑ 국제음성기호(The International Phonetic Alphabet: IPA)는 정밀전사와 간략전사로 구분되며, 귀 훈
련을 통해 음성전사를 할 수 있다.

☑ 언어재활사가 자주 사용하는 IPA 구별기호의 특성을 이해하고 사용할 수 있다.

다음의 음성전사를 연습해 봅니다.

수박 [subak̚]
빨래 [p*allɛ]
물레 [mullɛ]
촛불(초뿔, 촌뿔) [tɕʰop*ul, tɕʰot̚p*ul]
전화(전화, 저나) [tɕʌnɦwa, tɕʌna]
우리나라 좋은 나라 [uɾinaɾa tɕoɯn naɾa]
물을 먹어요[muɾɯl mʌgʌjo]
라디오를 들어요[ɾadioɾɯl tɯɾʌjo]

우리말의 음운론적 특성

김유경, 신혜정

앞서 제2장에서 한국어 자음과 모음의 구체적인 조음산출 특성에 대해 살펴보았다. 이 장에서는 한국어를 구성하고 있는 말소리들이 어떠한 특징들로 서로 구별되는지, 의미 있는 말을 구성하고 있는 말소리들이 어떠한 원리로 산출되는지 살펴볼 것이다. 또한 우리가 말하는 단어는 문자 또는 말로 표현할 수 있는데 표현 양식에 따라 구성되는 자·모음은 다를 수 있다. 한글의 자·모음은 표음문자이지만 한글 표기법으로 쓴 단어의 자·모음과 실제 발음을 구성하고 있는 자·모음은 다를 수 있다. 예를 들어, '국물'과 [궁물]은 문어와 구어 양식의 차이로 인해 구성된 자·모음이 다르다. 이는 소리 연쇄와 관련되며 일정한 규칙을 가지고 있다. 우리는 이를 음운규칙이라 한다. 이와 같은 말소리의 음운적 특성은 조음·음운장애 아동의 발음을 중재하기 위해 언어재활사들이 반드시 숙지해야 하는 선행 지식이다.

1. 변별 자질

음소는 단어의 의미를 구분 짓는 말소리의 최소 단위이다. 음소는 더 이상 쪼개지지 않지만 여러 변별 자질(distinctive feature)들의 묶음으로 그 특성을 설명할 수 있다. 예를 들어, /ㅁ/는 유성, 비음성, 양순 등의 음성적 특성들이 합쳐진 말소리이며, 우리는 이러한 음성적 특성들을 자질이라고 한다.

자질은 음소의 음성적 특징과 관련되는데 자질 중 음소를 구별시키는 데 직접적으로 관여하는 자질을 변별 자질이라고 하며, 반대로 특성을 나타내지만 그 자질이 일어나는 환경이 예측 가능하여 음소의 구별에 관여하지 않으면 잉여 자질이라 한다. 예를 들어, /ㅁ/와 /ㅂ/를 구성하고 있는 자질들 중 '비음성'과 '공명성'은 두 음소를 구별해 주는 변별 자질이다. 반면 /ㅁ/의 특성인 '유성'과 /ㅂ/의 특성인 '무성'은 잉여 자질이다. 왜냐하면 한국어의 모든 공명음은 '유성' 자질을 가지며 모든 장애음은 '무성' 자질을 가지기 때문에 '공명성'으로 '유성'과 '무성'의 특징을 알 수 있기 때문이다 (강옥미, 2003; 이진호, 2021).

자질은 음소들을 변별시켜 주는 역할뿐 아니라 공통적 자질로 묶어 분류하는 역할도 한다. 음성적 특성이 비슷한 음소들끼리의 묶음을 자연 부류(natural class)라고 하는데 변별 자질을 사용하면 자연 부류를 쉽게 찾을 수 있다. 예를 들어, /ㅁ, ㄴ, ㅇ/은 조음방법이 모두 비음이라는 점에서 자연 부류를 이루는데 '비음성'의 변별 자질을 사용하면 보다 쉽게 묶을 수 있다.

또한 자질은 음소 변화를 이해하는 데도 유용하다. '뽑는[뽐는]', '듣는[든는]', '국물[궁물]'은 종성/ㅂ, ㄷ, ㄱ/ 가 비음 앞에서 /ㅁ, ㄴ, ㅇ/으로 바뀐다. 이는 [공명성]이 없는 장애음 /ㅂ, ㄷ, ㄱ/가 [공명성]이 있는 소리와 연쇄될 때, 뒷소리의 [+공명성]이 앞소리에 영향을 주어 [-공명성]을 [+공명성]으로 바꾼다는 것을 알 수 있다(신지영, 차재은, 2003).

음소를 구성하고 있는 변별 자질의 집합을 기록할 때는 각 변별 자질의 유무를 '+' 혹은 '-' 로 이분법적 표기를 한다. 또한 변별 자질은 상반된 특성일 경우 하나의 변별 자질을 가진 부류(+)와 가지지 않은 부류(-)로 구분한다. 예를 들어, '원순모음'과 '평순모음'을 구분 짓는 변별 자질로 [원순성]과 [평순성]이라는 자질이 있을 때, 두 자질은 상반되므로 [원순성]을 변별 자질로 선정하면 [+평순성]은 [-원순성]과 동일하다는 것을 예측할 수 있다. 따라서 하나의 자질을 선택하여 '원순모음'은 [+원순성], '평순모음'은 [-원순성]으로 표현할 수 있다.

변별 자질과 잉여 자질 이해를 위한 학습 활동 • • • • • • • • •

이 활동은 대학생들에게 익숙한 랜덤게임의 하나이다. 활동에 참여한 사람들은 특정한 사람을 골라내기 위해 차별적인 특징들을 하나씩 제시하여, 제한된 기회 동안 사람들이 말한 특징을 많이 가지고 있는 사람에게 벌칙을 받게 한다. 여기서 특징은 자질이 되며, 참여한 모든 사람을 구분해 주는 최소한의 자질은 변별 자질이 된다.

예를 들어, 〈표 3-1〉과 같이 언어치료학과 대학생 5명이 이 활동을 하면서 6개 자질을 제시하였다. 여기서 [대학생] 자질은 어떠한 부류도 구분하지 못한다. 그리고 [여성]

과 [여학생]은 동일한 부류를 가지고 있으며, [여성]과 [남성]은 상반된 자질로써 서로 반대되는 부류를 가진다. 따라서 [대학생]은 잉여 자질이며, [여성], [여학생], [남성] 중에 하나를 변별 자질로 선정하면 다른 자질은 잉여 자질이 된다.

또한 우리는 5명을 구분하기 위해서는 적어도 3개의 변별 자질이 필요하다는 것 알 수 있다. 결과적으로 [여성]을 변별 자질로 선정하면, [여성], [안경착용], [통학 유무]로 5명을 구분할 수 있으므로 3개는 변별 자질이며, [대학생], [여학생], [남성]은 잉여 자질이다.

〈표 3-1〉 언어치료학과 5명의 자질 분석

자질	A대학생	B대학생	C대학생	D대학생	E대학생
[대학생]	+	+	+	+	+
[여성]	+	+	+	−	−
[안경 착용]	+	−	+	−	−
[통학 유무]	+	+	−	+	−
[여학생]	+	+	+	−	−
[남성]	−	−	−	+	+

변별 자질은 음소를 구분해 주는 최소한의 자질이기 때문에 언어에 따라 다를 수 있다. 제2장에서 제시한 한국어의 음소를 구분해 주는 변별 자질은 크게 주요 부류 자질, 모음 변별 자질, 자음 변별 자질로 나뉜다. 변별 자질은 말소리의 음성학적 특징과 관련되기 때문에 한국어 자·모음 분류 체계를 떠올리면 보다 쉽게 이해할 수 있으며, 보통 음소별로 분석한다. 그러나 유음 /ㄹ/의 변이음인 탄설음 [ɾ]과 설측음 [l]의 음성학적 특징은 몇몇 변별 자질에서 차이를 보인다. 이에 여기에는 /ㄹ/의 변별 자질을 [ɾ]과 [l]로 나누어 제시하였다. 그리고 이중모음은 활음과 단모음의 연쇄로 구성되기 때문에 활음의 변별 자질만을 제시하였으며, 활음의 특성상 단모음의 변별적 자질을 그대로 활용할 수 있으므로 모음 변별 자질로 분석하였다.

1) 주요 부류 자질

주요 부류 자질은 모음, 활음, 공명자음, 비공명자음(장애음)을 구분한다. 주요 부류 자질에는 [자음성(consonantal)], [성절성(syllabic)], [공명성(sonorant)]이 있다.

- [자음성(consonantal)]은 구강 중앙에서 근육이 수축되어 공기가 장애를 받아 만들어지는 성질이다. 우리말의 모든 자음은 [+자음성]이며, 모음, 활음은 [−자음성]이다.
- [성절성(syllabic)]은 단독으로 음절을 이룰 수 있는 성질이다. 우리말의 모든 모음은 [+성절성]이며, 자음과 활음은 [−성절성]이다.
- [공명성(sonorant)]은 구강과 비강 내에서 공기가 자유롭게 흐르면서 만들어지는 성질이다. 우리말의 모든 모음, 활음, 그리고 공명자음인 비음, 유음은 [+공명성]이며, 장애음은 [−공명성]이다.

2) 자음 변별 자질

자음 변별 자질은 조음위치 자질, 조음방법 자질, 발성유형 자질로 나눌 수 있다. 조음위치 자질에는 [전방성(anterior)], [설정성(coronal)]이 있고, 조음방법 자질에는 [지속성(continuant)], [지연개방성(delayed release)], [설측성(lateral)]이 있으며, 발성유형 자질에는 [긴장성(tense)], [기식성(aspirate)]이 있다.

① 조음위치 자질
- [전방성]은 조음점이 후치경 마찰음 [ʃ]보다 앞에 있는 성질이다. 우리말 자음 중 양순음, 치경음은 [+전방성]이고 그 외 경구개음, 연구개음, 성문음은 [−전방성]이다.
- [설정성]은 혀의 앞부분(설단)이 중립 위치에서 위로 올라가서 발음되는 성질이다. 우리말 자음 중 치경음, 경구개음은 [+설정성]이고 양순음, 연구개음, 성문음은 [−설정성]이다.

② 조음방법 자질
- [지속성]은 공기가 구강의 중앙부에서 막히지 않고 계속 흐르는 성질이다. 우리말 자음 중 마찰음, 설측음[l]은 [+지속성]이고 파열음, 파찰음, 비음, 탄설음은 [−지속성]이다.
- [지연개방성]은 지연개방성은 성도에서 폐쇄가 일어난 후 개방이 지연되어 발음되는 성질이다. 우리말 자음 중 파찰음만 [+지연개방성]이고 그 외 파열음, 마찰

음, 비음, 유음은 [−지연개방성]이다.

- [설측성]은 구강 중앙이 폐쇄되어 혀의 측면으로 공기가 흐르면서 발음되는 성질이다. 우리말 자음 중 설측음 [l]만 [+설측성]이고 그 외 파열음, 마찰음, 파찰음, 비음, 탄설음은 [−설측성]이다.

③ 발성유형 자질

- [긴장성]은 후두와 그 주변의 근육이 긴장되어 발음되는 성질이다. 우리말 자음 중 경음과 격음은 [+긴장성]이고 평음은 [−긴장성]이다.
- [기식성]은 성대를 열어 성문에서 강한 기식을 만들어 발음되는 성질이다. 우리말 자음 중 격음과 /ㅎ/는 [+기식성]이고 평음, 경음은 [−기식성]이다.

이상의 자질은 우리말 자음과 모음을 구분할 수 있는 최소한의 변별 자질들이다. 그러나 조음·음운장애인이 보이는 음소들의 공통적인 오류를 진단하고 치료하는 데 있어서 조음위치 자질인 [순음성(labial)]과 조음방법 자질인 [비음성(nasal)], [소음성(strident)] 또한 알아두면 유용하다(석동일, 2013).

- [순음성]은 두 입술이 관여하여 발음되는 성질이다. 우리말 자음 중 양순음만 [+순음성]이고 그 외 치경음, 경구개음, 연구개음, 성문음은 [−순음성]이다. 우리말 원순모음과 활음 [w] 또한 [+순음성]이다.
- [비음성]은 공기가 비강으로 흘러나가면서 발음되는 성질이다. 우리말 자음 중 비음만 [+비음성]이고 그 외 파열음, 마찰음, 파찰음, 유음은 [−비음성]이다. 모음과 활음은 [−비음성]이다.
- [소음성]은 공기가 좁은 틈으로 빠르게 흘러 나가면서 소음이 동반되어 발음되는 성질이다. 우리말 자음 중 치경마찰음과 파찰음은 [+소음성]이고 파열음, 비음, 유음, 성문마찰음 /ㅎ/는 [−소음성]이다.

3) 모음 변별 자질

모음 변별 자질은 혀의 높낮이와 관련된 자질인 [고설성(high)], [저설성(low)], 혀의 전후 위치와 관련된 자질인 [후설성(back)], 입술의 모양과 관련된 자질인 [원순성

(round)]이 있다.

- [고설성]은 혀의 수직적 위치가 높은 지점에서 발음되는 성질이다. 우리말 모음 중 고모음은 [+고설성]이고 중모음, 저모음은 [−고설성]이다. 활음 [j]는 /ㅣ/의 음성학적 특성을, [w]는 /ㅜ/의 음성학적 특성을, [ɰ]는 /ㅡ/의 음성학적 특성을 가지므로 [j], [w], [ɰ]는 [+고설성]이다.
- [저음성]은 혀를 아래로 내려서 발음되는 성질이다. 우리말 모음 중 저모음은 [+저음성]이고 중모음, 고모음은 [−저음성]이다. 모든 활음은 [−저설성]이다.
- [후설성]은 혀의 후설이 연구개쪽으로 이동하여 발음되는 성질이다. 우리말 모음 중 후설모음은 [+후설성]이고 전설모음은 [−후설성]이다. 활음 [w], [ɰ]는 [+후설성]이고 [j]는 [−후설성]이다.
- [원순성]은 입술을 둥글게 하여 발음되는 성질이다. 우리말 모음 중 원순모음은 [+원순성]이고 평순모음은 [−원순성]이다. 활음 [w]는 [+원순성]이고 [j], [ɰ]는 [−원순성]이다.

우리말 소리들을 앞서 제시한 자질로 분석하면 〈표 3−2〉와 같다. 표에 제시된 자질분석은 Chomsky와 Halle(1968)의 SPE에 따라 한국어 말소리를 분석한 강옥미(2003)와 이진호(2021)의 설명에 기초하되, 해당 분류에 중요하지 않은 자질은 음영으로 표시하였으며, 특정 자질의 자질가를 명시할 수 없을 경우에는 빈칸으로 두었다.

〈표 3-2〉 우리말 소리의 변별 자질 분석

구분	자질	자질을 가진 말소리 부류	ㅂ	ㅃ	ㅍ	ㅁ	ㄷ	ㄸ	ㅌ	ㅅ	ㅆ	ㄴ	ㄹ	ㄹ	ㅈ	ㅉ	ㅊ	ㄱ	ㄲ	ㅋ	ㅇ	ㅎ	ㅣ	ㅔ	ㅐ	ㅡ	ㅓ	ㅜ	ㅗ	j	ㅟ	w
주요 부류 자질	성절성	모음	-	-	-	-	-	-	-	-	-	-	-	-	-	-	-	-	-	-	-	-	+	+	+	+	+	+	+	-	-	-
	자음성	자음	+	+	+	+	+	+	+	+	+	+	+	+	+	+	+	+	+	+	+	+	-	-	-	-	-	-	-	-	-	-
	공명성	모음, 활음, 유음, 공명자음	-	-	-	+	-	-	-	-	-	+	+	+	-	-	-	-	-	-	+	-	+	+	+	+	+	+	+	+	+	+
자음 변별 자질	전방성	양순음, 치경음	+	+	+	+	+	+	+	+	+	+	+	+	-	-	-	-	-	-	-	-	-	-	-	-	-	-	-	-	-	-
	설정성	치경음, 경구개음	-	-	-	-	+	+	+	+	+	+	+	+	+	+	+	-	-	-	-	-	-	-	-	-	-	-	-	-	-	-
	순음성*	양순음, 활음, 원순모음, w	+	+	+	+	-	-	-	-	-	-	-	-	-	-	-	-	-	-	-	-	-	-	-	-	-	+	+	-	+	+
	지속성	모음, 활음, 마찰음, 설측음	-	-	-	-	-	-	-	+	+	-	+	-	-	-	-	-	-	-	-	+	+	+	+	+	+	+	+	+	+	+
	설측성	설측음	-	-	-	-	-	-	-	-	-	-	+	-	-	-	-	-	-	-	-	-	-	-	-	-	-	-	-	-	-	-
	지연개방성	파찰음	-	-	-	-	-	-	-	-	-	-	-	-	+	+	+	-	-	-	-	-	-	-	-	-	-	-	-	-	-	-
	비음성*	비음	-	-	-	+	-	-	-	-	-	+	-	-	-	-	-	-	-	-	+	-	-	-	-	-	-	-	-	-	-	-
	소음성*	치경마찰음, 파찰음	-	-	-	-	-	-	-	+	+	-	-	-	+	+	+	-	-	-	-	-	-	-	-	-	-	-	-	-	-	-
	긴장성	경음, 격음	-	+	+	-	-	+	+	-	+	-	-	-	-	+	+	-	+	+	-	-	-	-	-	-	-	-	-	-	-	-
	기식성	격음, /ㅎ/	-	-	+	-	-	-	+	-	-	-	-	-	-	-	+	-	-	+	-	+	-	-	-	-	-	-	-	-	-	-
모음 변별 자질	고설성	고모음	-	-	-	-	-	-	-	-	-	-	-	-	-	-	-	-	-	-	-	-	+	-	-	+	-	+	-	+	+	+
	저설성	저모음	-	-	-	-	-	-	-	-	-	-	-	-	-	-	-	-	-	-	-	-	-	-	+	-	-	-	-	-	-	-
	후설성	후설모음	-	-	-	-	-	-	-	-	-	-	-	-	-	-	-	-	-	-	-	-	-	-	-	+	+	+	+	-	-	+
	원순성	원순모음	-	-	-	-	-	-	-	-	-	-	-	-	-	-	-	-	-	-	-	-	-	-	-	-	-	+	+	-	+	+

* 한국어 자음과 모음을 구분할 수 있는 최소한의 변별 자질에 포함되지 않지만 조음·음운 장애의 평가 및 치료에 있어서 유용한 자질.

2. 음절

우리는 말을 산출하고 인식할 때 음소가 아닌 여러 말소리가 모인 음절, 단어, 어절 등을 먼저 떠올린다. 개별 음소는 모여서 음절을 이루고, 음절은 단어를 이루며, 단어는 강세구나 억양구 같은 큰 단위의 운율단위 혹은 음운단위를 이룬다. 운율단위는 음소들 간의 연쇄가 서로 미치는 영향을 설명할 수 있는 단위로 음운현상을 이해하는데 중요하다. 예를 들어, '내가 책 던졌다'에서 '책 던졌다[책 떤저따]'는 하나의 운율구로 어절 경계를 넘어선 경음화(평음이 경음으로 바뀌는 현상으로 /던/이 [떤]으로 실현)가 나타난다(강옥미, 2003). 그러나 어절 간 쉼을 의도적으로 넣어서 '책 (쉼) 던졌다'로 발화하면 [던저따]로 실현되어 경음화가 나타나지 않는다. 또한 '던졌다'를 한 음절씩 끊어서 산출하면 [던], [전], [다]로 발음할 수도 있다. 물론 일상 대화에서 우리는 의미를 가진 최소 단위인 단어들의 조합을 산출하기 때문에 단어보다 작은 단위로 끊어서 발화하지 않는다. 조음·음운치료는 의미 있는 발화를 명료하게 발음하는 것이 목표이기 때문에 우리는 운율단위 지식으로 목표발화의 정확한 산출 형태를 알고 있어야 평가와 치료를 오류 없이 할 수 있다.

음절은 의미와 관계없이 독립적으로 산출할 수 있는 최소 운율단위이다. 단어는 적어도 하나 이상의 음절로 구성되어 있는데, 음절을 구성하는 소리 구조는 언어에 따라 다를 수 있다. 우리나라 사람들은 음절을 쉽게 인식하는데 이는 한글이 음절단위로 모아쓰기 방식을 취하고 있어 음절이 명확하게 드러나기 때문이다. 하지만 한글 표기법으로 쓴 한글과 말소리는 항상 일치하지 않을 수 있다. 따라서 우리는 운율단위의 음절을 인식할 때 실현된 말소리들로 구성된 단위임을 기억하고 음절의 구조와 구성 말소리를 분석해야 한다.

음절 구성의 최소 조건은 모음이 반드시 있어야 한다는 것이다. 모음은 음절의 필수 성분인 음절핵이 되고 음절핵 앞으로 자음과 활음이 하나씩, 음절 뒤로 자음이 하나 올 수 있으며 이를 주변음이라 한다(신지영, 차재은, 2003). 이때 활음과 모음의 결합을 중성이라고 하며, 중성 앞에 오는 자음은 초성, 뒤에 오는 자음은 종성이라 부르며 말소리의 음절 내 위치를 명명한다([그림 3-1]). 한국어의 자음 19개 중에서 초성에 올 수 있는 자음은 18개로 자음 /ㅇ/은 초성에 허용되지 않는다. 종성에 허용되는 자음은 /ㄱ, ㄴ, ㄷ, ㄹ, ㅁ, ㅂ, ㅇ/ 7개로 제한된다.

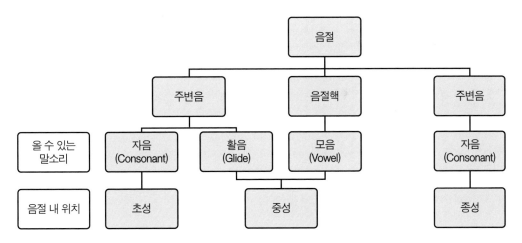

[그림 3-1] 한국어의 음절 구조

음절 구조는 음절을 구성하고 있는 자음(C)과 모음(V 혹은 GV)의 연쇄로 표현한다. 음절핵인 모음은 필수성분이지만 주변음은 수의적이기 때문에 한국어의 음절 구조는 〈표 3-3〉과 같이 8가지로 실현될 수 있다. 가장 단순한 음절 구조는 모음(V) 하나로 이루어진 음절이고, 가장 복잡한 음절 구조는 자음-활음-모음-자음(CGVC)으로 이루어진 음절이다. 가장 복잡한 음절 2개가 연쇄될 경우(CGVC-CGVC, 예: 흉년) 모음 사이에 올 수 있는 최대 자음은 2개가 될 수 있다.

〈표 3-3〉 한국어의 음절 구조

음절 구조	설명	예
V	**모음**으로 이루어진 음절	이, 아
GV	**활음-모음**으로 이루어진 음절	야, 왜
CV	**자음-모음**으로 이루어진 음절	개, 띠
VC	**모음-자음**으로 이루어진 음절	입, 옷
CGV	**자음-활음-모음**으로 이루어진 음절	벼, 뭐
GVC	**활음-모음-자음**으로 이루어진 음절	약, 왕
CVC	**자음-모음-자음**으로 이루어진 음절	곰, 땅
CGVC	**자음-활음-모음-자음**으로 이루어진 음절	별, 형

한글 표기법으로 쓴 단어는 초성이 없는 경우 'ㅇ'을 붙여서 초성에 음가가 없음을 나타내며, 음소의 연쇄로 인해 나타나는 음운의 변동과 연음화를 반영하지 않기 때문

에 음절 구조를 분석하기 앞서 음절 구성의 원리와 음운변동을 이해해야 한다.

음소들의 연쇄에서 음절 경계는 초성 우선 원리(onset-first principle)에 의해 만들어진다. 초성 우선 원리는 음절핵 앞에 있는 주변음이 우선적으로 초성이 되는 것으로 음절화(syllabification) 또는 연음화라고 한다. 예를 들어, '꽃이'에서 '꽃'의 종성 [치]가 두 번째 음절핵인 모음의 초성이 되어 [꼬치]라는 이음절로 발음된다. 단, 종성 [이]은 초성 우선 원리가 적용되지 않는다. 예를 들어, '병원'의 [이]은 연음화되지 않고 [병원]으로 실현된다. 연음화에 대한 다양한 예시는 이 장의 〈부록〉에 제시된 표준발음법 제13항부터 제16항에서 살펴볼 것을 권한다.

단어에서 자음이 올 수 있는 4위치

우리는 일상대화에서 적어도 단어 수준 이상으로 산출한다. 일음절로 이루어진 단어도 있지만 많은 단어는 다음절로 구성되어 있다. 이때 첫음절의 초성과 두 번째 음절의 초성은 동일한 음운이더라도 음성학적 특성이 다를 수 있다는 것을 제2장에서 배웠다. 이처럼 자음은 주변음의 영향을 많이 받을 뿐 아니라 음절과 단어 내 위치에 따라 조음의 난이도가 다르기 때문에 음절 내 자음의 위치인 초성, 종성뿐만 아니라 단어 내 자음의 위치를 함께 고려해야 한다.

단어 내 말소리의 위치로는 어두(word-initial), 어중(word-medial), 어말(word-final)이 있다. 다음 그림과 같이 한 단어 중 제일 첫소리 자음을 어두, 제일 끝소리 자음을 어말, 중간소리 자음을 모두 어중으로 본다. 따라서 자음이 음절과 단어 내 올 수 있는 위치는 어두초성, 어중종성, 어중초성, 어말종성 모두 4위치이다.

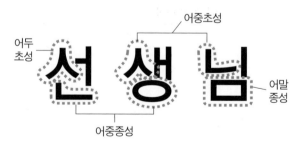

[그림 3-2] 음절 및 단어 내 자음의 위치 명명

3. 음운변동

　음운은 어떤 조음위치에 있는지, 선행하거나 후행하는 음운이 무엇인지에 따라 발음될 때 달라질 수 있다. 음운이 달라지는 것을 '음운변동'이라 하는데 이는 한글 맞춤법으로 쓰인 것과 다르게 산출되는 발음에 기인한다. 단어를 한글 맞춤법에 따라 한글 자·모음으로 쓴 것을 기저형이라 하며, 실제 발음된 자·모음의 연쇄를 표면형이라 한다. 한국어의 많은 단어들은 기저형과 표면형이 다르고, 이러한 변화는 연접한 단어 사이, 즉 어절이나 억양구 단위로도 나타날 수 있기 때문에 우리는 발화에서 음운의 변동을 빈번하게 볼 수 있다.

　음운변동은 좀 더 쉽고 편하게 발음하기 위해 나타나는 현상으로 설명되며 오랜 시간 해당 언어 사용자들의 함의로 만들어진 것이다. 예를 들면, '꽃'이라는 단어가 단독으로 발음될 때 종성의 'ㅊ'가 그대로 발음되지 않고 /ㄷ/소리로 바뀌어서 발음된다. '꽃' 뒤에 '을'이 오면 [꼬츨]로 /ㅊ/소리가 나고, '만'이 오면 [꼰만]으로 'ㅊ'이 /ㄴ/로 바뀌어 발음이 된다.

　앞의 예에서 '꽃', '꽃을', '꽃만'의 기저형에 있는 'ㅊ'는 표면형에서 연음되어 초성으로 실현되거나 /ㄷ/, /ㄴ/로 음운이 바뀌었다. 이러한 음운변동은 음운이 놓인 환경에 따라 어떤 규칙을 가지고 나타난다. 우리는 특정 환경에 따라 바뀌는 음운변동을 '음운규칙'이라고 하며, 음운규칙을 이해하여 음운변동을 분석하고 적절한 목표산출을 선정할 수 있다. 나아가 언어재활사의 음운규칙에 대한 지식은 대상자의 읽기 능력 평가와 치료를 위해서도 중요하다.

　음운변동은 크게 대치, 축약, 탈락, 첨가로 나눌 수 있다. 각 음운변동에 해당되는 예는 표준 발음법(표준어 규정[시행 2017. 3. 28.])에서 인용하였다.

1) 대치

　대치는 기저형의 음운이 환경에 따라 표면형에서 다른 음운으로 바뀌는 것이다. 표준 발음법으로 규정된 대치에는 평파열음화, 비음화, 유음화, 구개음화, 경음화가 있다.

(1) 평파열음화
평파열음화는 음절의 끝소리 규칙이라고도 한다. 우리말 종성에서는 7개 자음만을 발음할 수 있기 때문에 종성 'ㄲ, ㅋ', 'ㅅ, ㅆ, ㅈ, ㅊ, ㅌ', 'ㅍ'는 [ㄱ, ㄷ, ㅂ] 중 하나로 발음이 바뀌어야 한다. 평파열음화는 종성에 올 수 없는 장애음이 평파열음 [ㅂ, ㄷ, ㄱ]로 바뀌는 음운현상이다. 'ㄲ, ㅋ'은 [ㄱ]으로, 'ㅅ, ㅆ, ㅈ, ㅊ, ㅌ'은 [ㄷ]으로, 'ㅍ'은 [ㅂ]으로 바뀐다. 따라서 '낫, 낮, 낮, 낱'은 받침이 다르게 쓰였더라도 어말이나 자음 앞에서는 모두 동일하게 [낟]으로 발음된다. 평파열음화는 장애음에서 나타나므로 장애음에 대립되는 자음 부류인 공명음(비음, 유음)은 종성에 놓여도 제 음가대로 발음된다. 한편 'ㅎ'는 평파열음화(놓는[논는])가 나타날 수 있으나, 뒤에 어떠한 말이 오든 원래 음가대로 발음되지 못하고 변동이 나타나며, 환경에 따라 적용되는 규칙도 다양하다. 따라서 'ㅎ'의 변동은 표준 발음법에서 별도로 규정하고 있어 여기에 제시하지 않았다.

닦다[닥따]   키읔[키윽]   키읔과[키윽꽈]   옷[옫]   꽃[꼳]   쫓다[쫃따]   솥[솓]
웃다[욷따]   있다[읻따]   빚다[빋따]   젖[젇]   앞[압]   덮다[덥따]

(2) 비음화

비음화에는 장애음의 비음화와 유음 'ㄹ'의 비음화가 있으며 인접음에 동화되어 나타난다. 장애음의 비음화는 받침인 평파열음 'ㅂ, ㄷ, ㄱ'가 뒤에 있는 비음에 영향을 받아서 비음으로 바뀌는 것이다. 비음화는 조음위치는 바꾸지 않고 조음방법만 바꾼다. 비음화는 받침이 'ㅂ, ㄷ, ㄱ'가 아닌 경우 평파열음화가 적용된 후에 나타날 수도 있다. 음운은 여러 음운규칙이 적용되어 변화할 수 있는데 이때는 적용 순서를 살펴보아야 한다. 예를 들어, '깎는'은 평파열음화로 인해 '깍는'으로 음운이 변동된 후에 비음화 현상이 적용되어 [깡는]으로 실현된 것이다. 비음화는 매우 강력하여 '옷 맞추다[온맏추다]'처럼 단어 사이에서도 나타날 수 있다.

먹는[멍는]   국물[궁물]   깎는[깡는]   키읔만[키웅만]
몫몫이[몽목씨]   긁는[긍는]   흙만[흥만]   닫는[단는]
짓는[진ː는]   옷맵시[온맵씨]   있는[인는]   맞는[만는]
젖멍울[전멍울]   쫓는[쫀는]   꽃망울[꼰망울]   붙는[분는]
놓는[논는]   잡는[잠는]   밥물[밤물]   앞마당[암마당]
밟는[밤ː는]   읊는[음는]   없는[업ː는]   값매다[감매다]

'ㄹ'의 비음화는 받침 'ㅁ, ㅇ' 뒤에 연결되는 'ㄹ'이 앞에 있는 비음에 영향을 받아 [ㄴ]로 바뀌는 음운현상으로 주로 한자어에서 찾아볼 수 있다(예-가). 한편, 받침 'ㄱ, ㅂ' 뒤에 연결되는 'ㄹ'도 [ㄴ]로 발음되므로 비음화라 할 수 있다(예-나). 단, 'ㄱ, ㅂ' 뒤에서 일어나는 비음화는 'ㄹ'이 'ㄴ'으로 바뀐 후 다시 'ㄴ'에 의해 선행하는 'ㄱ, ㅂ'가 [ㅇ, ㅁ]로 바뀌기 때문에 장애음의 비음화가 추가적으로 일어나는 단어이다. 즉, 받침소리에서는 비음동화가 나타났지만, 'ㄹ'의 비음화는 어떤 특징에 의해 비음으로 변화되었는지를 명확히 설명하기 어렵기 때문에 '예-나'의 단어에서 나타나는 'ㄹ'의 비음화는 동화에서 제외하자는 의견도 있다(이진호, 2021).

　가. 담력[담 : 녁]　　　침략[침냑]　　　　강릉[강능]　　　　항로[항 : 노]
　나. 막론[막논 → 망논]　백리[백니 → 뱅니]　협력[협녁 → 혐녁]　십리[심리 → 심니]

(3) 유음화

유음화는 'ㄹ'과 결합하는 'ㄴ'이 유음으로 바뀌는 음운현상으로 동화되어 나타난다. 유음화는 영향을 받는 'ㄴ'과 영향을 주는 'ㄹ'의 결합 순서에 따라 역행적 유음화(예-가)와 순행적 유음화(예-나)로 구분할 수 있다. 그리고 유음으로 변동되면서 음성학적 특징이 설측음으로 실현되었기 때문에 설측음화라도 한다.

　가. 난로[날 : 로]　　신라[실라]　　　천리[철리]　　　대관령[대 : 괄령]
　나. 칼날[칼랄]　　　물난리[물랄리]　　줄넘기[줄럼끼]　　할는지[할른지]

음화와 동화　· · · · · · · · · ·

　'음화'는 음운이 변화된 현상에 초점을 둔 용어이다. 즉, 특정 음운환경에서 한 음운이 다른 음운으로 바뀌었을 때 변화된 음운의 특성으로 음화를 명명한다. 예를 들어, 비음화는 비음이 아닌 소리가 비음으로, 조음방법이 바뀐 음운현상을 말한다.

　'동화'는 음운이 인접음을 닮아서 변화된 현상에 초점을 둔 용어이다. 즉, 특정 음운환경에서 한 음운이 인접한 다른 음운의 특성을 닮아서 그와 비슷하거나 같은 소리로 바뀐 것을 동화라고 하며 음화와 동일하게 변화된 음운의 특성으로 동화를 명명한다. 따라서 '동화'는 '음화'를 전제로 하는 용어로 '비음동화'는 '비음화'가 나타난 단어에서 일어나는 음운현상이다. 표준 발음법에서는 비음화, 유음화, 구개음화를 동화로 규정하고 있다.

 동화 분석하기

동화는 주변 소리를 닮아가는 음운현상으로 음운환경과 동화된 소리를 분석하여 다음과 같이 구분할 수도 있다.

첫째, 어떤 음운이 영향을 주고(음운 환경 'X'), 어떤 음운이 영향을 받았는지(동화된 소리 '＿')에 따라 동화의 방향 분석하여 '순행동화'와 '역행동화'로 나눌 수 있다. 순행동화는 영향을 주는 음운환경이 동화된 소리보다 앞에 있는 경우(X ＿)이고, 역행동화는 영향을 주는 음운환경이 동화된 소리보다 뒤에 있는 경우(＿ X)이다.

둘째, 동화된 소리가 어떠한 소리의 특성을 닮아서 변화되었는지에 따라 '조음방법동화', '조음위치동화', '발성유형동화'로 나눌 수 있다. 이는 동화된 음운의 말소리 분류 체계가 동화되기 전과 비교하였을 때 무엇이 변화하였는지를 분석하면 보다 쉽게 알 수 있다.

셋째, 변화된 소리가 영향을 준 음운과 얼마나 닮았는지에 따라 '완전동화'와 '불완전동화'로 나눌 수 있다. 완전동화는 동화된 소리가 영향을 준 소리와 같은 음운으로 바뀐 경우이고, 불완전동화는 동화된 소리가 영향을 준 소리의 특성만 반영되어 똑같지 않은 음운으로 바뀐 경우이다.

표준 발음법의 동화 중 자음 사이에서 나타나는 비음화와 유음화를 예를 들어 보면 다음과 같다.

단어	동화	동화의 방향	동화된 음소 분류 체계	동화의 결과
먹는[멍는]	비음동화	역행동화	조음방법동화	불완전동화
강릉[강능]	비음동화	순행동화	조음방법동화	불완전동화
신라[실라]	유음동화	역행동화	조음방법동화	완전동화
줄넘기[줄럼끼]	유음동화	순행동화	조음방법동화	완전동화

수의적 동화 · · · · · · · · · · ·

　　표준 발음법에서는 비음화, 유음화, 구개음화만을 동화로 인정하고 조음위치동화를 표준 발음으로 보지 않는다. 그러나 일상 발화에서 빈번하게 나타나는 양순음동화와 연구개음동화를 사회적으로 오류발음으로 보지는 않는다. 양순음동화(예-가)와 연구개음동화(예-나)는 치경음이 뒤에 있는 양순음이나 연구개음의 영향을 받아 조음위치가 동화되는 음운현상이다. 이 동화는 필수적으로 일어나는 현상이 아닌 수의적으로 일어나는 현상으로 동화가 적용된 표면형과 적용되지 않은 표면형 모두 정상 발음으로 용인할 필요가 있다. 일반적으로 수의적 변동은 말속도가 빠를수록, 비격식적 대화일수록 나타날 가능성이 높다.

가. 문법[문뻡]/[뭄뻡]　　꽃밭[꼳빧]/[꼽빧]　　신발[신발]/[심발]　　한복[한복]/[함복]
나. 감기[감기]/[강기]　　한강[한강]/[항강]　　있고[읻꼬]/[익꼬]　　꽃길[꼳낄]/[꼭낄]

(4) 구개음화

　　구개음화는 받침이 치경음인 'ㄷ, ㅌ(ㄾ)'이 조사나 접미사의 모음 'ㅣ' 앞에서 경구개음으로 바뀌어 뒤 음절 첫소리로 옮겨 발음되는 음운현상이다. 이 현상은 모음 'ㅣ'의 조음위치가 경구개 부근이기 때문에 비구개음인 'ㄷ, ㅌ'이 경구개음 'ㅈ, ㅊ'으로 바뀐 것으로 자음의 조음위치가 모음의 조음위치에 동화되었다고 볼 수 있다(이진호, 2021).

곧이듣다[고지듣따]　　　　굳이[구지]　　　　미닫이[미다지]
땀받이[땀바지]　　　　　　밭이[바치]　　　　벼훑이[벼홀치]

(5) 경음화

　　경음화는 평장애음이 경음으로 바뀌는 음운현상으로 평파열음 뒤 경음화와 비음 뒤 경음화로 나누어진다. 평파열음 뒤 경음화는 평파열음 뒤에서 'ㄱ, ㄷ, ㅂ, ㅅ, ㅈ'이 경음으로 발음되는 음운현상이다. 받침 'ㄱ, ㄷ, ㅂ' 뒤에서는 물론이고 'ㄲ, ㅋ, ㄲ, ㄺ', 'ㅅ, ㅆ, ㅈ, ㅊ, ㅌ', 'ㅍ, ㄿ, ㄾ, ㅄ'과 같이 표면적으로는 'ㄱ, ㄷ, ㅂ'으로 끝나지 않아도 종성에서 대표음 [ㄱ, ㄷ, ㅂ]으로 발음되는 경우도 경음화가 적용된다.

국밥[국빱]	깎다[깍따]	넋받이[넉빠지]	샀돈[삭똔]
닭장[닥짱]	칡범[칙뻠]	뻗대다[뻗때다]	옷고름[옫꼬름]
있던[읻떤]	꽃고[꼳꼬]	꽃다발[꼳따발]	낯설다[낟썰다]
밭갈이[받까리]	숱전[숟쩐]	곱돌[곱똘]	덮개[덥깨]
옆집[엽찝]	넓죽하다[넙쭈카다]	읊조리다[읍쪼리다]	값지다[갑찌다]

비음 뒤 경음화는 용언의 어간 말에 위치한 비음 뒤 어미에서 적용되는 것으로 어간받침 'ㄴ(ㄵ), ㅁ(ㄻ)' 뒤에 결합되는 어미의 첫소리 'ㄱ, ㄷ, ㅅ, ㅈ'가 경음으로 발음되는 음운현상이다. 단, 피동, 사동의 접미사 '-기-'는 경음화가 일어나지 않는다(안기다[안기다], 감기다[감기다] 등). 그리고 어간과 어미의 결합이 아닌 '감자'(채소 감자), '안다'(정보를 가짐) 등의 단어에서도 경음화는 나타나지 않는다.

신고[신 : 꼬]	껴안다[껴안따]	앉고[안꼬]	얹다[언따]
삼고[삼 : 꼬]	더듬지[더듬찌]	닮고[담 : 꼬]	젊지[점 : 찌]

2) 축약

축약은 기저형의 두 음운 합쳐져서 또 다른 음운이 되는 것이다. 표면형에서 새롭게 나타난 음운은 두 음운의 특징들이 합쳐져서 하나의 음운으로 축약되어 나타난 것으로 탈락과 대치로 보지 않는다. 축약은 'ㅎ'와 평파열음 또는 평파찰음이 결합하여 격음[ㅍ, ㅌ, ㅊ, ㅋ]으로 바뀌는 음운현상으로 'ㅎ'는 평파열음이나 평파찰음의 앞이나 뒤에 올 수 있다.

놓고[노코]	좋던[조 : 턴]	쌓지[싸치]	많고[만 : 코]
않던[안턴]	닳지[달치]	각하[가카]	먹히다[머키다]
밝히다[발키다]	맏형[마텽]	좁히다[조피다]	넓히다[널피다]
꽂히다[꼬치다]	앉히다[안치다]		

3) 탈락

탈락은 기저형에 있던 음운이 없어지는 음운현상으로 자음군 단순화, 'ㅎ' 탈락, 'j' 탈락, 'ㄴ' 탈락, 'ㅡ' 탈락, 'ㅏ, ㅓ' 탈락 등이 있다. 여기에는 한글 맞춤법으로 쓴 단어에서 표기되지 않은 음운의 탈락을 제외한 자음군 단순화, 'ㅎ' 탈락, 동일 조음위치 장애음 탈락만을 설명하였다. 제시되지 않은 탈락의 예와 규정은 이 장 뒤에 수록된 〈부록〉의 표준 발음법을 참고하길 바란다.

(1) 자음군 단순화

자음군 단순화는 종성에 겹받침이 놓일 때 겹받침을 이루는 두 자음 중 하나가 탈락하는 음운현상이다. 주로 어떤 겹받침이 탈락되는지에 따라 자음군 단순화를 다음과 나누어 볼 수 있다.

겹받침 'ㄳ', 'ㄵ', 'ㄼ, ㄽ, ㄾ', 'ㅄ'은 어말 또는 자음 앞에서 각각 [ㄱ, ㄴ, ㄹ, ㅂ]으로 발음되어 하나의 자음이 탈락된다(예-가). 단, 'ㄼ'은 단어에 따라 탈락되는 자음이 다를 수 있다. '예-나'와 같은 경우 '밟-'은 자음 앞에서 [밥]으로 발음하고, '넓-'은 [넙]으로 발음한다.

가. 넋[넉]　　　넋과[넉꽈]　　　앉다[안따]　　　여덟[여덜]　　　넓따[널따]
　　외곬[외골]　　훑다[훌따]　　　값[갑]　　　　없다[업ː따]
나. 밟다[밥ː따]　　밟소[밥ː쏘]　　　밟지[밥ː찌]　　밟게[밥ː께]　　밟고[밥ː꼬]
　　넓-죽하다[넙쭈카다]　　　넓-둥글다[넙뚱글다]

겹받침 'ㄺ, ㄻ, ㄿ'은 어말 또는 자음 앞에서 각각 [ㄱ, ㅁ, ㅂ]으로 발음되어 하나의 자음이 탈락된다(예-가). 단, 용언 어간의 겹받침 'ㄺ'은 'ㄱ' 앞에서 [ㄹ]로 발음한다 (예-나).

가. 닭[닥]　　　흙과[흑꽈]　　　맑다[막따]　　　늙지[늑찌]
　　삶[삼]　　　젊다[점ː따]　　　읊고[읍꼬]　　　읊다[읍따]
나. 맑게[말께]　　묽고[물꼬]　　　얽거나[얼꺼나]

(2) 'ㅎ' 탈락

'ㅎ' 탈락은 'ㅎ(ㄶ, ㅀ)'로 끝나는 어간이 모음으로 시작하는 어미나 접미사와 결합될 때 'ㅎ'가 발음되지 않는 음운현상이다. 표준 발음법에서 'ㅎ' 탈락은 용언에서만 나타날 수 있는 현상이다.

낳은[나은]	놓아[노아]	쌓이다[싸이다]	많아[마:나]
않은[아는]	닳아[다라]	싫어도[시러도]	

수의적 탈락

현실 발음에서 수의적으로 나타나는 탈락으로 공명음 사이의 'ㅎ' 탈락과 동일조음위치 장애음 탈락이 있다. 이러한 수의적 탈락은 표준 발음은 아니지만 사회적으로 용인되는 발음으로 오류로 보지 않는다.

공명음 사이의 'ㅎ' 탈락은 어중초성 'ㅎ'가 공명음 사이에서 발음되는 않는 음운변동이다. 따라서 2음절 이상 단어에서 나타날 수 있으며, 탈락되지 않고 음향학적 에너지가 약화되어 발음되기도 한다.

고향[고향]/[고양]   면허[면허]/[머너]   외할머니[외할머니]/[외알머니]
진술하다[진:술하다]/[진:수라다]   주저하다[주저하다]/[주저아다]

동일조음위치 장애음 탈락은 조음위치가 같거나 유사한 장애음들이 인접할 때 음절 말의 장애음이 발음되지 않는 음운변동이다. 'ㅂ'와 'ㅂ, ㅃ, ㅍ', 'ㄷ'와 'ㄷ, ㄸ, ㅌ, ㅅ, ㅆ, ㅈ, ㅉ, ㅊ', 'ㄱ'와 'ㄱ, ㄲ, ㅋ'의 연쇄에서 받침 'ㅂ, ㄷ, ㄱ'는 탈락된다. 표면적으로는 'ㅂ, ㄷ, ㄱ'으로 끝나지 않아도 종성에서 대표음 [ㅂ, ㄷ, ㄱ]으로 발음되는 경우도 동일조음위치 장애음 탈락이 적용된다.

밥풀[밥풀]/[바풀]   집필[집필]/[지필]   곱빼기[곱빼기]/[고빼기]
벗다[벋따]/[버따]   듣자[듣짜]/[드짜]   옷장[옫짱]/[오짱]
떡국[떡꾹]/[떠꾹]   축구[축꾸]/[추꾸]   낄낄거리다[낄낄꺼리다]/[끼끼꺼리다]

4. 음소 사용 빈도

4) 첨가

첨가는 기저형에 없던 음운이 표면형에서 생기는 음운현상으로 'ㄴ' 첨가, 'ㄷ' 첨가가 있다. 이 장에서는 'ㄴ'의 첨가만을 기술하였다. 'ㄷ' 첨가는 한글 맞춤법에서 표기될 수도 있으며, 그렇지 않을 수도 있기 때문에 제시하지 않았으나 이 장 뒤에 수록된 〈부록〉의 「표준 발음법」 제6장을 참고하길 바란다. 'ㄴ' 첨가는 합성어 및 파생어에서, 앞 단어나 접두사의 끝이 자음이고 뒤 단어나 접미사의 첫음절이 '이, 야, 여, 요, 유'인 경우에 'ㄴ' 음을 첨가하여 [니, 냐, 녀, 뇨, 뉴]로 발음하는 음운현상이다.

솜-이불[솜 : 니불]　홑-이불[혼니불]　막-일[망닐]　삯-일[상닐]

맨-입[맨닙]　꽃-잎[꼰닙]　내복-약[내 : 봉냑]　한-여름[한녀름]

남존-여비[남존녀비]　신-여성[신녀성]　색-연필[생년필]　직행-열차[지캥녈차]

녹막-염[농망념]　콩-엿[콩녇]　담-요[담 : 뇨]　눈-요기[눈뇨기]

영업-용[영업뇽]　식용-유[시굥뉴]　국민-윤리[궁민뉼리]　밤-윷[밤 : 눋]

이 장에 제시한 음운변동은 표준 발음법 내용을 대치, 축약, 탈락, 첨가로 분류한 것이다. 모든 표준 발음법을 제시한 것이 아니므로 〈부록〉과 국립국어원(www.korean. go.kr)의 어문 규정을 통해 정확한 표준 발음을 확인하며 조음·음운평가와 치료를 실시해야 한다. 또한 표준 발음은 현실 발음과 차이가 있을 수 있다. 특히, 아동을 대상으로 할 때는 사회적으로 용납되는 다양한 수의적 변동들이 더욱 많이 나타날 수 있으므로 오류로 보지 않는 여러 수의적 변동 또한 중요하다.

4. 음소 사용 빈도

한국어는 7개의 단모음, 10개의 이중모음, 19개의 자음 총 36개의 음소로 구성된 표면형을 가진다. 그런데 이 음소들은 일상 발화에서 균등한 빈도로 사용되지 않는다. 아동과 성인 발화 모두에서 /ㅏ, ㄴ, ㄱ, ㅣ, ㅓ, ㄹ/ 6개 음소가 전체 자료의 약 50%를 차지하는 고빈도 음소로 나타났다(신지영, 2005a; 신지영, 2008). 신지영(2005a)이 3~8세 아동 49명의 5,840발화를 구성하고 있는 음소의 사용 빈도를 분석한 결과 같이 자음 중에서는 /ㄴ, ㄱ, ㄹ/가 46.8%를 차지하며, 모음 중에서는 /ㅏ, ㅣ, ㅓ/가 53.6%를 차지하는 것으로 나타났다. [그림 3-3]은 성인 발화에서 나타난 음소의 출현비율을 높은 순서대로 제시한 것이다. 자음의 사용 빈도는 /ㄴ/ 〉 /ㄱ/ 〉 /ㄹ/ 〉 /ㅁ/ 〉 /ㄷ/ 〉 /ㅈ/ 〉 /ㅇ/ 〉 /ㅅ/ 순으로 나타났으며, 19개의 자음 중 4개에 불과한 공명음의 사용비율이 45.5%로 음소 수에 비해 높은 것이 특징적이다. 자음의 조음방법별 사용비율은 파열음(34.5%) 〉 비음(33.6%) 〉 유음(11.9%) 〉 마찰음(11.0%) 〉 파찰음(9.0%) 순으로, 조음위치별 사용비율은 치경음(49.7%) 〉 연구개음(25.0%) 〉 양순음(12.7%) 〉 경구개음(9.0%) 〉 성문음(3.6%) 순으로, 발성유형별 사용비율은 평음(73.1%) 〉 경음(17.6%) 〉 격음(9.3%) 순으로 나타났다. 단모음의 사용비율은 모음 분류 기준에 따른 음소수와 비례적으로 나타났다. 단, 혀의 고저에 따른 사용비율에서 저

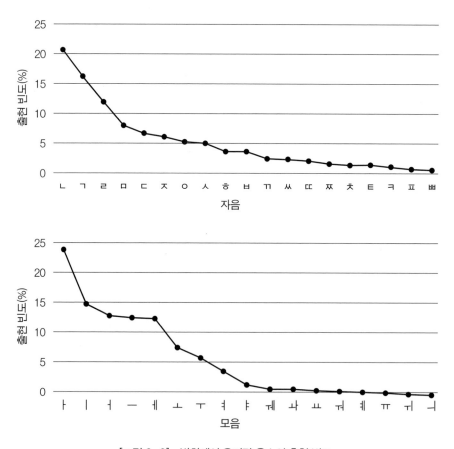

[그림 3-3] 발화에서 우리말 음소의 출현 빈도

출처: 신지영(2016).

모음은 1개의 음소밖에 없지만 음소 사용 빈도가 높아서 음소 수에 비해 높은 비율 (26.3%)을 보였다. 초성의 자음 사용 빈도는 발화에서 /ㄱ/ 〉 /ㄴ/ 〉 /ㄹ/ 〉 /ㄷ/ 〉 /ㅁ/ 순으로 나타났으며, 종성의 자음 사용 빈도는 /ㄴ/ 〉 /ㅇ/ 〉 /ㄹ/ 〉 /ㅁ/ 〉 /ㄱ/ 〉 /ㅂ/ 〉/ㄷ/ 순으로 나타났다(신지영, 2016).

한편 일상발화에서 자음이 산출될 때는 필수적으로 모음이 결합되어 있기 때문에 발화에서 자주 사용되는 음소 연쇄도 있다. 음소 연쇄 유형의 빈도는 '음소 전이 빈도'라고도 하는데 고빈도 음소 전이 유형 또한 조음·음운평가와 치료를 위해 알아두면 유용하다. 신지영(2005b)에 따르면 3~8세 아동의 발화에서 고빈도로 나타는 두 음소의 전이 유형은 C+V에서는 'ㄱ+ㅏ' 〉 'ㄴ+ㅡ' 〉 'ㄱ+ㅓ' 〉 'ㄱ+ㅡ' 〉 'ㅁ+ㅏ' 〉 'ㄱ+ㅗ' 〉 'ㄴ+ㅏ' 순으로 나타났다[그림 3-4]. V+C에서는 'ㅡ+ㄴ' 〉 'ㅏ+ㄴ' 〉 'ㅏ+ㄹ' 〉 'ㅏ+ㅇ' 〉 'ㅓ+ㄴ' 〉 'ㅣ+ㄴ' 순으로 음소 전이 빈도가 높게 나타났으며, 이 연쇄들이 VC 구조 음절의 50%를 차지하는 것으로 나타났다([그림 3-5]). [그림 3-6]은 전체 음절의 50%를 차지하는 음절 유형들을 높은 빈도순으로 제시한 것이다.

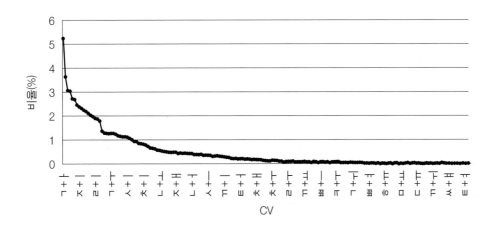

[그림 3-4]   C+V 연쇄의 50%를 차지하는 음소 전이 유형의 출현 빈도

출처: 신지영(2005b).

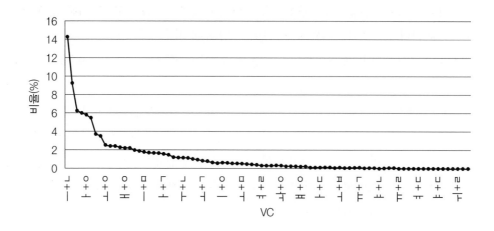

[그림 3-5] V+C 연쇄의 50%를 차지하는 음소 전이 유형의 출현 빈도

출처: 신지영(2005b).

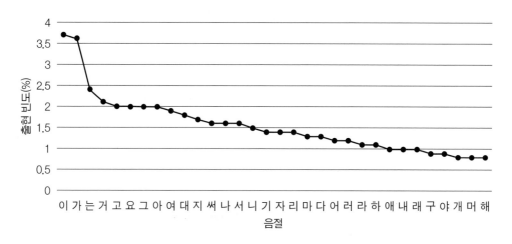

[그림 3-6] 음절의 50%를 차지하는 고빈도 음절 유형의 출현 빈도

출처: 신지영(2005b).

  음소의 사용 빈도와 전이 빈도는 말명료도 향상을 목표로 할 때 더욱 고려될 필요가 있다. 사용 빈도가 높은 음소나 연쇄는 자발화에서 산출 기회가 많기 때문에 조음정확도가 증가하면 빈도가 낮은 음소나 연쇄보다 말명료도를 높이는 데 더 많이 기여한다. 또한 고빈도 음소나 연쇄는 언어적으로 단어 및 어절 수준에서 보다 많이 사용되기 때문에 치료효과가 훈련 받지 않은 자극으로 일반화될 가능성이 높다.

▶ 학습정리

☑ 음소는 변별 자질의 묶음으로 특성을 설명할 수 있다. 한국어 자음과 모음의 구분과 조음·음운치료를 위해 알아두어야 할 변별 자질은 주요 부류 자질, 자음 변별 자질, 모음 변별 자질로 구분할 수 있다.

☑ 음절은 일상 발화에서 독립적으로 산출할 수 있는 최소 운율 단위로 음절을 구성하고 있는 자음과 모음에 따라 V, GV, CV, VC, CGV, GVC, CVC, CGVC 구조로 실현된다. 음소의 음절 내 위치는 초성, 중성, 종성으로 명명하며, 자음의 단어 및 음절 내 위치는 어두초성, 어중초성, 어중종성, 어말종성으로 명명한다.

☑ 음운들은 연쇄되어 산출될 때, 한글 맞춤법으로 쓰여진 기저형과 실제 발음인 표면형이 다를 수 있다. 기저형과 다르게 음운이 변화된 것을 '음운변동'이라 하며, 변동은 대치, 축약, 탈락, 첨가로 구분할 수 있다.

☑ 음운변동은 동화되어 나타날 수 있으며 이를 동화변동이라 한다. 동화변동은 순행동화-역행동화, 조음위치동화-조음방법동화-발성유형동화, 완전동화-불완전동화로도 구분할 수 있다.

☑ 표준 발음으로 인정되지 않지만 사회적으로 용인되는 수의적 변동은 조음·음운장애 치료에서 오류발음으로 평가하지 않는다. 이러한 수의적 변동에는 양순음동화, 연구개음동화, 공명음 사이의 'ㅎ' 탈락, 동일조음위치 장애음 탈락 등이 있다.

☑ 일상 대화에서는 보다 고빈도로 산출되는 음소와 음소 연쇄가 있다. /ㅏ, ㄴ, ㄱ, ㅣ, ㅓ, ㄹ/는 고빈도 음소로 말명료도에 더 많은 영향을 미친다.

| 부록 | 표준 발음법 |

표준 발음법[문화체육관광부 고시 제2017-13호(2017. 3. 28.)]

최종 수정일: 2017. 9. 18.

제1장 총칙

제1항 표준 발음법은 표준어의 실제 발음을 따르되, 국어의 전통성과 합리성을 고려하여 정함을 원칙으로 한다.

제2장 자음과 모음

제2항 표준어의 자음은 다음 19개로 한다.

ㄱ ㄲ ㄴ ㄷ ㄸ ㄹ ㅁ ㅂ ㅃ ㅅ ㅆ ㅇ ㅈ ㅉ ㅊ ㅋ ㅌ ㅍ ㅎ

제3항 표준어의 모음은 다음 21개로 한다.

ㅏ ㅐ ㅑ ㅒ ㅓ ㅔ ㅕ ㅖ ㅗ ㅘ ㅙ ㅚ ㅛ ㅜ ㅝ ㅞ ㅟ ㅠ ㅡ ㅢ ㅣ

제4항 'ㅏ ㅐ ㅓ ㅔ ㅗ ㅚ ㅜ ㅟ ㅡ ㅣ'는 단모음(單母音)으로 발음한다.

[붙임] 'ㅚ, ㅟ'는 이중 모음으로 발음할 수 있다.

제5항 'ㅑ ㅒ ㅕ ㅖ ㅘ ㅙ ㅛ ㅝ ㅞ ㅠ ㅢ'는 이중 모음으로 발음한다.

다만 1. 용언의 활용형에 나타나는 '져, 쪄, 쳐'는 [저, 쩌, 처]로 발음한다.

가지어 → 가져[가저]　찌어 → 쪄[쩌]　다치어 → 다쳐[다처]

다만 2. '예, 례' 이외의 'ㅖ'는 [ㅔ]로도 발음한다.

계집[계ː집/게ː집]　　　　　계시다[계ː시다/게ː시다]

시계[시계/시게](時計)　　　연계[연계/연게](連繫)

메별[메별/메별](袂別)　　　　개폐[개폐/개페](開閉)

혜택[혜:택/헤:택](惠澤)　　　　지혜[지혜/지혜](智慧)

다만 3. 자음을 첫소리로 가지고 있는 음절의 'ㅢ'는 [ㅣ]로 발음한다.

닐리리	큼	무늬	띄어쓰기	씌어
틔어	희어	희떱다	희망	유희

다만 4. 단어의 첫음절 이외의 'ㅢ'는 [ㅣ]로, 조사 '의'는 [ㅔ]로 발음함도 허용한다.

주의[주의/주이]　　　　　협의[혀　/혀비]

우리의[우리의/우리에]　　　강의의[강:의의/강:이에]

제3장 음의 길이

제6항 모음의 장단을 구별하여 발음하되, 단어의 첫음절에서만 긴소리가 나타나는 것
을 원칙으로 한다.

(1) 눈보라[눈:보라]　　말씨[말:씨]　　밤나무[밤:나무]

　　많다[만:타]　　　　멀리[멀:리]　　벌리다[벌:리다]

(2) 첫눈[천눈]　　　　참말[참말]　　　쌍동밤[쌍동밤]

　　수많이[수:마니]　　눈멀다[눈멀다]　떠벌리다[떠벌리다]

다만, 합성어의 경우에는 둘째 음절 이하에서도 분명한 긴소리를 인정한다.

　　반신반의[반:신바:늬/반:신바:니]　　　재삼재사[재:삼재:사]

[붙임] 용언의 단음절 어간에 어미 '-아/-어'가 결합되어 한 음절로 축약되는 경우에도
긴소리로 발음한다.

　　보아 → 봐[봐:]　　　기어 → 겨[겨:]　　　되어 → 돼[돼:]

　　두어 → 둬[둬:]　　　하여 → 해[해:]

다만, '오아 → 와, 지어 → 져, 찌어 → 쪄, 치어 → 쳐' 등은 긴소리로 발음하지 않는다.

제7항 긴소리를 가진 음절이라도, 다음과 같은 경우에는 짧게 발음한다.

1. 단음절인 용언 어간에 모음으로 시작된 어미가 결합되는 경우

       감다[감:따] — 감으니[가므니]   밟다[밥:따] — 밟으면[발브면]

       신다[신:따] — 신어[시너]   알다[알:다] — 알아[아라]

다만, 다음과 같은 경우에는 예외적이다.

       끌다[끌:다] — 끌어[끄:러]   떫다[떨:따] — 떫은[떨:븐]

       벌다[벌:다] — 벌어[버:러]   썰다[썰:다] — 썰어[써:러]

       없다[업:따] — 없으니[업:쓰니]

2. 용언 어간에 피동, 사동의 접미사가 결합되는 경우

       감다[감:따] — 감기다[감기다]   꼬다[꼬:다] — 꼬이다[꼬이다]

       밟다[밥:따] — 밟히다[발피다]

다만, 다음과 같은 경우에는 예외적이다.

       끌리다[끌:리다] 벌리다[벌:리다] 없애다[업:쌔다]

[붙임] 다음과 같은 복합어에서는 본디의 길이에 관계없이 짧게 발음한다.

       밀-물   썰-물   쏜-살-같이   작은-아버지

제4장 받침의 발음

제8항 받침소리로는 'ㄱ, ㄴ, ㄷ, ㄹ, ㅁ, ㅂ, ㅇ'의 7개 자음만 발음한다.

제9항 받침 'ㄲ, ㅋ', 'ㅅ, ㅆ, ㅈ, ㅊ, ㅌ', 'ㅍ'은 어말 또는 자음 앞에서 각각 대표음 [ㄱ, ㄷ, ㅂ]으로 발음한다.

       닦다[닥따]   키읔[키윽]   키읔과[키윽꽈]   옷[옫]

       웃다[욷:따]   있다[읻따]   젖[젇]   빚다[빋따]

       꽃[꼳]   쫓다[쫃따]   솥[솓]   뱉다[밷:따]

앞[압]　　　　　덮다[덥따]

제10항 겹받침 'ㄳ', 'ㄵ', 'ㄼ, ㄽ, ㄾ', 'ㅄ'은 어말 또는 자음 앞에서 각각 [ㄱ, ㄴ, ㄹ, ㅂ]
으로 발음한다.

넋[넉]　　　　넋과[넉꽈]　　앉다[안따]　　여덟[여덜]

넓다[널따]　　외곬[외골]　　핥다[할따]　　값[갑]

없다[업:따]

다만, '밟-'은 자음 앞에서 [밥]으로 발음하고, '넓-'은 다음과 같은 경우에 [넙]으로 발
음한다.

(1) 밟다[밥:따]　　　　밟소[밥:쏘]　　　　밟지[밥:찌]

밟는[밥:는 → 밤:는]　밟게[밥:께]　　　　밟고[밥:꼬]

(2) 넓-죽하다[넙쭈카다]　넓-둥글다[넙뚱글다]

제11항 겹받침 'ㄺ, ㄻ, ㄿ'은 어말 또는 자음 앞에서 각각 [ㄱ, ㅁ, ㅂ]으로 발음한다.

닭[닥]　　흙과[흑꽈]　　맑다[막따]　　늙지[늑찌]

삶[삼:]　　젊다[점:따]　　읊고[읍꼬]　　읊다[읍따]

다만, 용언의 어간 말음 'ㄺ'은 'ㄱ' 앞에서 [ㄹ]로 발음한다.

맑게[말께]　　묽고[물꼬]　　얽거나[얼꺼나]

제12항 받침 'ㅎ'의 발음은 다음과 같다.

1. 'ㅎ(ㄶ, ㅀ)' 뒤에 'ㄱ, ㄷ, ㅈ'이 결합되는 경우에는, 뒤 음절 첫소리와 합쳐서 [ㅋ, ㅌ,
ㅊ]으로 발음한다.

놓고[노코]　　　　좋던[조:턴]　　　　쌓지[싸치]

많고[만:코]　　　　않던[안턴]　　　　닳지[달치]

[붙임 1] 받침 'ㄱ(ㄺ), ㄷ, ㅂ(ㄼ), ㅈ(ㄵ)'이 뒤 음절 첫소리 'ㅎ'과 결합되는 경우에도, 역
시 두 음을 합쳐서 [ㅋ, ㅌ, ㅍ, ㅊ]으로 발음한다.

각하[가카]	먹히다[머키다]	밝히다[발키다]	맏형[마텽]
좁히다[조피다]	넓히다[널피다]	꽂히다[꼬치다]	앉히다[안치다]

[붙임 2] 규정에 따라 'ㄷ'으로 발음되는 'ㅅ, ㅈ, ㅊ, ㅌ'의 경우에도 이에 준한다.

옷 한 벌[오탄벌]	낮 한때[나탄때]
꽃 한 송이[꼬탄송이]	숱하다[수타다]

2. ㅎ(ㄶ, ㅀ)' 뒤에 'ㅅ'이 결합되는 경우에는, 'ㅅ'을 [ㅆ]으로 발음한다.

닿소[다:쏘]	많소[만:쏘]	싫소[실쏘]

3. 'ㅎ' 뒤에 'ㄴ'이 결합되는 경우에는, [ㄴ]으로 발음한다.

놓는[논는]	쌓네[싼네]

[붙임] 'ㄶ, ㅀ' 뒤에 'ㄴ'이 결합되는 경우에는, 'ㅎ'을 발음하지 않는다.

않네[안네]	않는[안는]	뚫네[뚤네 → 뚤레]	뚫는[뚤는 → 뚤른]

* '뚫네[뚤네 → 뚤레], 뚫는[뚤는 → 뚤른]'에 대해서는 제20항 참조.

4. 'ㅎ(ㄶ, ㅀ)' 뒤에 모음으로 시작된 어미나 접미사가 결합되는 경우에는, 'ㅎ'을 발음하지 않는다.

낳은[나은]	놓아[노아]	쌓이다[싸이다]	많아[마:나]
않은[아는]	닳아[다라]	싫어도[시러도]	

제13항 홑받침이나 쌍받침이 모음으로 시작된 조사나 어미, 접미사와 결합되는 경우에는, 제 음가대로 뒤 음절 첫소리로 옮겨 발음한다.

깎아[까까]	옷이[오시]	있어[이써]	낮이[나지]
꽂아[꼬자]	꽃을[꼬츨]	쫓아[쪼차]	밭에[바테]
앞으로[아프로]	덮이다[더피다]		

제14항 겹받침이 모음으로 시작된 조사나 어미, 접미사와 결합되는 경우에는, 뒤엣것만

을 뒤 음절 첫소리로 옮겨 발음한다. (이 경우, 'ㅅ'은 된소리로 발음함.)

    넋이[넉씨]　　앉아[안자]　　닭을[달글]　　젊어[절머]

    곬이[골씨]　　핥아[할타]　　읊어[을퍼]　　값을[갑쓸]

    없어[업ː써]

제15항　받침 뒤에 모음 'ㅏ, ㅓ, ㅗ, ㅜ, ㅟ'들로 시작되는 실질 형태소가 연결되는 경우
에는, 대표음으로 바꾸어서 뒤 음절 첫소리로 옮겨 발음한다.

    밭 아래[바다래]　　늪 앞[느밥]　　젖어미[저더미]

    맛없다[마덥따]　　겉옷[거돋]　　헛웃음[허두슴]

    꽃 위[꼬뒤]

다만, '맛있다, 멋있다'는 [마싣따], [머싣따]로도 발음할 수 있다.

[붙임] 겹받침의 경우에는, 그중 하나만을 옮겨 발음한다.

    넋 없다[너겁따]　　닭 앞에[다가페]　　값어치[가버치]

    값있는[가빈는]

제16항　한글 자모의 이름은 그 받침소리를 연음하되, 'ㄷ, ㅈ, ㅊ, ㅋ, ㅌ, ㅍ, ㅎ'의 경우
에는 특별히 다음과 같이 발음한다.

    디귿이[디그시]　　디귿을[디그슬]　　디귿에[디그세]

    지읒이[지으시]　　지읒을[지으슬]　　지읒에[지으세]

    치읓이[치으시]　　치읓을[치으슬]　　치읓에[치으세]

    키읔이[키으기]　　키읔을[키으글]　　키읔에[키으게]

    티읕이[티으시]　　티읕을[티으슬]　　티읕에[티으세]

    피읖이[피으비]　　피읖을[피으블]　　피읖에[피으베]

    히읗이[히으시]　　히읗을[히으슬]　　히읗에[히으세]

제5장 음의 동화

제17항　받침 'ㄷ, ㅌ(ㄾ)'이 조사나 접미사의 모음 'ㅣ'와 결합되는 경우에는, [ㅈ, ㅊ]으로

바꾸어서 뒤 음절 첫소리로 옮겨 발음한다.

    곧이듣는다[고지듣따]   굳이[구지]   미닫이[미:다지]

    땀받이[땀바지]   밭이[바치]   벼훑이[벼훌치]

[붙임] 'ㄷ' 뒤에 접미사 '히'가 결합되어 '티'를 이루는 것은 [치]로 발음한다.

    굳히다[구치다]   닫히다[다치다]   묻히다[무치다]

제18항 받침 'ㄱ(ㄲ, ㅋ, ㄳ, ㄺ), ㄷ(ㅅ, ㅆ, ㅈ, ㅊ, ㅌ, ㅎ), ㅂ(ㅍ, ㄼ, ㄿ, ㅄ)'은 'ㄴ, ㅁ' 앞에서 [ㅇ, ㄴ, ㅁ]으로 발음한다.

먹는[멍는]	국물[궁물]	깎는[깡는]	키읔만[키응만]
몫몫이[몽목씨]	긁는[긍는]	흙만[흥만]	닫는[단는]
짓는[진:는]	옷맵시[온맵씨]	있는[인는]	맞는[만는]
젖멍울[전멍울]	쫓는[쫀는]	꽃망울[꼰망울]	붙는[분는]
놓는[논는]	잡는[잠는]	밥물[밤물]	앞마당[암마당]
밟는[밤:는]	읊는[음는]	없는[엄:는]	

[붙임] 두 단어를 이어서 한 마디로 발음하는 경우에도 이와 같다.

    책 넣는다[챙넌는다]   흙 말리다[흥말리다]   옷 맞추다[온맏추다]

    밥 먹는다[밤멍는다]   값 매기다[감매기다]

제19항 받침 'ㅁ, ㅇ' 뒤에 연결되는 'ㄹ'은 [ㄴ]으로 발음한다.

    담력[담:녁]   침략[침:냑]   강릉[강능]   항로[항:노]

    대통령[대:통녕]

[붙임] 받침 'ㄱ, ㅂ' 뒤에 연결되는 'ㄹ'도 [ㄴ]으로 발음한다.

    막론[막논 → 망논]   석류[석뉴 → 성뉴]   협력[협녁 → 혐녁]

    법리[법니 → 범니]

제20항 'ㄴ'은 'ㄹ'의 앞이나 뒤에서 [ㄹ]로 발음한다.

  (1) 난로[날:로]   신라[실라]   천리[철리]

광한루[광:할루]　　대관령[대:괄령]
(2) 칼날[칼랄]　　　　물난리[물랄리]　　　줄넘기[줄럼끼]
할는지[할른지]

[붙임] 첫소리 'ㄴ'이 'ㅀ', 'ㄾ' 뒤에 연결되는 경우에도 이에 준한다.
닳는[달른]　　　뚫는[뚤른]　　　핥네[할레]

다만, 다음과 같은 단어들은 'ㄹ'을 [ㄴ]으로 발음한다.
의견란[의:견난]　　　임진란[임:진난]　　　생산량[생산냥]
결단력[결딴녁]　　　공권력[공꿘녁]　　　동원령[동:원녕]
상견례[상견녜]　　　횡단로[횡단노]　　　이원론[이:원논]
입원료[이붠뇨]　　　구근류[구근뉴]

제21항 위에서 지적한 이외의 자음동화는 인정하지 않는다.
감기[감:기](×[강:기])　　　　옷감[옫깜](×[옥깜])
있고[읻꼬](×[익꼬])　　　　꽃길[꼳낄](×[꼭낄])
젖먹이[전머기](×[점머기])　　문법[문뻡](×[품뻡])
꽃밭[꼳빧](×[꼽빧])

제22항 다음과 같은 용언의 어미는 [어]로 발음함을 원칙으로 하되, [여]로 발음함도 허
용한다.
되어[되어/되여]　　　피어[피어/피여]

[붙임] '이오, 아니오'도 이에 준하여 [이요, 아니요]로 발음함을 허용한다.

제6장 경음화

제23항 받침 'ㄱ(ㄲ, ㅋ, ㄳ, ㄺ), ㄷ(ㅅ, ㅆ, ㅈ, ㅊ, ㅌ), ㅂ(ㅍ, ㄼ, ㄿ,ㅄ)' 뒤에 연결되는 'ㄱ,
ㄷ, ㅂ, ㅅ, ㅈ'은 된소리로 발음한다.
국밥[국빱]　　　깎다[깍따]　　　넋받이[넉빠지]　　삯돈[삭똔]

닭장[닥짱]	칡범[칙뻠]	뻗대다[뻗때다]	옷고름[옫꼬름]
있던[읻떤]	꽂고[꼳꼬]	꽃다발[꼳따발]	낯설다[낟썰다]
밭갈이[받까리]	솥전[솓쩐]	곱돌[곱똘]	덮개[덥깨]
옆집[엽찝]	넓죽하다[넙쭈카다]	읊조리다[읍쪼리다]	값지다[갑찌다]

제24항 어간 받침 'ㄴ(ㄵ), ㅁ(ㄻ)' 뒤에 결합되는 어미의 첫소리 'ㄱ, ㄷ, ㅅ, ㅈ'은 된소리로 발음한다.

신고[신ː꼬]	껴안다[껴안따]	앉고[안꼬]	얹다[언따]
삼고[삼ː꼬]	더듬지[더듬찌]	닮고[담ː꼬]	젊지[점ː찌]

다만, 피동, 사동의 접미사 '-기-'는 된소리로 발음하지 않는다.

안기다	감기다	굶기다	옮기다

제25항 어간 받침 'ㄼ, ㄾ' 뒤에 결합되는 어미의 첫소리 'ㄱ, ㄷ, ㅅ, ㅈ'은 된소리로 발음한다.

넓게[널께]	핥다[할따]	훑소[훌쏘]	떫지[떨ː찌]

제26항 한자어에서, 'ㄹ' 받침 뒤에 연결되는 'ㄷ, ㅅ, ㅈ'은 된소리로 발음한다.

갈등[갈뜽]	발동[발똥]	절도[절또]	말살[말쌀]
불소[불쏘](弗素)	일시[일씨]	갈증[갈쯩]	물질[물찔]
발전[발쩐]	몰상식[몰쌍식]	불세출[불쎄출]	

다만, 같은 한자가 겹쳐진 단어의 경우에는 된소리로 발음하지 않는다.

허허실실[허허실실](虛虛實實)	절절-하다[절절하다](切切-)

제27항 관형사형 '-(으)ㄹ' 뒤에 연결되는 'ㄱ, ㄷ, ㅂ, ㅅ, ㅈ'은 된소리로 발음한다.

할 것을[할꺼슬]	갈 데가[갈떼가]	할 바를[할빠를]
할 수는[할쑤는]	할 적에[할쩌게]	갈 곳[갈꼳]
할 도리[할또리]	만날 사람[만날싸람]	

다만, 끊어서 말할 적에는 예사소리로 발음한다.

[붙임] '-(으)ㄹ'로 시작되는 어미의 경우에도 이에 준한다.

할걸[할껄]　　　　할밖에[할빠께]　　　　할세라[할쎄라]

할수록[할쑤록]　　할지라도[할찌라도]　　할지언정[할찌언정]

할진대[할찐대]

제28항　표기상으로는 사이시옷이 없더라도, 관형격 기능을 지니는 사이시옷이 있어야 할(휴지가 성립되는) 합성어의 경우에는, 뒤 단어의 첫소리 'ㄱ, ㄷ, ㅂ, ㅅ, ㅈ'을 된소리로 발음한다.

문-고리[문꼬리]　　눈-동자[눈똥자]　　신-바람[신빠람]

산-새[산쌔]　　　　손-재주[손째주]　　길-가[길까]

물-동이[물똥이]　　발-바닥[발빠닥]　　굴-속[굴ː쏙]

술-잔[술짠]　　　　바람-결[바람껼]　　그믐-달[그믐딸]

아침-밥[아침빱]　　잠-자리[잠짜리]　　강-가[강까]

초승-달[초승딸]　　등-불[등뿔]　　　　창-살[창쌀]

강-줄기[강쭐기]

제7장　음의 첨가

제29항　합성어 및 파생어에서, 앞 단어나 접두사의 끝이 자음이고 뒤 단어나 접미사의 첫음절이 '이, 야, 여, 요, 유'인 경우에는, 'ㄴ' 음을 첨가하여 [니, 냐, 녀, 뇨, 뉴]로 발음한다.

솜-이불[솜ː니불]　　홑-이불[혼니불]　　막-일[망닐]

삯-일[상닐]　　　　맨-입[맨닙]　　　　꽃-잎[꼰닙]

내복-약[내ː봉냑]　　한-여름[한녀름]　　남존-여비[남존녀비]

신-여성[신녀성]　　색-연필[생년필]　　직행-열차[지캥녈차]

늑막-염[능망념]　　콩-엿[콩녇]　　　　담-요[담ː뇨]

눈-요기[눈뇨기]　　영업-용[영엄뇽]　　식용-유[시굥뉴]

백분-율[백뿐뉼]　　밤-윷[밤ː뉻]

다만, 다음과 같은 말들은 'ㄴ' 음을 첨가하여 발음하되, 표기대로 발음할 수 있다.

이죽-이죽[이중니죽/이주기죽]   야금-야금[야금냐금/야그먀금]

검열[검:녈/거:멸]   율량-율량[율랑뇰랑/율랑율랑]

금융[금늉/그뮹]

[붙임 1] 'ㄹ' 받침 뒤에 첨가되는 'ㄴ' 음은 [ㄹ]로 발음한다.

들-일[들:릴]   솔-잎[솔립]   설-익다[설릭따]

물-약[물략]   불-여우[불려우]   서울-역[서울력]

물-엿[물렫]   휘발-유[휘발류]   유들-유들[유들류들]

[붙임 2] 두 단어를 이어서 한 마디로 발음하는 경우에도 이에 준한다.

한 일[한닐]   옷 입다[온닙따]   서른여섯[서른녀섣]

3 연대[삼년대]   먹은 엿[머근녇]   할 일[할릴]

잘 입다[잘립따]   스물여섯[스물려섣]   1 연대[일련대]

먹을 엿[머글렫]

다만, 다음과 같은 단어에서는 'ㄴ(ㄹ)' 음을 첨가하여 발음하지 않는다.

6 · 25[유기오]   3 · 1절[사밀쩔]   송별-연[송:벼련]

등-용문[등용문]

제30항 사이시옷이 붙은 단어는 다음과 같이 발음한다.

1. 'ㄱ, ㄷ, ㅂ, ㅅ, ㅈ'으로 시작하는 단어 앞에 사이시옷이 올 때는 이들 자음만을 된소리로 발음하는 것을 원칙으로 하되, 사이시옷을 [ㄷ]으로 발음하는 것도 허용한다.

냇가[내:까/낻:까]   샛길[새:낄/샏:낄]

빨랫돌[빨래똘/빨랟똘]   콧등[코뜽/콛뜽]

깃발[기빨/긷빨]   대팻밥[대:패빱/대:팯빱]

햇살[해쌀/핻쌀]   뱃속[배쏙/밷쏙]

뱃전[배쩐/밷쩐]   고갯짓[고개찓/고갣찓]

2. 사이시옷 뒤에 'ㄴ, ㅁ'이 결합되는 경우에는 [ㄴ]으로 발음한다.

콧날[콛날 → 콘날]   아랫니[아랟니 → 아랜니]

툇마루[퇻:마루 → 퇸:마루]   뱃머리[밷머리 → 밴머리]

3. 사이시옷 뒤에 '이' 음이 결합되는 경우에는 [ㄴㄴ]으로 발음한다.

베갯잇[베갣닏 → 베갠닏]   깻잎[깯닙 → 깬닙]

나뭇잎[나묻닙 → 나문닙]   도리깻열[도리깯녈 → 도리깬녈]

뒷윷[뒫:늋 → 뒨:늋]

제4장 조음·음운 발달

김유경

태어난 순간부터 말을 하는 아이는 없다. 생후 수개월 동안 말을 못하던 아이가 어느 순간 말을 하기 시작한다. 하지만 그 말은 엄마만 겨우 알아들을 수 있다. 이렇게 시작한 첫 말이 언어 발달과 함께 모두가 알아들을 수 있는 명료한 말로 발달하게 된다. 말소리가 명료해지기까지는 많은 시간과 노력이 필요하다. 아이들은 어떠한 발달을 거치면서 자신이 속한 사회의 말을 정확하게 발음할 수 있게 되는 것일까? 정확한 발음에 기여하는 것들은 무엇일까? 언어재활사는 조음·음운장애 아동의 진단, 평가 그리고 치료를 계획하고 제공하기 위해 이 질문에 대해 대답을 할 수 있어야 한다. 아동은 자신의 능력에 맞게 말을 단순화하거나 재조직하면서 산출을 변화시키는데 이 과정을 조음·음운 발달이라 한다. 조음·음운 발달은 말지각 발달, 신체 및 운동 발달, 언어 발달, 읽기 발달과 관련되며, 태아기부터 학령기까지 지속적으로 이루어진다. 조음 발달은 정확한 말소리를 산출하기 위한 운동능력의 점진적 숙달을 의미하며, 음운 발달은 기능적인 말소리 체계의 습득을 의미한다. 이 장에서는 조음·음운의 발달과 관련된 말산출 기관의 성숙과 말지각의 발달을 살펴보고 초기 음운 발달과 후기 음운 발달로 나누어 조음·음운의 발달을 제시하였다.

1. 말산출 기관 발달

흔히 말산출 기관은 후두와 성도를 말하는데, 이 기관들은 태어날 때 말산출보다 생명유지를 위한 기능에 적합한 형태를 가지고 있다. 아이가 성장함에 따라 후두와 성도는 말을 산출하기에 적합한 형태로 변하며, 이는 산출할 수 있는 소리에 영향을 미친다. 1세 이전의 어린 유아들은 흔히 '말'이라고 부를 만한 산출을 하지 못하지만, 이 시기의 중요한 변화는 말소리를 산출하기 위한 생리학적 기전이 마련되면서 운동

능력이 발달되어 결과적으로 성인의 말을 따라 할 수 있는 조음능력이 발달되는 것이다.

생후 1년 동안 성도는 매우 빠르게 변화하는데, 이 변화는 말산출과 밀접하게 관련된다(Ménard, Schwartz, & Boë, 2004). 출생 시 말산출 기관은 생명유지를 위한 빨기와 삼키기 그리고 호흡 기능에 최적화되어 있다. 혀는 구강의 앞쪽에 위치해 있을 뿐 아니라 구강을 가득 채우고 있어 빨기는 적합하지만 말소리 산출을 위한 운동은 제한된다. 신생아의 성도 길이는 성인(15~18 cm)의 절반인 7~8cm 정도이며, 성인에 비해 ㄱ자 형태의 경사가 완만하다. 그리고 후두는 성인보다 위쪽에 위치해 있어 연인두와 후두개의 거리가 보다 가깝다. 이 때문에 어린 아기는 많은 시간 누워서 젖을 먹을 때 호흡과 삼키기를 동시에 해도 사레에 잘 걸리지 않는다([그림 4-1]). 이러한 해부학적 차이는 말산출에도 영향을 준다. 어린 아기의 후두 위치는 후두와 비인두강의 연결이 쉽기 때문에 비성산출을 많이 이끌며, 모음산출 시 나타나야 할 공명을 방해한다(Bauman-Waengler, 2011; Bernthal & Bankson, 2003).

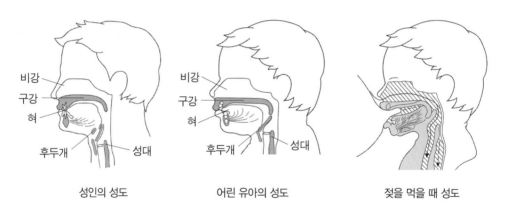

| 성인의 성도 | 어린 유아의 성도 | 젖을 먹을 때 성도 |

[그림 4-1] 성인과 유아의 성도 모습

후두연골들은 보다 커지고 단단해지는데 상대적으로 컸던 피열연골은 다른 연골에 비해 더 이상 크게 발달하지 않는다. 이와 같은 후두 성장은 유아의 발성과 공명이 보다 효과적으로 이루어지게 해 준다. 또한 후두는 두개골의 성장과 직립으로 인한 중력의 영향으로 인해 보다 뒤쪽으로 그리고 2세 중반까지 아래쪽으로 하강하면서 말산출 공간을 확장시킨다. 이로 인해 구강은 더 이상 혀로 가득차지 않아 혀는 다양한 움직임이 가능하게 된다. 아이들은 혀를 보다 길게 늘이거나 올리는 다양한 운동 능력을 습득함과 동시에 입술, 하악, 연구개 등의 미세운동 능력도 함께 향상시킨다.

그리고 이 기관들의 협응능력 발달로 규칙적인 음성과 말산출 능력을 점진적으로 습득한다(Bauman-Waengler, 2011; Bleile, 2014).

　요약하면, 영아기 동안 말산출 기관은 엄청나게 변화한다. 영아의 후두, 인두, 구강 영역은 오직 호흡과 음식 섭취를 목적으로 하다가 말산출을 위한 성도로 탈바꿈한다. 말산출 이전기는 정확한 말소리의 산출은 어렵지만 말산출을 위해 기본적으로 필요한 생물학적 변화들이 나타나는 시기이다.

2. 말지각 발달

　말지각은 모국어의 습득을 위한 중요한 능력으로 말산출에 선행하거나 서로 영향을 주면서 함께 발달한다. 사람은 언어를 습득하기 위한 말지각 장치(기제)를 가지고 태어나는데, 이 장치는 언어적 경험을 통해 특정 언어의 말소리에 적합하도록 정교화된다. 말지각의 발달을 억양과 음소 지각 측면에서 살펴보자.

1) 억양 지각

　소리에 대한 첫 경험은 태어나기 전부터 이루어진다. 태아의 내이는 약 20주가 되면 형성되기 때문에 태아는 이 시점부터 들을 수 있다. 하지만 태아는 모체와 양수 등에 의해 보호되어 있어 명료하게 말소리를 듣지 못한다. 아마도 태아는 여러분이 수영장에서 잠수를 할 때 친구의 말을 물속에서 듣는 것처럼 자음과 모음을 제외한 억양만 들을 수 있을 것이다. 특히, 태아가 가장 많이 듣는 소리는 엄마의 말소리이다. 그래서 태아는 태어난 직후부터 다른 언어보다 모국어를, 그리고 다른 사람의 목소리보다 엄마의 목소리를 더 선호하며 집중한다(Moon, Cooper, & Fifer, 1993). 2개월 된 영아는 엄마 목소리와 다른 사람 목소리를 구분하고, 늦어도 4개월에서 6개월이면 주파수의 변화를 변별할 수 있다. 그리고 7개월까지 억양 형태의 변별이 가능해지면서 이를 저장하여 자주 듣던 단어들을 변별할 수 있게 된다. 영아들은 억양이 있는 문장을 단음조로 제시하는 문장보다 더 잘 기억하고, 강세 음절을 비강세 음절보다 쉽게 지각하거나 기억하는 경향을 보인다. 또한 강세를 단어 경계를 찾기 위한 방법으로 사용하기도 한다.

영아의 억양 지각능력은 의사소통을 도와준다. 6개월쯤 된 영아는 엄마가 '안 돼'라고 말하면 하던 일을 멈출 수 있다. 부모는 아기가 '안 돼'의 의미를 이해한다고 생각하지만, 아기는 의미가 아닌 억양을 아는 것이다. 아기에게 동일한 억양으로 '좋아', '그래'라고 말을 해도 아이는 하던 일을 멈출 것이다. 이러한 측면에서 억양이 풍부한 엄마말(motherese)은 아이에게 잘 지각되어 언어습득과 의사소통 능력을 향상시킬 수 있는 매우 영향력 있는 자극이라 할 수 있다(Bleile, 2014). 그러나 1년 반이 지나면 영아는 음도곡선 또는 멜로디보다 분절유형에 집중하여 말을 지각한다.

2) 음소 지각

영아는 생득적인 말지각 능력으로 사람의 목소리나 말소리에 집중하고 차이를 지각할 수 있다. 영아는 모국어의 음소들을 범주적으로 지각할 뿐 아니라 모국어가 아닌 음소들도 변별할 수 있다.

(1) 범주적 지각

음소 지각 실험 결과에 따르면, 영아는 성인과 같은 방식의 음소 범주를 가지고 있는 것처럼 말소리를 변별한다(Eimas et al., 1971: Bleile, 2014에서 재인용). 범주적 지각(categorical perception)은 물리적으로 일정한 연속선상에 있는 음들의 음향학적 변화를 지각하는 것이 연속적이지 않고 범주적이라는 것이다. 예를 들어, /p/와 /b/는 음향학적으로 성대진동시작시간(Voice Onset Time: VOT)의 차이로 구분되는 말소리인데, 사람들은 VOT가 25ms 이하이면 /b/로 VOT가 40ms 이상이면 /p/로 지각한다. 즉, VOT의 길이에 따라 음소경계가 정해지며, 음소경계 내에 있는 소리는 하나의 소리로 지각된다(권도하 외, 2011). 이러한 범주적 지각은 언어적 경험이 적은 영아들에게도 관찰되기 때문에 선천적 능력으로 간주한다.

그런데 이 지각력은 자신이 속한 사회에서 사용하는 말소리를 지각하기 위한 청자의 의도로 발전한다(Bleile, 2014). 영아들은 언어 경험으로 모국어의 음소로 인정되는 음향학적 범주를 정하여 음소를 설정하며, 10~12개월이 되면 모국어에서 기능하지 않는 범주 간의 차이를 구별하지 못한다. 나아가 범주적 지각은 음소의 인식과 함께 빠르게 연결된 말 흐름 속에서 개별적인 말소리를 뽑아내고 구별해 주는 분절화 능력을 갖게 해 준다(Elimas et al., 1971; Jusczyk, 1992).

파열음의 VOT · · · · · · · · · · · · · · · ·

　VOT는 파열음 산출에서 파열이 나타난 시점과 성대가 진동하는 시점 사이의 간격을 의미한다. 즉, 성대가 진동하기 시작한 시간에서 입술이 개방된 파열 시간을 빼어 계산한다. 따라서 성대의 진동이 파열 개방 후에 나타나면 VOT 값은 양수(+)이며([그림 4-2]의 a, b, c), 성대의 진동이 파열 개방 전부터 있었다면 VOT 값은 음수(−)이다([그림 4-2]의 d). 그리고 VOT 값이 0에 가깝다는 것은 파열 시점과 성대진동 시점이 가깝다는 것을 의미한다. VOT 값은 대체로 기식성과 비례하기 때문에 우리나라 파열음의 VOT 값은 격음(a), 평음(b), 경음(c) 순으로 크다. VOT 값이 음수일 수 있는 경우는 평파열음이 어중초성에 위치하여 유성음으로 실현될 때이다.

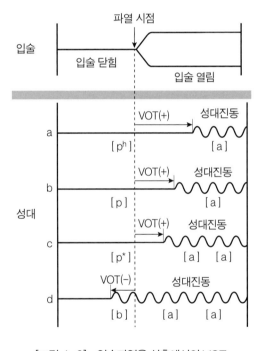

[그림 4-2]　양순파열음 산출에서의 VOT

(2) 보편적 지각

　영아들은 언어 경험과 관련 없이 말소리를 음성학적으로 변별할 수 있는 능력을 선천적으로 가지고 있어 성인들이 지각하지 못하는 말소리들을 변별할 수 있다. 영아에게 모국어에서 사용하지 않는 들어본 적이 없는 음소들을 변별할 수 있는지를 살펴보았다. 어른들은 변별할 수 없었지만 6~8개월 된 영아들은 두 소리를 변별할 뿐 아니라 유사하게 그 특징을 산출할 수 있었다(Best & McRoberts, 2003). 그러나 10~12개월이 되면 영아의 변별능력은 쇠퇴하여 어른들처럼 빈약해진다(Werker & Tees, 1983; Bleile, 2014에서 재인용). 생애 첫해 동안 특정 언어에 지속적으로 노출되면서 그 언어에서 대조되지 않는 말소리의 변별능력을 잃어버리는 것이다. 예를 들어, 우리나라 영아들은 성인도 변별하기 어려워하는 [ɾ]와 [l]의 차이를 지각하다가 1년이 지나면 어려워한다(김은영 외, 2012). 아동들은 모국어에서 사용하지 않는 음소를 거부하면서 모국어 선호현상과 함께 단어를 이해하기 시작한다. 결론적으로 이 시기 동안 영아는 언어적 경험으로 청각적 변별능력을 잃지만 모국어의 음소 지각 시스템을 갖는 것이다(Polka & Werker, 1994).

영아들이 보이는 다른 말지각 특성들

• 지각의 항상성

지각의 항상성(perceptual constancy)은 다른 화자, 다른 음도, 다른 문맥 조건에서도 동일한 소리를 확인할 수 있는 능력으로 영아들에게도 관찰된다. 1~4개월 된 영아들은 음도 변화에 상관없이 모음을 변별할 수 있다. 그리고 5개월 반~10개월 영아들은 다른 모음 문맥 내에서의 자음을 동일하게 변별할 수 있다(Bernthal & Bankson, 2003; Kuhl, 1979).

• 음소 대조 지각

영아들은 생후 몇 개월 이내 조음위치와 조음방법이 다른 자음들을 변별할 수 있으나 모든 말소리 대조를 변별하지는 못한다. 즉, 음소 대조 지각은 발달적인 것으로 어떤 음소 구별은 다른 음소 구별보다 일찍 나타난다. 비교적 음절길이가 매우 짧은 다음절에 포함되어 있는 폐쇄음이나 마찰음은 구분하기 어려워한다. 이는 3세 이전 유아들이 보이는 음절생략이나 다음절 낱말산출의 어려움과 관련되며, 대조음절에 뚜렷한 강세를 주어 제시해 줌으로써 지각적인 어려움을 감소시킬 수 있다(Bauman-Waengler, 2011; Bernthal & Bankson, 2003).

3. 말산출 발달

1) 초기 음운 발달

(1) 언어 이전기: 초어 산출 전까지

의미 있는 첫 단어가 나타나기 이전까지 영아들은 말이 아닌 성인이 사용하는 말소리 산출을 연습한다. 흔히 우리는 이 산출을 옹알이(babbling) 또는 발성(vocalization)이라 한다. 이 시기 동안 영아들에게 나타나는 엄청난 신체, 운동, 인지, 언어 발달은 발성을 변화시킨다. Stark(1980, 1986)는 초어 출현 전에 아동이 보이는 말산출을 크게 5단계로 나누었다. 마지막 5단계는 초어 산출 전후에 나타날 수 있는 단계로 언어 이전기와 다음 단계인 한 단어기에 걸쳐 나타나지만 여기서는 언어 이전기에 제시하였다. 또한 각 옹알이 단계는 중첩되어 나타나며 개인차도 존재한다. Stark(1980)의 옹알이 단계는 다음과 같다.

① **1단계: 반사적 울음과 생장적 소리(Reflexive crying and vegetative sounds: 출생~2개월)**

이 단계는 반사적 발성 단계라고 한다. 이 단계의 영아들이 가장 많이 보이는 소리는 몸 상태에 따라 자동적 반응으로 나타나는 울기, 기침하기, 낑낑거리기(grunts), 트림과 같은 반사적인 발성이다. 그리고 이 시기 영아들은 생장적 소리를 지속적으로 산출한다. 생장적 소리는 영아들이 숨을 들이쉬거나 내쉬는 동안 혀와 턱의 움직임으로 인해 성도에서 부수적으로 만들어진다. 영아들이 상대적으로 입을 크게 열면 모음과 같은 소리가 나며, 입을 닫으면 자음과 같은 소리가 난다. 이 시기의 산출에는 성인이 자음이나 모음을 산출할 때 나타나는 소근육의 협응과 타이밍이 결여되어 있다. 그리고 산출된 소리는 완전한 공명을 갖고 있지 않다. 생장적 소리는 크게 '낑낑거리는 소리'와 '우유를 먹을 때 나는 소리'로 나눌 수 있으며(Bauman-Waengler, 2011), '낑낑거리는 소리'는 주로 아동이 어떤 행동(예: 목을 들기 위해)을 하기 위해 힘을 주면서 나타난다(Bernthal & Bankson, 2003).

② **2단계: 쿠잉과 웃음(Cooing and laughter: 2~4개월)**

이 단계는 발성조절 단계 또는 쿠잉 단계라고도 한다. 이 단계의 영아들은 목 뒤쪽

에서 나는 소리인 쿠잉을 산출한다. 이 소리들은 연구개 자음처럼 들리기도 하고 /u/
와 같은 후설모음처럼 들리기도 한다. 이 소리들은 준 공명핵(quasi-resonant nuclei)
을 가지는데, 준 공명핵 소리는 입이 거의 닫힌 상태로 만들어져 공명이 제한된 소리
로 음절성 비음이나 비성화된 모음처럼 들린다. 12주까지 울음과 생장적인 발성의 빈
도는 감소하며, 16주가 되면 소리 내어 웃을 수 있다.

③ 3단계: 발성놀이(Vocal play: 4~6개월)

이 단계는 확장 단계라고도 한다. 이 시기 아동들은 2단계의 특성도 보이지만, 3단
계의 차별적인 특성으로 분절을 보다 많이 연결하거나 모음 같은 소리와 자음 같은
소리를 보다 길게 연장하여 안정적으로 산출한다. 또한 3단계의 모음은 2단계의 모
음에 비해 혀의 높이와 위치가 많이 변해 있다. 그러나 분절 간 전이는 나이든 아동
에 비해 속도가 느리고 불완전하다. 그리고 이 시기 아동들은 후두와 구강조음 기관
의 조절능력이 크게 향상되면서 다양한 소리들을 만들어 낸다. 4~5개월경 영아들은
입 앞쪽에서 나는 소리를 두드러지게 산출하는데 이 소리들은 [b]나 [d] 같은 소리로
들린다. 그리고 물푸레질이라고 하는 양순진동음(trill) 같은 소리, 강도와 음도를 크게
변화시킨 소리를 만들어 내면서 비명 소리, 소리 지르기, 으르렁거리는 소리를 낸다.

④ 4단계: 음절성 옹알이(Canonical babbling: 6개월 이후)

옹알이는 '말소리-의미' 간 연관성을 지속적으로 보이지 않는 소리지만 부모들
은 옹알이를 듣고 아이가 말을 했다고 보고한다. 이는 옹알이가 성인의 억양이나 말
소리와 유사하기 때문이다. 보통 영아들은 6개월경부터 초어 출현까지 음절성 옹알
이를 보인다. 음절성 옹알이는 자음 같은 소리와 모음 같은 소리로 조합된 소리이
며 보다 완전한 공명을 보인다. 음절성 옹알이에는 반복 옹알이(reduplicated babbling
= 중복 옹알이)와 비반복 옹알이(nonreduplicated babbling = 변형적 옹알이: variegated
babbling)가 있다. 반복 옹알이는 '바바바'와 같이 유사한 구조를 가진 자음-모음의
반복으로 산출된 소리인데, '어마마'처럼 모음은 약간 변하지만 자음이 동일하게 나타
나기도 한다. 비반복 옹알이는 '바더'와 같이 자음과 모음 모두가 변한 음절들로 구성
된 소리이다. 어떤 연구자들은 반복 옹알이가 비반복 옹알이에 비해 먼저 나타난다고
보고 있으나 다른 연구자들은 두 옹알이가 함께 나타나며, 비반복 옹알이를 위해 반
복 옹알이가 먼저 나타날 필요가 없다고 본다. 영아는 성인과의 상호작용을 통해 모

국어에 노출되고 언어적 경험이 증가하면서 옹알이의 형태를 보다 발달시킨다. 음절 구조 측면에서는 CV 구조가 증가하는데, 이 단계의 후반이 되면 영아들은 보다 다양한 개방형 음절(V, CV, VCV, CVCV 등)을 사용한다. 또한 소리들 간의 전이시간이 짧아지며, 주변 언어의 말소리, 즉 우리말 소리들이 점진적으로 옹알이에 나타난다.

이 단계 옹알이는 의사소통을 위한 관습적 몸짓이 수반될 수 있다. 아동은 성인의 단어 형태에 기초하지 않고 스스로 소리를 만들어 특정 의도와 연결하여 옹알이를 사용하기도 하는데, 이러한 옹알이는 일관된 소리와 억양 형태를 보인다. 우리는 이러한 옹알이를 음소일관 형식(Phonetically Consistent Forms: PCFs) 또는 원시단어(protoword)라고 한다. 예를 들어, 아이가 좋아하는 토끼 인형을 '밤마'라고 일관되게 부를 때 이 소리를 음소일관 형식이라 한다. 음소일관 형식은 비교적 안정된 소리와 음절 형식을 보이는데 운율적인 부분이 보다 더 일관적으로 나타나며, 모든 언어권의 아동에게서 관찰된다(Hoff, 2005; Owens, 2012).

옹알이와 언어 발달의 관련성

옹알이는 초기 의사소통 행동의 하나로 뒤따라오는 언어 발달을 예측하게 한다. 반드시 그렇지는 않지만 보다 많은 양의 옹알이와 다양한 옹알이를 산출한 아동들은 차후에 다양하고 많은 발화를 한다. 옹알이가 다양하다는 것은 다음으로 평가할 수 있다(Bauman-Waengler, 2011).

- 자음 같은 소리들의 수
- CV 음절의 수
- 자음을 포함하고 있는 발성의 비율
- 자음 같은 소리와 모음 같은 소리의 비율

◆ 옹알이로 예측하는 언어 발달
- 자음 같은 소리보다 모음 같은 소리가 많은 옹알이를 보인 아동은 언어 발달이 다소 느림
- 옹알이의 복잡성이 복잡할수록 언어 발달이 빠름
- 자음 같은 소리의 다양성 증가는 빠른 언어 발달과 관련됨

◆ 진정한 옹알이

  언어 이전기의 모든 발성을 옹알이로 보지만, 말-언어 발달에 (보다) 중요하게 관련되는 옹알이를 흔히 '진정한 옹알이'라고 말한다. 언어재활사가 중요하게 보는 진정한 옹알이는 발성에 의도성이 있고 청각 피드백이 이루어지는 음절성 옹알이 단계의 발성이다. 음절성 옹알이는 다음 세 가지 측면에서 중요한 의미를 가진다.

  첫째, 음절은 발화에서 산출의 최소 단위로써 음절의 산출은 의미 있는 말산출로 발전하기 위한 기본 능력이다. 음절이 산출된다는 것은 성대의 기류 조절과 구강의 기류 변형 등과 같은 호흡과 발성 조절 능력이 갖추어짐을 의미한다. 둘째, 음절성 옹알이는 청각적 자극 및 피드백과 관련되어 모국어의 특성이 반영된 발성이다. 셋째, 음절성 옹알이에는 유아의 선호 음소가 반영되며, 이는 초어에 영향을 미친다. 예를 들어, [마마마]를 선호하는 아동은 '아빠' 보다 '엄마'를 먼저 정확하게 표현할 가능성이 크다(김민정, 2021). 이러한 측면에서 언어재활사는 진정한 옹알이의 의미를 인식하고 무발화 아동의 조음·음운치료에서 중요하게 살펴보아야 한다.

⑤ 5단계: 자곤(Jargon stage: 10개월 이후)

이 단계는 발전된 형태 단계라고도 한다. 초기 음운 발달기와 많이 중첩되는 시기로 자세한 발달 특징은 초기 음운 발달에 언급해 두었다. 이 시기의 영아들은 단어를 말할 수도 있지만 한동안 의미 없는 소리인 자곤을 단어와 함께 산출한다. 자곤은 억양, 리듬, 쉼이 잘 조절된 옹알이들의 연결로 마치 문장을 말하는 것처럼 들리지만 전혀 의미 있는 단어가 포함되어 있지 않은 산출이다. 자곤은 자연스러운 시선 접촉, 제스처 그리고 억양과 함께 나타나 더욱 의사소통을 시도하는 말처럼 보인다.

초기 발성에서 나타나는 단계별 옹알이의 비율 변화

  옹알이 단계는 보다 발전된 형태의 옹알이를 구분하는 기준이 된다. 영유아는 월령이 증가하면서 보다 높은 단계의 옹알이 형태를 보이는데 동시에 낮은 단계의 옹알이도 함께 보인다. 즉, 월령에 해당하는 옹알이 형태만 보이는 것이 아닌 모든 단계의 옹알이를 보인다. 따라서 초기 발성의 발달은 높은 단계의 옹알이가 출현하거나 그 비율이 증가하는 것으로 이해해야 한다.

[그림 4-3]은 하승희 등(2014)이 SAEVD-R(Stark Assessment of Early Vocal Development-Revised; Nathani, Ertmer, & Stark, 2006) 평가도구의 발성 단계를 기반으로 5~20개월의 영유아 58명을 대상으로 초기 발성에서 나타나는 단계별 옹알이의 비율을 살펴본 결과이다.

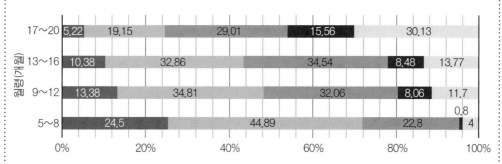

[그림 4-3] 월령별 옹알이 단계의 발성 비율

그림에서 보는 바와 같이 13~16개월 영유아 또한 여전히 발성 단계의 옹알이를 10% 정도 보이며, 확장 단계 옹알이의 비율이 가장 높다. 따라서 우리는 아동의 옹알이의 발달을 평가할 때 보다 발전된 형태의 옹알이의 출현과 비율 증가를 중요하게 살펴볼 필요가 있다. 옹알이 발달 단계의 명명과 구분은 학자마다 다를 수 있으나 발달의 위계는 거의 동일하다.

(2) 한 단어기: 50단어 산출 시기까지

초기 음운 발달 시기는 초어가 나타난 후 50개의 단어를 사용할 수 있는 시기까지로 보통 1세부터 2세까지로 보나 아동마다 차이가 큰 기간이기 때문에 특정 연령으로 한정짓기 어렵다. 이 시기 동안 아동은 옹알이를 말소리로 발전시킨다. 특히, 50단어가 나타나기 전까지는 옹알이와 초기 단어들은 많은 상관성을 가지고 있기 때문에 옹알이에서 전환되는 것으로 보고 이 시기를 '전환기'라고도 한다. 이 시기 아이들은 의미 없는 소리를 산출하다가 어느 순간 어른의 말을 정확하게 모방하기도 하고, 자신이 할 수 있는 발음으로 바꾸어 유사한 말소리로 구성된 단어나 전혀 유사하지 않는 새로운 단어(음소일관 형식 혹은 원시단어)를 의미 있게 사용하기도 한다. 하지만 표현할 수 있는 말보다 이해할 수 있는 말이 많고 의사소통의 요구가 증가되는 시기여서 여전히 단어와 더불어 옹알이와 자곤이 함께 나타난다.

생후 1년이 지나면 보편적 말지각 능력은 쇠퇴하고 노출된 주변언어(모국어)에 적절한 말지각 체계, 즉 음운 체계가 형성되기 시작한다. 이러한 변화는 특정 말소리들의 형태와 의미를 연결시킬 수 있는 능력을 갖게 하여 단어학습을 유리하게 만들고 이해 어휘가 증가되도록 이끈다(Bleile, 2014). 그러나 여전히 아동은 음운변별, 음운저장, 음운회상과 같은 내적 표상능력과 조음통제능력이 완벽하지 않아 자신이 잘못 지각한 말소리로 말하거나, 자신이 산출할 수 있는 말소리(음성목록에 있는 말소리) 또는 음절 구조로 바꾸어 말하거나, 자신의 조음능력으로 산출할 수 있는 음성적으로 유사한 말소리로 바꾸어 단어를 산출한다. 그래서 이 시기 아동은 복잡한 음절 구조를 단순화(탈락-물[무], 반복-나비[나니])하거나 다른 음소로 대치(새-[때])한다.

또 다른 특징은 단어를 산출할 때 분절음이나 음절 단위가 아닌 통단어(whole-word) 단위로 산출하는 것이다. 그래서 특정 말소리가 단어에 따라 정조음되기도 하고 오조음되기도 한다. 예를 들어, '기차'의 '기'는 [기따]라고 정조음하지만 '기린'의 '기'는 [디딘]이라고 오조음한다. 이렇다 보니 이 시기의 아동들은 말소리의 오류가 일관적이지 않으며 단어단위 분석이 필요하다. 통단어 단위의 산출은 50단어 산출 시기에 들어서면 좀 더 효율적인 출력을 위해 분절 단위로 바뀌게 되고 그러면서 음운 체계는 보다 안정적으로 된다.

마지막 특징은 나이 든 아동에 비해 상대적으로 음운 및 음성 변이성(variability)이 큰 것이다. 즉, 산출의 일관성이 낮다. 이 시기 아동은 음운이 안정되지 않아 변이성이 크게 나타나 동일한 단어를 여러 번 산출할 때 음운적 또는 음성적으로 서로 다른 형태로 산출한다(박현, 2010; 황진경, 하승희, 2012; Dodd, 2016). 예를 들어, '치킨'을 [끼낀, 치친, 키킨]으로 산출하거나, 동일한 '이'를 여러 번 산출하였을 때 '이'의 음향학적 특징인 F_1과 F_2의 값이 크게 변화한다.

이러한 특징들로 인해 이 시기 아동의 말산출 능력을 평가할 때는 성인의 음운 체계와 관계없이 아동이 산출하는 말소리 목록, 음절 구조, 변이성 등을 살펴보는 독립분석(independent analysis)이 적절하다.

초기 음운 발달기 아동의 산출 특성을 정리하면 다음과 같다.

• 표현 어휘가 증가할수록 변이성이 감소한다.

- 자음과 모음 목록이 다양해진다.
- 시각적·청각적 단서가 많은 말소리를 주로 사용한다. 조음위치별로 양순음을 많이 사용한다. 조음방법별로 파열음, 비음을 많이 사용하고 마찰음, 유음 등 다양한 소리가 나타난다. 초기에는 발성유형별로 평음이나 격음보다 경음이 더 많이 나타난다.
- 종성자음을 사용하기 시작하면서 다양한 음절 구조의 소리를 산출한다. 1~2세 아동의 자발화에서 가장 많이 나타나는 음절 구조는 CV가 50% 이상을 차지하며 V, VC, CVC 순이다(문희원, 2012).
- 더 많이 나타나는 자음-모음 연쇄 문맥이 있다. 치경음-전설모음, 연구개음-후설모음, 양순음-중설모음이 결합하기 쉽다. 특히, 표현 어휘 수가 몇 개 되지 않는 아동은 이러한 자음-모음의 연쇄로 된 단어들을 산출하는 경향을 보인다. 예를 들어, 대표적인 초기 단어인 '으, 엄마, 아빠, 네, 이거'에서 [네]는 치경음-전설모음, '엄마, 아빠'는 '양순음-중설모음', '이거'는 연구개음-후설모음의 연쇄이다(김민정, 2021; Vihman, 1992).

2) 후기 음운 발달: 2~7세

엄마들은 어느 순간 많은 말을 이해하고 갑작스럽게 말하기 시작하는 아이를 발견하게 되는데 이 시기가 보통 2세경이다. 아이들은 2세경 어휘가 급격히 증가하는 '어휘폭발기'에 들어선다. 엄마는 빠른 속도로 증가하는 어휘습득에 아이가 이해하고 있는 어휘가 무엇인지, 표현할 수 있는 어휘가 무엇인지 알기 어렵고 언제 이 말을 듣고 배웠는지 궁금증과 함께 순간순간 놀란다.

아이는 장기기억에 저장해 둔 어휘집에서 단어를 출력하여 말을 하는데, 여기에는 단어의 음운정보도 함께 저장되어 있다. 우리는 장기기억 속에 저장해 둔 단어의 음운정보를 음운표상(phonological representation)이라 한다. 음운표상은 연령이 높아지면서 더욱 세분화되고 정교화되는데 산출과 직접적으로 관련된다. 단어의 산출 측면에서 앞서 언급한 바와 같이 표현할 수 있는 단어의 수가 약 50단어가 되기 전까지는 통단어 전략을 사용하지만 50개가 넘는다면 단어단위로 저장하여 출력하는 것은 비효율적이다. 50개가 넘는 단어카드에서 특정 카드를 찾는다고 생각해 본다면 쉽게 이해될 것이다. 또한 2세쯤 되면 문법표지에 대한 이해가 시작되기 때문에 보다 융통성 있는 단어 출력이 필요하다. 예를 들어, '가자', '간다', '가요'를 한 단어씩 저장해서 출력하는 것은 너무나 비효율적일 것이다. 그래서 보다 많은 단어를 저장하고 효과적으로 출력하기 위해 단어단위 출력 시스템은 분절단위 출력 시스템으로 바뀐다. 이러한 변화로 음운 체계의 기초 단위가 형성되기 시작하고 아동은 자신의 소리와 성인의 소리를 체계적으로 대응시키며 음운을 안정적으로 산출하게 되는데 성인과 같은 음운의 완성 시기는 대략 8세이다. 이 시기 동안 나타나는 산출의 변화를 크게 명료도, 자음과 모음, 음운변동의 발달로 살펴보겠다.

(1) 명료도의 발달

명료도는 청자가 화자의 말을 듣고 의도를 이해할 수 있는 정도를 나타내는 지표로 발음의 정확성인 조음정확도와 밀접한 관련이 있다. 2세에서 5세 사이 아동의 발음이 빠르게 정확해지면서 연결 발화의 명료도는 25%에서 100%로 급격히 증가한다. 연구자마다 결과의 차이는 있지만 2세는 약 26~50%, 3세는 71~80%, 4세는 발음의 오류는 보이지만 100%의 명료도를 나타낸다(Weiss, 1982; Bleile, 2014에서 재인용).

(2) 자음과 모음의 발달

이 시기는 모국어에서 사용하는 대부분의 자음, 모음과 같은 분절음들이 산출되고 발음이 안정적으로 변해 가는 시기이다. 연구자마다 말 샘플 수집 대상과 방법이 달라서 음소 발달연령은 다소 차이를 보이지만 순서는 유사하다. 자음의 발달이 두드러지는 시기이지만 모음의 발달 또한 나타나기 때문에 두 차원을 모두 살펴보고자 한다.

① 자음의 발달

자음의 산출은 시간을 잘 맞춘 정교하고 복잡한 조음운동을 요구한다. 그래서 단순하고 쉬운 조음운동으로 산출할 수 있는 자음들이 먼저 발달한다. 전 세계적으로 비음과 파열음이 마찰음보다 먼저 발달한다. 또한 자음은 음절과 단어 내 위치에 따라서도 다른 양상을 보이는데 이는 문맥에 따라 조음운동의 어려움이 달라지기 때문이다. 우리나라 아동의 자음 습득 시기는 연구자마다 차이가 있지만 다음과 같은 공통적 경향성을 보인다.

- 무표적인 소리(unmarked sound)가 유표적인 소리(marked sound)보다 일찍 습득된다(무표성 말소리는 유표성 말소리보다 아동의 말소리 발달에서 더 일찍 습득되고, 다른 언어권에서도 더 자주 나타나는 말소리이다. 즉, 무성폐쇄음은 더 자연스러운 무표성 말소리이고, 유성폐쇄음은 덜 자연스러운 유표성 말소리이다.).
- 조음방법 측면에서 비음, 파열음 → 파찰음 → 마찰음 순으로 발달한다.
- 동일한 조음방법의 음소 중 가시성이 높은 음소가 더 빨리 발달하는 경향을 보인다. 예를 들어, /ㅂ/가 /ㄱ/ 보다 먼저 발달한다.
- 경음이 격음보다 빨리 발달하는 경향을 보인다. 예를 들어, /ㅉ/가 /ㅊ/보다 먼저 발달하는 경향을 보인다. 단, 습득 시기는 유사하다.
- 종성보다 초성에서 빨리 발달한다. 예를 들어, 초성 /ㄱ/의 숙달연령은 2세 후반이지만 어중종성 /ㄱ/는 4세 전반이 숙달연령이다. 단, 유음 /ㄹ/는 종성에서 먼저 발달한다. 다르게 말하면 음성학적으로 탄설음 [ɾ]보다 설측음 [l]이 먼저 발달한다.
- 말소리의 4위치를 고려하면 초성은 어중초성보다 어두초성에서 먼저 발달하고, 종성은 어중종성보다 어말종성에서 먼저 발달한다.

음소 발달은 언어학적 단위, 말소리의 문맥, 말소리의 위치 등에 따라 차이가 나며 개인차도 있기 때문에 특정 음소의 습득 시기를 명확한 시점으로 말하는 것은 쉽지 않다. 음소습득의 기준을 어떻게 하는가에 따라 습득 시기는 달라진다. 보통 음소습득의 기준을 특정 음소를 정확하게 산출할 수 있는 해당 연령 아동의 비율로 살펴본다. 김영태(1996)는 해당 연령 아동의 25~40%가 정확히 음소를 산출하면 '출현 연령', 50~74%는 '관습적 연령', 75~94%는 '숙달 연령', 95~100%는 '완전습득 연령'으로 보고 우리말 자음의 발달을 〈표 4-1〉과 같이 제시하였다. 〈표 4-1〉은 음소의 출현부터 완전습득의 기간을 살펴볼 수 있다는 점에서는 유용하나 말소리의 위치별 발달은 나타나 있지 않아 어중이나 종성으로 산출되는 자음의 발달 연령은 별도로 살펴보아야 한다.

〈표 4-1〉 초성, 중성, 종성의 위치를 조합한 우리말 자음의 발달 연령

연령	음소 발달 단계			
	완전습득 연령 95~100%	숙달 연령 75~94%	관습적 연령 50~74%	출현 연령 25~49%
2;0~2;11	ㅍ, ㅁ, ㅇ	ㅂ, ㅃ, ㄴ, ㄷ, ㄸ, ㅌ, ㄱ, ㄲ, ㅋ, ㅎ	ㅈ, ㅉ, ㅊ, ㄹ	ㅅ, ㅆ
3;0~3;11	+ㅂ, ㅃ, ㄸ, ㅌ	+ㅈ, ㅉ, ㅊ, ㅆ	+ㅅ	
4;0~4;11	+ㄴ, ㄲ, ㄷ	+ㅅ		
5;0~5;11	+ㄱ, ㅋ, ㅈ, ㅉ	+ㄹ		
6;0~6;11	+ㅅ			
설명	• /ㅍ, ㅁ, ㅇ/ 양순음, 비음은 2~3세 사이에 완전습득 • /ㅂ/계열(/ㅂ, ㅃ/), /ㄷ/계열은 3~5세 사이에 완전습득 • /ㄱ/계열은 5~6세 사이에 완전습득 • /ㅈ/계열은 2~3세 사이에 관습적으로 발음되다가 4~6세 사이에 완전습득 • /ㅅ/계열은 2~3세 사이에 출현하여 6~7세 사이에 완전습득 • /ㄹ/은 2~3세 사이에 관습적으로 발음되다가 6세 전에 숙달(단, 종성에서 먼저 출현) • /ㅎ/는 2~3세 사이에 숙달			

출처: 김영태(1996).

　자음은 언어학적 단위, 말소리 문맥, 말소리 위치에 따라 동일한 음소지만 발음의 난이도가 다를 수 있다. 여러 연구 결과들을 비교하여 음소 발달에 영향을 미치는 요인에 따른 말소리 습득의 차이를 살펴보고자 한다. 〈표 4-2〉에 제시된 연구들은 대상자, 말소리의 수집 방법 및 문맥 등이 다르고 습득 연령에 대한 정의 또한 연구마다 다르지만 음소의 습득 순서는 유사하다. 〈표 4-2〉에서 우리는 "어떠한 말산출 수준에서 보다 정확하게 발음할 수 있는지?", "어떠한 말소리의 위치에서 보다 정확하게 발음할 수 있는지?" 등을 파악할 수 있다. 그리고 각 연구 결과를 구체적으로 이해하여 "음소가 습득 중이라면 치료가 필요하지 않는 수준인지?" 등과 같은 다양한 임상적 질문에 대한 답을 찾을 수 있을 것이다.

〈표 4-2〉 음소 발달 연구들의 비교로 살펴본 자음의 습득 연령

연령	이름대기			자발화
	다음절 단어	1음절 & 다음절 단어	1음절 단어	
	김민정, 배소영(2005)	석동일 외(2008)	하승희 외(2019)	Kim et al. (2017)
2;6~2;11	ㅃ,ㄸ,ㅍ,ㅎ		ㅂ,ㅃ,ㅍ,ㄷ,ㄸ,ㅌ,ㅁ, ㄴ,ㄱ,ㄲ,ㅋ,ㅎ (90% 이상) 종ㅁ, 종ㄴ, 종ㅇ, 종ㄹ, 종ㅂ, 종ㄷ (90% 이상) ㅈ	ㅂ,ㅃ,ㅍ,ㄸ,ㄱ,ㅁ,ㄴ, ㅎ 어말종성ㅇ, 어중종성ㅁ, 어중종성ㄴ
3;0~3;5	ㅁ,ㄴ,ㅂ,ㄷ,ㄱ,ㅌ,ㄲ, ㅉ,ㅊ 종ㅁ, 종ㅂ, 종ㄷ, 종ㄹ	ㄱ,ㄴ,ㄷ,ㅁ,ㅂ,ㅈ,ㅊ, ㅋ,ㅌ,ㅎ,ㄲ,ㄸ,ㅃ,ㅉ 종ㄱ, 종ㄴ, 종ㄷ, 종ㄹ, 종ㅁ, 종ㅂ, 종ㅇ	종ㄱ + ㅈ (90% 이상)	ㄷ,ㅌ,ㄲ,ㅋ,ㅉ 어말종성ㄷ, 어말종성ㄱ, 어말종성ㅁ, 어말종성ㄴ, 어말종성ㄹ, 어중종성ㅇ,
3;6~3;11	ㅈ 종ㄴ			
4;0~4;5	ㅋ	2음절 단어의 ㄹ	ㅉ,ㅊ + 종ㄱ (90% 이상)	ㅈ,ㅊ,ㅅ,ㅆ,ㄹ 어말/어중종성ㅂ, 어중종성ㄱ, 어중종성ㄹ
4;6~4;11	종ㅇ, 종ㄱ			
5;0~5;5	ㄹ	ㅆ	ㅅ,ㅆ,ㄹ + ㅉ,ㅊ(90% 이상) + ㅅ,ㅆ,ㄹ(90% 이상)	
5;6~5;11				
6;0~6;5	ㅅ,ㅆ	다음절 단어의 ㄹ		
6;6~6;11				
연구 특징 / 습득 연령	아동의 75% 이상이 정확하게 산출한 연령	음소의 정확률이 4위치 모두에서 71% 이상 나타난 연령	아동의 75% 이상이 정확하게 산출한 연령	음소를 75%(4회중 3회) 이상 정확도로 산출한 아동의 비율이 75% 이상인 연령
연구 특징 / 비고	음소는 75%를 보이는 최고 연령 단계에 표기함. 따라서 /ㅁ/는 3;0~3;5에 해당되므로 습득 연령은 3;6개월로 봄.	단어의 음절수에 따른 차이를 별도로 표기함.	아동의 90% 이상이 정확하게 산출한 시점을 별도로 표기함.	종성은 어중종성과 어말종성으로 구분하여 나타냄.

부연 표기가 없는 음소는 '초성'을 뜻함.
'종'은 '어말종성'과 '어두종성'을 모두 뜻함.

[그림 4-4]는 〈표 4-2〉에 제시한 김민정, 배소영(2005)의 연구 결과를 그림으로 제시한 것이다. 이 그림은 발달 순서대로 초성 및 종성에서의 음소 발달을 시각적으로 이해하는 데 도움이 될 것이다. 그림의 아래에 있는 음소들은 먼저 습득되며, 위쪽에 있는 음소일수록 출현시기와 완전습득 연령 간 차이가 커지며 늦게 습득된다.

	< 3;0	3;6	4;0	4;6	5;0	5;6	6;0	6;6	7;0
초성 ㅆ					50%				75%
초성 ㅅ				50%					75%
초성 ㄹ			50%			75%	90% 이상		
종성 ㅇ		50%		75%	90% 이상				
종성 ㄱ		50%		75%	90% 이상				
초성 ㅋ		50%		75%	90% 이상				
초성 ㅈ		50%	75%	90% 이상					
종성 ㄴ	50%		75%	90% 이상					
초성 ㅊ	50%	75%		90% 이상					
초성 ㅉ	50%	75%		90% 이상					
종성 ㅁ	50%	75%		90% 이상					
초성 ㄱ	50%	75%		90% 이상					
초성 ㄷ	50%	75%		90% 이상					
종성 ㅂ	50%	75%	90% 이상						
종성 ㄹ	50%	90% 이상							
종성 ㄷ	50%	90% 이상							
초성 ㄴ	50%	90% 이상							
초성 ㅁ	50%	90% 이상							
초성 ㅌ	50%	90% 이상							
초성 ㄲ	50%	90% 이상							
초성 ㅎ	75%	90% 이상							
초성 ㅍ	75%	90% 이상							
초성 ㄸ	90% 이상								
초성 ㅃ	90% 이상								

[그림 4-4] 우리말 자음의 초성과 종성 습득 시기(50%, 75%, 90% 이상 습득 기준)

② **모음의 발달**

보통 모음은 자음보다 빠른 시기인 3세경에 완성된다고 보지만, 어떤 연구자들은 조음하기 어려운 모음은 4세경까지도 100%의 정확도를 보이지 않는다고 한다. 상대적으로 늦게 발달하는 모음은 원순모음 /u/와 /o/ 그리고 이중모음이다. 박상희(2011)에 따르면 우리말의 이중모음은 3세 전반까지 발달하며, 단어보다 문장에서 그리고 초성이 없는 단어보다 있는 단어에서 오류가 증가한다. 일반적으로 경도의 조음·음운장애 아동들은 모음의 오류가 나타나지 않으나 중도(moderate) 이상의 조음·음운장애 아동들은 모음 오류가 나타나기도 한다. 그리고 여러 모음 오류나 모음 오류의 비일관성은 발달성말실행증(childhood apraxia of speech) 아동의 말 특성으로 중요하게 고려되어야 한다(American Speech-Language-Hearing Association, 2007). 그 외 청각장애 아동이나 뇌손상으로 인한 기질적 조음장애 아동들도 모음오류를 보일 수 있다(석동일, 2013).

③ **자음정확도의 변화**

앞서 제시한 바와 같이 아동은 연령이 증가할수록 정확하게 산출할 수 있는 음소의 수가 증가한다. 따라서 아동의 말에서 정확하게 산출한 음소의 비율 또한 증가한다. 아동이 산출한 자음들 중에 정확하게 산출한 자음의 비율을 '자음정확도'라고 하며, 이는 조음능력을 나타내는 대표적인 지표이다(자음정확도에 대한 자세한 설명은 제6장, 제7장 참조). 〈표 4-3〉는 표준화된 검사인 U-TAP2(김영태 외, 2020)의 단어와 문장 수준 자음정확도(PCC-R)를 연령별로 제시한 것이다. 자음정확도는 4세까지 빠르게 증가하여 90% 초반에 도달하며, 5세가 되면 90% 후반으로 나타난다. 그리고 단어수준 보다 문장 수준의 자음정확도가 조금 낮게 나타난다. 표준화된 검사의 협조가 어려운 2세 아동은 자발화 분석으로 자음정확도를 살펴볼 수 있는데, 2세 초반은 73.22%, 2세 후반은 74.81%의 자음정확도를 보인다(하승희 외, 2016).

〈표 4-3〉 연령별 단어 및 문장 수준 자음정확도(PCC-R)

(단위: %)

연령	2세(후반)	3세	4세	5세	6세	7세
단어	74.7	84.4	92.2	97.9	99.4	99.7
문장	-	83.5	91.4	97.2	98.8	99.2

(3) 음운변동의 발달

① 오류 음운변동의 소거

음운변동의 발달은 오류 음운변동이 적절한 시기에 소거되는 것을 의미한다. 특정 음운을 정확하게 산출할 수 있는 시기와 더불어 우리가 관심을 가져야 하는 것은 아동이 보이는 말소리의 오류이다. 아동은 정확하게 발음을 할 수 있기 전까지 말소리 오류를 보일 수밖에 없다. 아동은 음운을 생략하여 음절 구조를 바꾸거나 자신이 산출할 수 있는 음운으로 바꾸어 말한다. 그런데 아동이 보이는 이러한 말소리 오류는 어떤 규칙의 지배를 받아 체계적으로 변하는 것 같다. 우리는 이러한 말소리 오류가 가지고 있는 나름의 규칙 또는 경향성을 음운변동(phonological process) 또는 말소리의 오류패턴이라 한다. 음운변동은 아동의 음운 체계 발달을 관찰할 수 있게 해 준다. 초기 낱말습득 단계에 있는 아동은 여러 다양한 음운변동을 보인다. 그러나 성장함에 따라 말소리의 산출 문제를 극복하면서 음운변동은 사라진다. 예를 들어, 2세 전에는 종성과 연구개음 산출이 어렵기 때문에 종성생략과 연구개음의 전방화 오류가 빈번하지만 이러한 오류들은 3세 전에 소거된다. 그리고 2세 전이라도 초성생략이나 [+전방성] 자음의 후방화 오류는 나타나지 않는다. 즉, 오류 음운변동에는 발달과정에서 나타나는 발달적 음운변동과 발달과정에서 나타나지 않는 비발달적 음운변동이 있으며, 발달적 음운변동은 보편적 소거 시기와 순서가 있다(Bernthal & Bankson, 2003). 그래서 우리는 음운변동 분석을 통해 아동의 음운오류가 발달적인지 비발달적인지를 분석하여 조음·음운장애를 진단하거나 감별할 수 있다. 음운변동의 발달을 크게 음절 구조 변동과 대치변동으로 나누어 살펴보면 다음과 같다.

음운변동(phonological process) & 음운규칙(phonological rules) & 오류패턴 (phonological patterns) 모두 다른 뜻인가요?

음운론에서 말소리 변동(alternation)은 기저음이 주변음의 영향으로 표면 차원에서 기저와 다른 음으로 변하는 것을 의미한다. 말소리 변동(alternation)은 일정한 음운 환경에서 규칙적으로 나타난다. Chomsky(1965; 강옥미, 2003에서 재인용)의 표준문법 모델에 따르면 기저음운은 음운규칙의 지배를 받아 표면음성으로 도출된다. 즉, 음운규칙(phonological rules)은 기저형과 표면형 간의 관계를 설명해 주는 규칙이라 할 수 있다. 예를 들어, '국물'(기저형)을 산출할 때는 '비음화'라는 음운규칙이 적용되어 [궁물]이라고 산출되는 것이며 이를 말소리의 변동(제3장에서는 '음운변동'으로 통칭함)이라 본다.

그러나 언어병리학에서 언어·재활사들이 흔히 말하는 '음운변동(phonological process)'은 산출해야 하는 표현형과 아동이 실제로 산출한 표현형 간을 비교하여 변화를 기술한 것이다. 예를 들어, [궁물]이라고 말해야 하는데 [굼물]이라고 했다면 /ㅇ/이 /ㅁ/로 변동된 것이다.

오류패턴은 오류의 일회성이 아닌 체계적 오류를 강조한 용어이다. 한두 번의 말소리 변동만을 보고 아동의 음운 체계에 오류가 있다고 할 수 없다. 즉, 오류패턴은 말소리의 오류가 실수가 아닌 체계의 오류로 인해 나타난 것을 강조한 용어로, APAC에서는 적어도 3회 이상 동일한 패턴을 보일 때 대상자가 음운변동을 보인다고 분석하고 있다.

■ 전체단어변동

음절 구조변동은 음절 구조에 변화를 이끄는 말소리의 오류 변동으로 어린 아동들이 단어의 음절을 보다 단순한 음절 구조, 주로 CV 음절로 바꾸는 경향성을 말한다. 음절 구조 변동의 하위 변동으로 음절반복(reduplication), 종성생략(final consonant deletion), 비강세음절생략(unstressed syllable deletion) 등이 있는데 음절반복과 자음군단순화는 주로 주변 말소리의 영향으로 나타나는 동화변동이다(Bernthal & Bankson, 2003).

- 음절반복: 음절반복은 한 음절 또는 그 이상의 음절을 동일하게 산출하는 것으로 '바나나'를 [바바바]라고 하는 것이다. 보통 음절 수를 그대로 유지하면서 음운대조 요소의 수를 줄인 형태로 나타나기 때문에 주변 말소리의 영향을 받은 동화변동이 대부분이다. 어떤 연구자들은 자음의 조음특성이 반복되는 '자음동화(자음조화)'—예) '나비'[나니]를 부분 음절반복으로 본다(Bernthal & Bankson, 2003). 음절반복은 50단어 산출시기에 나타나는 초기 음운변동으로 2세가 넘어서면 거의 나타나지 않는다(김수진, 신지영, 2020).
- 종성생략: 종성생략은 단어의 종성을 생략하는 것으로 '물'을 [무], '가방'을 [가바]라고 하는 것이다. 어말종성생략은 초기 음운변동으로 2세 중반쯤 소거되어 3세가 넘어서면 거의 나타나지 않는다(김영태, 신문자, 2004; 석동일 외, 2008). 단, 특정 음운의 산출 어려움으로 나타나는 '유음생략'이나 음운의 위치와 관련되어 나

타나는 '어중종성생략'은 3세가 넘어도 출현할 수 있다.

- 비강세음절생략: 비강세음절생략은 비강세 음절을 통째로 생략하는 것인데 우리나라 단어는 강세가 특징적이지 않기 때문에 강세와 관련시키지 않고 음절생략 변동만을 살펴보겠다. 음절생략은 '할아버지'를 [하버디]라고 하는 것으로 2세가 넘어서면 거의 나타나지 않는다(김영태, 신문자, 2004; 석동일 외, 2008).

우리말에서 자음군 단순화란?

자음군 단순화는 두 개의 자음이 연이어 산출되어야 하는데 하나의 음운으로 바뀌어 단순화되는 것이다. 우리말에는 자음군이 존재하지 않기 때문에 엄밀히 말해 자음군 단순화는 존재할 수 없다.

그러나 말소리의 실현에서 보면 어중에서 두 자음이 연이어 발음되어야 하는 경우가 있다. 자음군은 아니지만 아이들은 연속적으로 자음을 산출하는 데 어려움을 보인다. 이에 김민정, 배소영, 박창일(2007)은 이를 '전형적 자음연쇄 단순화'라고 말하며 종성의 조음위치가 초성의 조음위치에 역행동화(예: 양말[얌말]-양순음동화, 옥수수[오쑤수]-치경음동화 후 동일조음위치 생략)된 변화로 정의하였다.

■ 분절대치변동

분절대치변동은 한 음운이 다른 음운으로 바뀌어 산출되는 것을 말한다. 이러한 변동은 지각과 산출의 불일치가 인식되면서 사라진다. 우리나라 아동이 발달적으로 보이는 빈번한 분절대치변동 중 자음변동으로 파열음화, 연구개음의 전방화, 경음화, 활음화 등이 있으며, 모음변동으로는 단모음화, 평순모음화가 있다. 음운변동은 한 음소의 변화이더라도 여러 가지로 분석할 수 있다(예: 바지[바띠] 치경음화, 파열음화, 경음화). 그러나 음운변동 분석으로 음운 체계의 문제를 파악하기 위해서는 여러 음운변동 중 근본적 변동 기제를 판단하기 위해 노력해야 할 것이다. 다음은 일반 아동이 발달기적으로 많이 보이는 음운변동을 제시한 것이다.

- 파열음화: 파열음화는 파열음이 아닌 음운이 파열음으로 바뀌어 산출되는 조음방법 변동이다. 일반적으로 아동은 조음운동의 어려움으로 치경마찰음 /ㅅ, ㅆ/

와 경구개파찰음 /ㅈ, ㅉ, ㅊ/를 치경파열음으로 대치한다. 예를 들면, '사탕'을 [따탕], '자동차'를 [타동타]라고 말한다. 파열음화는 4세 아동에게도 빈번하게 관찰되는데 치경마찰음과 파찰음의 습득과 관련되기 때문이다. 파찰음의 파열음화는 파찰음이 완전히 습득되는 시기인 5세를 지나면 거의 나타나지 않으며, 치경마찰음의 파열음화는 완전습득 시기가 늦기 때문에 7세까지도 비일관적으로 나타날 수 있다(김민정, 배소영, 박창일, 2007; 김영태, 신문자, 2004; 석동일 외, 2008).

- 파찰음화와 경구개음화: 파찰음화는 파찰음이 아닌 음운이 파찰음으로 바뀌어 산출되는 조음방법 변동이며, 경구개음화는 경구개음이 아닌 음운이 경구개음으로 바뀌어 산출되는 조음위치 변동이다. 일반적으로 아동은 치경마찰음 /ㅅ, ㅆ/를 /ㅈ, ㅉ, ㅊ/ 경구개파찰음으로 대치한다. 예를 들어, '사자'를 [짜자]라고 말한다. 앞서 언급한 바와 같이 치경마찰음은 파열음으로 변하기도 하는데 4세경 파찰음이 습득되면 파열음이 아닌 경구개파찰음으로 대치되는 경향을 보인다(사탕 → [차탕]). 즉, /ㅈ/계열의 소리로 바뀌는 경우 조음위치와 조음방법이 모두 바뀌기 때문에 파찰음화와 경구개음화 모두가 나타난다.

- 연구개음의 전방화: 연구개음의 전방화는 연구개음 /ㄱ, ㄲ, ㅋ, ㅇ/이 보다 앞쪽 조음위치의 음운으로 바뀌는 변동이다. 일반적으로 /ㄱ, ㄲ, ㅋ, ㅇ/을 치경음이나 경구개음으로 대치한다. 예를 들어, '거북이[거부기]'를 [더부지], '형'을 [현]으로 말한다. 물론 연구개음의 전방화 이 외에 치경음화, 경구개음화로도 분석할 수 있으며, 조음방법의 변동으로도 분석할 수 있다. 연구개음의 전방화는 연구개음의 습득과 더불어 4세 전에 소거된다(김민정, 배소영, 박창일, 2007; 김영태, 신문자, 2004; 석동일 외, 2008).

- 경음화: 경음화는 경음이 아닌 소리가 경음으로, 발성유형이 바뀌는 변동이다. 일반적으로 주변 경음의 영향을 받아 동화되는 경우가 빈번하다. 예를 들어, '토끼'를 [또끼], '코끼리'를 [꼬끼이]라고 말한다. 경음화는 2세 전에 많이 감소하나 개인차가 있으며 지역 방언과 말습관에 따라 4세 이후까지 나타나기도 한다(김수진, 신지영, 2020).

- 유음의 활음화: 유음의 활음화는 유음 /ㄹ/가 활음 /j/로 바뀌는 변동이다. 어린 아동은 유음 /ㄹ/를 생략 혹은 치경비음으로 대치하는 형태를 보이지만 보다 나이든 아동은 유음 /ㄹ/를 활음 /j/(구개음, 접근음)으로 발음한다. /j/는 우리말의 활음으로 뒤따라오는 단모음과 함께 이중모음으로 실현된다. 따라서 '호랑이'의

/ㄹ/가 활음화되면 [호jㅏ이], 즉 [호양이]로 발음된다. 이는 모음변동이 아닌 유음의 활음화로 분석해야 한다. 한편 임상 현장에서는 유음의 활음화([호양이])와 아동의 산출형은 차이가 있다고 보고 활음화가 아닌 구개화된 왜곡오류로 보기도 한다.

후기발달음소의 오류

우리나라 말소리 중에서 상대적으로 늦게 습득되는 음소는 치경마찰음과 유음이다. 아동은 지각적으로 자신의 오류를 인식하면서도 쉽게 소리를 산출하지 못해 목표음과 유사한 형태로 오류 소리를 발전시켜 나가기도 한다. 발달 초기에는 생략이나 대치로 오류를 보이다가 자신이 산출하는 것이 다른 음운이라는 것을 깨달으면서 아주 근접한 소리로 산출하기도 한다. 특히, 치경마찰음은 음운적 오류인 생략이나 대치가 아닌 음성적 오류인 왜곡 또한 보편적이다. 이에 U-TAP2에서는 치경마찰음의 발달적 음운변동에 치경마찰음의 왜곡오류를 포함시켜 분석하고 있다. 후기발달음소인 치경마찰음과 유음의 발달적 오류들을 살펴보면 다음과 같다.

◆ 치경마찰음 /ㅅ, ㅆ/

치경마찰음의 파열음화 또는 파찰음화

치경마찰음 /ㅅ, ㅆ/가 파열음이나 파찰음과는 다른 음소임을 지각하면 치경마찰음과 유사한 소리로 산출한다. 많은 아동들은 치경보다 뒤쪽 위치인 치경경구개음 [ɕ] (혹은 후치경음 [ʃ])이나 보다 앞쪽 위치인 치간음 [s̪]([θ]로도 표기함)으로 왜곡하여 발음한다. 이러한 왜곡변화를 '구개음화'와 '치간음화'라 말하기도 한다.

- 구개음화의 예: '사탕'을 [ɕatʰaŋ]으로 발음
- 치간음화의 예: '사탕'을 [s̪atʰaŋ]으로 발음

발달적으로 나타날 수 있는 치경마찰음의 오류들을 나열하면 다음과 같다.

'사탕': 대치 – [따땅], [타탕], [차탕], [짜탕] 등

　　　　왜곡 – [샤탕], [s̪ㅏ탕]

◆ 유음 /ㄹ/

유음의 생략, 비음화, 활음화

'노래': 생략 – [노애]

대치 − 비음화: [노내], 활음화: [노애]

또는 발달적으로 초성 /ㄹ/를 산출하기 위한 노력의 결과로 목표 탄설음 앞에 설측음이 첨가되는 경우도 있다. 예를 들어, '사람'의 /ㄹ/를 정조음하기 위해 [살람]으로 발음하기도 한다. 임상 현장에서는 이를 첨가가 아닌 설측음화로 보기도 한다.

- 모음변동: 모음변동은 상대적으로 늦게 습득되는 원순모음과 이중모음에서 나타난다. 보통 이중모음은 단모음으로 대치되어 단모음화를 보이며, 원순모음은 평순모음으로 대치되어 평순모음화를 보인다. 이러한 모음변동은 2세와 4세 모두 빈번하게 관찰되는데 단모음화는 4세가 넘어서도 관찰된다(김수진, 2014; Bernthal & Bankson, 2003).

② 발달적 음운변동과 비발달적 음운변동의 소거

이상의 음운변동들은 발달적으로 나타날 수 있는 발달적 음운변동이지만 적절한 시기에 소거되지 않으면 발달에 문제가 있는 것이다. 그리고 발달적으로 아이들에게 관찰되지 않는 '비발달적 음운변동(비전형적 음운변동)'을 보이는 경우도 정상 발달로 볼 수 없다(Bleile, 2014). Dodd 등(2003)은 자기 연령대 아동의 10% 이상이 사용하는 것은 '나이에 적절한 음운변동'이며, 자기 연령대 아동은 10% 이하가 사용하지만 그보다 어린 연령대에서 10% 이상 사용하는 것을 '지체된 음운변동', 어떤 연령대에서도 10% 이상의 아동이 사용하지 않는 것을 '비발달적 음운변동'으로 제안하고 '지체된 음운변동'과 '비발달적 음운변동'이 나타나는 경우 조기 중재가 필요하다고 하였다.

U-TAP2에서는 발달적 음운변동(발달적 음운오류패턴)을 [그림 4-5]에 제시되어 있는 음운변동들로 보았다. U-TAP2의 결과를 온라인에서 분석하면 결과지에서 다음의 그림을 볼 수 있다. 그림에서 발달적 음운변동의 오류율은 음영(진한 회색 10% 이상 오류율, 흐린 회색 5~10%, 흰색 5% 미만 오류율 혹은 전혀 오류 없음)으로 표시되어 있다. 우리는 음영이 사라지는 연령을 확인하여 발달적 음운변동의 소거 시기를 알 수 있다.

비발달적 음운변동은 오류율이 10% 이하인 연령과 관계없이 정상적인 발달에서는 나타나지 않는 변동이기 때문에 발달적 적합성을 판단하기 위해 연령별 변동률과 비교하지 않는다. 그러나 비발달적 음운변동과 발달적 음운변동의 구분이 어렵다면 이

장의 뒤에 제시한 〈부록〉 '우리말 조음음운평가(U-TAP)의 연령별 음운변동 출현율'을 살펴보면서 두 부류의 음운변동을 구분해 볼 것을 권한다. 즉, 〈부록〉에는 있지만 [그림 4-5]에 제시되지 않은 음운변동은 비발달적 음운변동이다. 또한 제6장, 제7장에서 음운변동 평가를 이해한 후 보다 실제 오류 예시들로 발달적 변동을 구분하고 소거 시기를 확인하여 발달의 적절성을 판단할 수 있기를 기대한다.

대분류	중분류	소분류	오류율(%)	2세후	3세초	3세후	4세초	4세후	5세초	5세후	6세	7세
음절 구조 변동	음절 구조	음절생략										
		어중종성생략										
		어말종성생략										
대치 변동	유음오류	유음생략										
		활음화										
		비음화*										
		파열음화										
	치경마찰음 오류	파열음화										
		파찰음화										
	파찰음 오류	파열음화										
	연구개음 전방화											
	경음화	평음의 경음화										
		격음의 경음화										
기타 변동	동화	어중종성 역행동화										
	왜곡변동	치경마찰음의 치(간)음화										
		치경마찰음의 경구개음화										
		치경마찰음의 설측음화										
		탄설음의 설측음화										
	모음변동	단모음화										
비발달적 음운오류패턴 (2회 이상 관찰된 기타 오류패턴의 종류와 빈도를 기록하고 분석하시오.)												

* 일반 아동의 경우, 유음의 비음화는 '라면', '로봇'과 같은 특정 단어에서 주로 출현하였음.

▩ 진한 회색 음영은 해당 연령의 일반 아동이 10% 이상의 오류율을 보임.
▨ 흐린 회색 음영은 해당 연령의 일반 아동이 5% 이상~10% 미만의 오류율을 보임.
☐ 음영 없는 칸은 해당 연령의 일반 아동이 5% 미만의 오류율을 보이거나 음운오류패턴이 전혀 나타나지 않음.

[그림 4-5] U-TAP2 단어수준 검사의 발달적 음운오류패턴과 연령별 오류율

김수진(2014)는 2세와 4세 아동을 대상으로 자발화에서 나타나는 발달적 음운변동을 분석하여 〈표 4-4〉와 같이 초기음운변동(2세경 아동의 25%에게 관찰된 변동)과 후기음운변동(4세경 아동의 25%에게 관찰된 변동)을 제시하였다. 우리는 이 표에서 2~4세 사이에 발달적 변동 중 음절생략, 어말종성생략, 연구개음의 전방화, 유음의 파열음화/활음화 등이 소거된다는 것을 알 수 있다.

〈표 4-4〉 초기 및 후기 발달적 음운변동

구분	초기음운변동(2세)	후기음운변동(4세)
음절 구조 변동	음절생략 어말종성생략 어중종성생략 유음생략	− − 어중종성생략 유음생략
자음 대치변동	마찰음의 파열음화 마찰음의 파찰음화 파찰음의 파열음화 유음의 파열음화/활음화 연구개음의 전방화 경음화	마찰음의 파열음화 − 파찰음의 파열음화 − − 경음화
모음 대치변동	단모음화 평순모음화	단모음화 평순모음화

4. 음운인식 발달

의사소통을 위한 말은 하나의 독립음이 아닌 음운의 연쇄로 이루어진 음절, 단어, 문장, 발화단위로 구성되어 있다. 아동은 성장함에 따라 음운의 형성과 더불어 음운들이 모여서 산출되는 언어학적 단위들을 인식하고 조작할 수 있게 된다. 음운인식(phonological awareness)은 상위음운 능력(metaphonological skill)이라고도 하는데 의미와 별개로 말소리의 구조를 인식하고 조작할 수 있는 능력이다(석동일 외, 2013). 음운인식은 구두 언어와 문자 언어 간의 중요한 연결고리로 조음·음운 능력뿐 아니라 읽기와 쓰기 발달과 매우 밀접하게 관련된다. 어린 아동들은 글자를 인식하기 전에 말소리에 대한 단위를 인식하게 되고 이 능력은 읽기 능력을 발달시키는 데 많은 기여를 한다. 반대로 학령기가 되면 읽기와 쓰기 능력의 발달로 음소 수준의 음운인식 능력은 더욱 빨리 발달한다. 또한 음운인식은 글자지식, 음운표상 등과도 관련성이 높아 언어발달장애 아동과 조음·음운장애 아동 모두에게 중요하다.

일반적으로 음운인식을 평가하기 위해 여러 언어적 단위들을 조작할 수 있는 과제를 사용한다. 음운인식 평가과제는 수행을 위해 조작해야 할 언어적 단위(단어, 음절, 음소)와 조작해야 할 방법(변별, 합성, 분리, 탈락, 대치, 수세기, 산출 등)으로 명명한다. 주로 실시하는 음운인식 평가과제는 〈표 4-5〉와 같다.

〈표 4-5〉 음운인식 평가과제

과제	조작단위	조작방법	예
단어합성	단어	합성	'김'과 '밥'을 합하면 무슨 소리가 되나요? - 김밥
단어탈락		탈락	'바나나우유'에서 '우유'를 빼면 무슨 소리가 남지요? - 바나나
단어변별		변별	'밤(시간)', '칼', '밤(열매)' 중에서 다르게 소리 나는 것은 무엇일까요? - 칼
음절변별	음절	변별	'가위', '가방', '신발' 중에서 첫소리가 다른 것은 무엇일까요? - 신발
음절합성		합성	'토'와 '끼' 소리를 합치면 무슨 소리가 되나요? - 토끼
음절수세기		수세기	'사탕'은 몇 개의 소리로 되어 있나요? 박수쳐 보세요. - 👏👏
음절분절		분절	'코끼리' 를 세 개의 소리로 나누어 말해 보세요. - 코, 끼, 리
음절탈락		탈락	'할머니' 의 끝소리를 빼면 무슨 소리가 남지요? - 할머
초성변별	음소	변별	'밥', '벌', '책' 중에서 첫소리가 다른 것은 무엇일까요? - 책
종성변별		변별	'곰', '감', '손' 중에서 끝소리가 다른 것은 무엇일까요? - 손
음소수세기		수세기	'산'은 몇 개의 소리로 되어 있나요? 박수쳐 보세요. - 👏👏👏
음소분절		분절	'코' 를 두 개의 소리로 나누어 말해 보세요. - $[k^h]$, $[o]$
음소합성		합성	'ㅅ$[s]$'와 'ㅗ'를 합치면 무슨 소리가 되나요? - 소
음소탈락		탈락	'새' 에서 'ㅅ$[s]$'를 빼면 무슨 소리가 남지요? - $[ɛ]$
음소분리		분리	'컵'의 첫소리는 무엇일까요? - $[k^h]$
음소산출		산출	'달' 의 첫소리와 같은 소리로 시작하는 말은? - 돌, 닭, 돈
음소대치		대치	'팔'의 첫소리를 $[k^h]$ 소리로 바꾸면 무슨 소리가 되나요? - 칼

음운인식은 3세부터 발달하여 초등 고학년까지 지속적으로 발달한다(김수진, 신지영, 2020; 권도하 외, 2011). 음운인식의 발달은 연구자마다 과제의 차이로 다른 결과를 보고하지만 일반적으로 단어인식, 음절인식, 각운-두운인식, 음소인식 순으로 점차 큰 단위의 인식에서 작은 단위의 인식으로 발달한다. 홍성인(2001)은 단어인식 과제에서 4세 아동이 50%, 5세 아동이 75%, 6세 아동이 99%의 정반응률을 나타내어 단어인식은 6세가 되면 확립된다고 하였다. 음절인식은 4세부터 발달하기 시작하여(4세 아동은 34%) 5세 전반(5세 아동 67%)에 급격하게 발달하며, 6세가 되면 대부분의 아동에게 확립되어 6세 아동은 높은 과제 정반응률(6세 아동은 96%)을 보인다. 그러나 동일 연령에서 단어인식보다는 낮은 정반응률을 나타내기 때문에 음절인식은 단어인식보다 늦게 발달한다고 본다(김선정, 김영태, 2006; 홍성인, 2001) 음소수준의 조작은 적어도 5세 이후부터 발달한다. 김선정, 김영태(2006)는 음소분절 과제를 5세 전반까지의 아동은 누구도 수행하지 못하였으나 5세 후반 아동은 50%의 정반응률을 보인다고 하였다. 홍성인(2001)은 음소합성과 음소탈락 과제에서 5세 아동은 각 13%, 7%를, 6세 아동은 각 40%, 56%의 정반응률을 보인다고 하였다. 결론적으로 음소인식은 5세부터 시작되나 과제에 대한 수행이 5세 후반이 되어서야 어느 정도 가능하며, 학령기까지 꾸준히 발달한다(석동일 외, 2013; 김유경, 석동일, 2006; 홍성인, 2001). 보통은 유아기부터 1학년 때 가장 급속히 발달하는데, 1학년보다 유아의 음운인식 발달 속도가 더 빠르고 개인차가 매우 크다(김동일, 2011).

과제의 조작방법에 따라 음운인식의 발달을 살펴보면, 변별이 대치보다 먼저 발달한다(홍성인, 2000). 그리고 합성, 분절, 수세기가 산출, 분리, 대치보다 어린 연령대에서 수행력이 좋게 나타나 먼저 발달한다고 볼 수 있다(김유경, 석동일, 2006). 단순히 두 소리가 같은 소리인지 판단하는 수준의 변별은 2세부터 발달하기 시작하여 학령기까지 지속적으로 발달한다. 음소변별은 5세부터 가능하며 7세 유아는 초성변별이 종성변별보다 더 쉽다고 한다(박향아, 2000; 이숙, 김화수, 2013). 김애화(2012)는 4세, 5세, 6세를 대상으로 음절, 초성-각운, 음절체-종성, 음소 수준에서 분리, 탈락, 대치, 합성, 분절 과제를 수행하는 데 조작해야 할 목표 말소리(음절 혹은 음소)의 위치가 난이도에 미치는 정도를 살펴보았다. 연구결과 음절 수준의 모든 과업에서 음절 대치가 다른 조작방법에 비해 수행력이 낮은 것으로 나타났으며, 모든 과제에서 가운데음절이 첫음절과 끝음절보다 수행력이 낮게 나타났다. 음소 수준에서는 음소탈락과 음소분리가 음소대치에 비해서 수행력이 좋았다. 또한 초성이 종성보다 음소분리, 음소탈락에서 수행력이 높았다. 그러나 이 연령대 아동에서 초성이 종성보다 수행력이 좋다는 유의한 통계적 차이는 음소분리 과업에서만 나타났으며, 음소대치는 다른 과제에 비해 어려워하여 음소위치에 따른 차이가 없었다.

한편, 한글의 구조가 초성-운모 구조(우분지 구조)인지 혹은 음절체-종성(좌분지 구조) 구조인지 명확한 결론이 내려지진 않았지만 이에 대한 아동의 음운인식 발달도 관심을 가질 필요가 있다(김애화, 2007; 김유경, 석동일, 2006). 운모 및 음절체에 대한 변별은 3세부터 가능하다(석동일 외, 2013). 그리고 4세, 5세, 6세 아동은 합성과 분절 과제에서 음절체-종성이 초성-각운 단위의 조작보다 수행력이 좋은 것으로 나타났다(김애화, 2012). 그러나 이에 대한 국내 연구는 아직 부족하여 많은 연구 결과가 더 뒷받침되어야 할 것이다.

크게 음운인식의 과제는 말소리에 대한 민감성 정도에 따라 표상적 수준과 심층적 수준으로 분류하기도 한다. 표상적 수준에는 음절, 각운-두운 인식이 포함되고, 심층적 수준에는 음소 수준의 조작능력이 요구되는 음소단위의 인식이 포함된다. 표상적 수준이 먼저 발달하고 심층적 수준이 나중에 발달한다(석동일 외, 2013).

마지막으로, 음운인식 과제를 장애아동에게 실시할 때 몇 가지 고민해 볼 것이 있다. 과제 수행력은 과제 수행에 대한 이해와 작업기억에 영향을 받는다(김애화, 2007). 필자는 아동을 대상으로 음운인식 과제를 할 때 아동이 과제의 실시방법을 명확하게 이해할 수 있게 충분히 설명하고 시연해 주어야 한다는 것을 강조하고 싶다. 때로 학생 임상가들은 충분한 이해 과정 없이 음운인식 과제를 실시하여 잘못된 결과를 도출하는 경우가 있다. 예를 들어, '첫소리가 다른 것은 뭐야?'라는 변별과업에서 '첫소리', '다르다' 의미를 명확하게 이해하지 못해 과제를 수행하지 못하는 대상자도 많다. 그리고 음운인식 과제를 수행하는 데 있어서 제시된 자극을 기억하지 못해 수행에 어려움을 보이는 경우도 있다. 앞서 변별이 합성 과제보다 수행력이 좋다고 말하였다. 하지만 작업기억에 어려움이 있는 경우, 시각적 자극을 제시하지 않고 3개 이상의 단어를 청각적으로만 제시한 뒤, 첫소리가 다른 하나를 변별하게 한다면 3개의 단어를 기억하지 못해 아동들은 변별 과제를 어려워한다. 이러한 아동들은 변별 과제가 합성 과제보다 수행력이 더 낮게 나타난다.

▶ **학습정리**

☑ 말산출 기관과 말지각의 발달은 음소의 정확한 산출을 위한 전제 조건이다. 정상적인 말산출 기관의 구조 및 기능 발달은 조음운동과 관련되며, 범주적 지각능력은 모국어의 음소를 변별하여 성인과 같은 음소 체계로 가질 수 있게 한다.

☑ 초어가 출현하기 전까지 유아들은 다양한 형태의 발성을 보인다. 언어 이전기 발성은 반사적 발성 단계, 쿠잉 단계, 발성놀이 단계, 음절성 옹알이 단계, 자곤 단계의 옹알이로 구분할 수 있으며, 월령이 증가할수록 보다 높은 단계의 옹알이가 출현하고 증가한다.

☑ 초기 음운 발달 시기 동안 유아는 제한된 음절 구조 목록, 자음 및 모음 목록을 보이지만 목록은 점차 다양해진다. 주로 양순음, 파열음, 비음, 경음을 산출하며 특정 음소 및 음소 배열을 선호하는 경향을 보인다. 산출한 단어의 조음 변이성이 감소한다.

☑ 후기 음운 발달 시기 동안 유아는 음소를 안정적으로 정확하게 산출하는 능력이 발달한다. 말명료도는 5세경 100%로, 자음정확도는 8세 전에 100%로 나타나며, 발달적 음운변동은 점차적으로 소거된다. 자음은 위계적인 발달을 보이는데 언어학적 단위, 문맥, 음소의 위치 등에 따라 차이가 있을 수 있다.

☑ 음운인식은 소리의 구조를 인식하고 조작할 수 있는 능력으로 3세부터 초등 고학년까지 지속적으로 발달한다. 음운인식 과제로 발달을 살펴보면 조작 단위는 단어, 음절, 음소 순으로 발달하며, 조작방법은 변별, 합성, 분절, 수세기가 산출, 분리, 대치보다 먼저 발달한다.

• 생략 및 첨가변동의 출현율

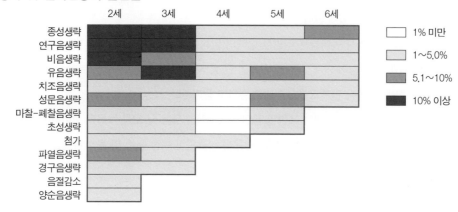

• 대치변동의 출현율

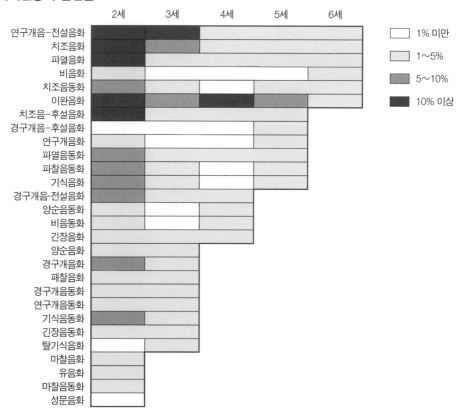

박현

제5장 조음·음운장애 분류 및 원인

우리가 말하는 조음·음운장애는 정확한 발음이 어려운 것이다. 정확한 발음을 내는 것을 방해하는 원인은 너무나 다양하며, 그 원인을 명확하게 알 수 있는 경우도 있고 그렇지 않은 경우도 있다. 구조적인 원인으로 발생하는 조음·음운장애의 경우는 그 원인이 명확하며, 운동 신경학적 원인, 조음 기관의 구조적 이상, 청각 기관의 이상 등이 포함된다. 그러나 임상적으로 조음·음운장애의 원인이 명확하지 않은 경우를 흔히 볼 수 있으며, 이러한 경우 조음·음운장애와 함께 나타나는 동반 문제가 무엇인지 또는 관련된 기타 요인들을 살펴보아야 한다. 이 장에서는 조음·음운장애를 분류하고 조음·음운장애 원인이 무엇인지 알아본다. 이러한 노력은 조음·음운장애의 효율적인 진단평가 방법을 찾고 치료 전략을 마련하는 데 있어 매우 중요하다.

1. 조음·음운장애

ASHA에 의하면 조음·음운장애는 언어에서 말소리 산출에서의 음운규칙을 포함하여 말소리와 말소리 하위 요소의 인지, 운동산출, 음운론적 표현에서의 어려움 또는 이들 조합에서의 어려움을 나타내는 포괄적인 용어이다.

조음·음운장애는 구조적(organic)이거나 기능적(functional) 원인으로 발생할 수 있다. 조음·음운장애의 구조적 원인으로는 운동(motor)/신경학적(neurological) 문제, 조음 기관의 구조적(structural) 문제, 감각(sensory)/지각적(perceptiral) 원인 등이 있다. 기능적 조음·음운장애의 원인은 명확히 알 수가 없다.

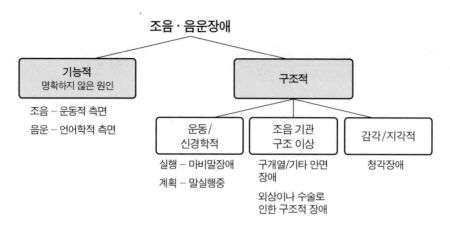

[그림 5-1] 조음·음운장애 원인

2. 기능적 조음·음운장애

　기능적 조음·음운장애는 말소리와 말소리 산출의 언어학적 측면과 관련된 것들을 언급한다. 역사적으로, 이러한 장애들은 조음장애와 음운장애라고 하였다. 조음장애는 개별적인 말소리들의 산출에서의 오류(왜곡 및 대치)에 중점을 둔다. 음운장애는 하나 이상의 말소리에 영향을 미치는 규칙 기반 오류(전방화, 폐쇄음화, 어말종성생략)에 중점을 둔다. 조음장애와 음운장애를 명확하게 구별하는 것은 어렵다. 따라서 많은 연구자들은 원인이 명확하지 않은 말소리 오류를 언급할 때 기능적 조음·음운장애라는 용어와 더불어 원인을 모르는 조음·음운장애라는 용어를 사용하고 있다.

　DSM-5에서는 원인을 모르는 조음·음운장애의 진단기준을 다음과 같이 말하고 있다.

- 지속적으로 말소리 산출에 문제가 있어 말명료도가 떨어지고 구어로 하는 의사소통에 어려움을 보인다.
- 의사소통의 효율성이 떨어져서 학업, 직업 등 사회적 참여에 어려움을 겪는다.
- 언어습득 초기부터 증상이 시작된다.
- 뇌성마비, 구개열, 청력손실, 외상성 뇌손상 등 다르나 의학적 신경학적 조건 같은 선천적이거나 후천적인 원인에 기인하지 않는다.

　기능적 조음·음운장애의 원인을 알아내고자 하는 여러 노력들이 있었으나 원인을 밝히는 것은 어려웠으며, 이에 따라 조음·음운장애를 하나의 집단으로 보지 않고 여러 하위 집단으로 분류하고 있다. 이 장에서는 기능적 조음·음운장애를 심리 언어학적 원인, 잠재원 원인, 증상으로 분류하였다.

1) 심리 언어학적 원인

　기능적 조음·음운장애를 이해하기 위해서 Stackhouse와 Wells(1997)는 [그림 5-2]와 같이 말소리 처리 모형(speech processing model)을 제시하였다. 말소리 처리 모형은 음운처리(processing)의 과정과 음운산출 과정으로 나누어 볼 수 있다. 음운 처리는 말소리 산출 전 인지의 과정을 의미하며 음운처리의 각 과정에서 발생하는 문제는 음운산출의 문제를 야기할 수 있다.

　음운처리의 첫 단계는 말초적 청감각 처리(peripheral auditory processing) 단계로 소리를 듣는 것을 의미한다. 두 번째 단계는 지각(speech/non speech discrimination) 단계로 말소리와 말소리가 아닌 소리를 구분하고 그 차이의 변별을 의미한다. 세 번째 단계는 음소 재인(phonological recognition)으로 머릿속에 있는 모국어 말소리들을 바탕으로 말소리를 구분하는 것을 의미한다. 마지막 단계는 음운표상(phonological representation)과 의미표상(semantic representation)이다.

　음운산출의 첫 단계는 운동 프로그램(program)이나 프로그래밍(programming)이다. 평상시 우리는 말 운동에 대한 프로그램에 따라 운동 순서를 계획하지만 낯선 말에 대해서는 운동 프로그래밍을 새롭게 한 후 운동 프로그램을 마련해야 한다. 다음의 단계는 프로그램의 수정을 포함하는 운동 계획(motor planing)이며 계획 후 운동의 실행(motor execution)이 이루어진다.

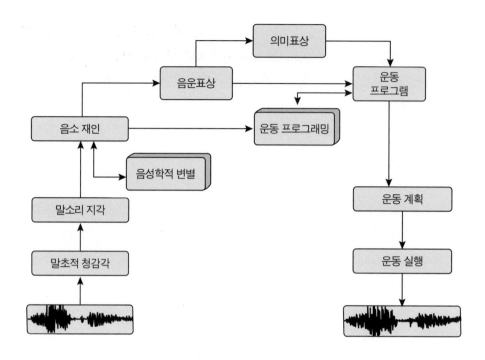

[그림 5-2]   말소리 처리 모형

출처: Stackhouse & Wells (1997).

2) 잠재적 원인

Shriberg를 비롯한 연구자들(2010)은 잠재적 원인에 따라 조음 · 음운장애 유형을 말소리 지체(Speech Delay: SD)와 말소리 오류(Speech Error) 유형으로 나누었다. 말소리 지체는 유전적인 내용을 원인으로 보고 있으며 다섯 개의 집단으로 분류한다.

- 인지 · 언어 처리 과정의 문제: 조음 · 음운장애 아동의 56% 이상을 차지하며 자음 생략의 오류가 흔히 나타난다.
- 청각적 처리 과정의 문제: 조음 · 음운장애 아동의 약 30%를 차지하며 자음정확도는 높으나 말명료도가 매우 낮은 특성을 보인다.
- 정서 · 기질적 문제: 조음 · 음운장애 아동의 약 12%를 차지하며 이 원인에 의한 공통된 조음 · 음운장애 특성을 말하기는 어렵다.
- 아동기 말실행증 문제: 원인은 알 수 없으나 아동기 말실행증의 증상이 나타나며

단어 강세 문제, 비일관적 조음오류가 나타난다.
- 발달성 마비말장애 문제: 원인은 알 수 없으나 발달성 마비말장애의 증상이 나타난다.

말소리 오류유형은 환경적 원인으로 인한 것으로 볼 수 있으며 두 개의 집단으로 분류할 수 있다.

- 치찰음 /s/음 오류: 주로 파찰음과 마찰음에서 오류가 나타난다.
- 유음 /r/음 오류: 주로 탄설음에서 오류가 나타난다.

3) 증상

다양한 조음 · 음운장애 평가 과제를 실시하여 표면적인 오류유형을 분석한 결과에 따라 Dodd 등(2005)이 제안한 네 가지 하위 유형으로 구분하기도 한다. 이러한 하위 유형 분석은 이후 치료기법을 선택할 때 이점이 있다.

(1) 조음장애

독립음 수준에서 일관적으로 특정한 왜곡을 산출하거나 다른 음소로 대치하는 것이 특징이다. 말운동장애(마비말장애)로 인한 기질적인 조음장애의 경우 다양한 음소에서 오조음이 발생한다. 점막하 구개열, 연인두 폐쇄 기능부전, 설소대 단축증과 같은 해부학적 장애로 인하여 오조음이 발생하는 경우에는 구어산출 기관의 구조적인 측면을 확인해야 한다. 일반적으로 후기에 발달하는 마찰음/ㅅ/와 유음/ㄹ/ 등 특정 음소산출에서 일관되게 대치 혹은 왜곡하는 경우가 많다. 또한, 따라말하기와 자발적 산출에 관계없이 독립음 또는 낱말 수준에서 항상 오류를 보인다. 조음 · 음운장애 아동의 320명 중 40명(12.5%)이 이에 해당하는 것으로 나타났다.

(2) 음운지연

일반적으로 아동의 현재 생활연령보다 어린 아동에게 일반적으로 흔히 나타나는 지연된 음운습득 유형을 보이는 경우를 말한다. 이때 기준이 되는 것은 오류 형태가 정상적인 발달과정을 따라 자발적으로 계속해서 변화하는지, 지연된 음운 체계의 오류패턴들이 발달적인지 확인이 필요하다. 가장 많은 아동인 184명(57.5%)이 이에 해당하는 것으로 나타났으며, 아동이 보이는 모든 오류가 정상적인 발달과정상에 나타날 수 있는 발달적인 오류패턴을 보인다.

(3) 일관적인 음운장애

생활연령에 적절한 발달적 오류패턴과 비발달적 오류패턴이 함께 나타나는데, 이때 오류패턴이 일관되게 나타나는 경우를 말한다. 특히, 오조음에서 음절 구조의 다양성 문제를 보이고 비발달적 오류패턴이 일관되게 나타난다. 비발달적 오류패턴이란 아동들에게서 10% 미만의 음운오류를 나타내는 패턴이다. 전체 조음·음운장애 대상자 중 약 20.6%가 이에 속하는 것으로 나타났다.

(4) 비일관적인 음운장애

비일관적인 음운장애에 해당하는 아동들은 비발달적인 음운오류가 비일관적으로 불안정하게 나타나는 것으로 문맥에 따라서뿐만 아니라 동일한 문맥 내에서 동일한 낱말 또는 음운자질을 비일관적으로 산출하는 아동을 말한다. 이때 나타나는 오류는 언어적인 문제로 단어를 잘못 지각했거나 언어적으로 부담이 가중될 때(문장 등 긴 자발화) 혹은 정확한 산출로 변화되어 가는 과정상의 비일관적인 변이와는 차이가 있다. 선별방법은 25개의 동일 그림을 세 번씩 말하도록 하였을 때 적어도 40% 정도의 변이성을 보이는 경우 비일관적 음운장애로 구분할 수 있다. 동일한 단어를 비발달적 오류패턴으로 비일관적으로 산출하는 특성은 아동기 말실행증과 유사하다. 그러나 비일관적 음운장애는 음운 발달의 혼돈과 미숙으로 나타나는 것으로 아동기 말실행증과는 반드시 구별되어야 한다. 조음·음운장애 중 약 9.4% 정도가 이에 해당하는 것으로 알려졌다.

3. 기질적 조음·음운장애

조음·음운장애의 기질적 원인은 조음 기관의 구조적 문제로 발생하는 것으로 크게 운동/신경학적 문제, 조음 기관 구조 문제, 감각/지각의 문제 등이 있다. 이러한 문제들을 선천적으로 나타날 수도 있으며 발달과정에서 후천적으로 발생할 수도 있다.

1) 운동/신경학적 문제

말을 산출할 때 바른 조음을 위해서는 적절한 근육의 힘, 운동 속도, 운동 범위, 운동 정확성, 운동 협응, 운동 안정성 등이 필요하다. 그러나 신경 운동 기능이 저해되면 위에서 언급한 운동의 요소들에 어려움을 가지게 되어 말산출뿐만 아니라 호흡과 발성에도 문제를 가지게 된다. 발달성 마비말장애(developmental dysarthria)와 아동기 말실행증(childhood apraxia of speech)은 신경계 조절의 문제로 인하여 말소리 산출에 문제가 나타난다.

〈표 5-1〉 기질적 조음·음운장애 원인(ASHA, 2007)

원인	종류	특징
운동/신경학적 원인	발달성 마비말장애 : 말산출에 관여하는 근육들에 영향을 미치는 신경학적 운동 상태	• 특히, 자음산출의 속도가 느리고 어려우며 부정확한 조음 • 근육 운동 형태에 따라 다양한 조음 특성 • 말소리 연장 • 단어, 음절 및 소리 사이의 불규칙한 일시적 멈춤 • 조음정확성 낮음
	아동기 말실행증 : 신경근육 결함은 없으며 말산출의 기초가 되는 움직임의 정확성과 일관성이 손상된 아동기 신경학적 말장애(ASHA, 2007b)	• 조음방법이 복합한 음의 더 많은 오류 • 일반적인 조음 · 음운장애 아동에게서 발견되지 않는 비오류 • 생략오류 • 적절한 음성을 산출하고 유지하는 데 어려움 • 말소리 및 음절의 연쇄적 산출 어려움 • 비성 및 비강 방출 • 운율오류
구조적 원인	구개파열/구순파열 : 입술 및 구개의 구조에 영향을 미치는 선천적 결함	• 모음, 유성자음, 활음, 유음의 과대비성 • 고압력 자음을 생성하는 동안 구강 내 압력이 감소 또는 감소 • 고압력 자음산출 시 비강 공기 방출 • 보상적 오류
증후군 관련 원인	다운증후군 : 지적 장애와 관련된 유전적 증후군으로 적응 기술의 한계가 나타남. 해부학적으로 혀의 크기 차이가 나타남(상대적으로 거대한 편)	• 조음 정확성, 적절한 쉼과 경계의 결여 • 오류패턴은 조음 · 음운 발달 지연을 나타내는 어린이와 유사 • 혀의 해부학적 차이 및 운동성 제한으로 인한 모음오류(Bunton & Leddy, 2011) • 오류의 일관성 결여 • 낮은 명료도(Kent & Vorperian, 2013).

감각 관련 원인	**청력손실 및 청각장애** : 발생 연령과 장애의 중 증도가 말 인지와 산출 에 영향을 미침	• 자음생략(특히, 종성) • 자음 대치 • 중립모음화 • 언어적 복잡성이 증가할수록 전반적인 명료도 감소 • 느린 말산출 속도 • 구문적 경계에서 호흡을 잘 조절하지 못하며, 구문적 단위를 끊어서 잘 사용하지 못함

(1) 발달성 마비말장애

발달성 마비말장애는 신경학적 말운동장애로 말과 관련된 근육의 움직임에 문제가 발생한다. 근육의 움직임이 느리며, 힘이 약하고 부정확한 운동을 하며 협응에 문제를 나타낸다.

마비말장애를 가진 사람은 구강 구조에 속하는 조음 기관의 근육뿐만 아니라 호흡, 발성, 공명 기관 등 말 집행에 관여하는 다양한 하위 체계에 속하는 근육들을 움직이는 데에도 어려움을 가진다. 따라서 마비말장애 환자는 호흡, 발성, 조음, 공명 및 운율의 문제가 동반되며 낮은 명료도를 나타낸다.

자발화에서 오조음된 음소들은 읽기와 따라말하기 같은 과제에서도 일관적으로 오조음된다. 그러므로 마비말장애 환자를 평가할 때는 말산출과 관련하여 호흡, 공명, 발성, 조음에 대한 것뿐만 아니라 읽기에 대한 평가도 함께 하여야 한다.

마비말장애는 손상된 신경계의 위치에 따라 여러 유형으로 나타나며, 각각의 유형은 경직형(spastic), 이완형(flaccid), 운동저하형(hypokinetic), 운동과잉형(hyprkinetic), 실조형(ataxic), 일측상부운동신경형(unilateral upper motorneuron), 혼합형(mixed) 등이 있다.

마비말장애 유형별 말소리 산출별 특징은 다양하지만, 공통적인 오류에는 자음 대치, 모음 왜곡, 초분절적 오류, 유창성 오류, 타이밍 오류가 있다.

〈표 5-2〉 발달성 마비말장애와 아동기 말실행증의 비교

	아동기 말실행증	발달성 마비말장애
근육 운동	근육 운동 어려움 없음	유형에 따라 경직, 약화, 실조, 불수의적 운동
조음오류	조음과 운율의 문제 나타남	호흡, 발성, 공명, 조음 등 모든 말산출 단계의 문제
오류의 일관성	비일관적 오류	왜곡 등의 오류 일관적
말 과제에 따른 차이	의도적 발화와 자동구어 간 오류의 차이 나타남	말 과제에 따른 오류의 차이 없음
언어적 길이 및 복잡성에 따른 차이	언어적 길이와 복잡성의 영향을 받음	일반적 영향은 있지만 현저한 영향을 받지는 않음
모색행동	나타남	나타나지 않음

(2) 아동기 말실행증

말실행증(apraxia of speech)은 말산출 과정에서 관찰되는 실행증의 한 유형으로 마비말장애와 달리 근육의 약화, 마비 또는 불협응 문제가 없는 상태에서 말 운동 프로그램에 손상으로 나타나는 말장애이다. 말 운동 프로그램의 손상으로 말을 할 때 사용되는 기관들의 동작이 순차적으로 잘 진행되지 못한다. 예를 들어, '퍼-터-커' 운동을 반복하는 과제를 할 때 이를 정확하게 산출하지 못하며 음절의 순서가 바뀌기도 하고 속도도 불규칙적이다.

아동기 말실행증(Childhood Apraxia of Speech: CAS)은 아직까지도 많은 논란을 가지고 있다. 이러한 논란은 아동기 말실행증 아동이 나타내는 특성이 다른 집단에서도 나타난다는 것이며, 성인의 실행증과 다르게 특별한 신경학적 손상이 발견되지 않는다는 데 기인한다. 이러한 논란을 해결하기 위하여 ASHA(2007)는 아동기 말실행증을 다음과 같이 정의하였다.

아동기 말실행증은 신경운동의 결함 없이 말 운동 정확성과 일관성 문제가 나타나는 신경학적 아동기 말장애이다. 아동기 말실행증은 알고 있는 원인으로 나타날 수도 있고, 그 원인을 알지 못하기도 한다. 아동기 말실행증은 연속적 운동의 계획 및 프로그래밍의 손상으로 말소리 산출과 운율의 문제를 나타낸다.

ASHA(2007)는 아동기 말실행증의 주요 말 특성도 언급하였는데, 첫째, 음절과 단어를 반복 산출할 때 자모음에서 비일관적 오류가 나타나고, 둘째, 말소리와 음절 사이의 협응적 전환이 비정상적이고 시간이 길어지며, 셋째, 어휘와 구 산출 시 잘못한 강세 사용과 같은 운율의 문제가 나타난다. 이 외 증상으로 발음 전 모색행동, 음소 왜곡, 발성유형 오류, 모음 왜곡 및 대치, 조음 동작이 복잡해지거나 발화 길이가 길어지면 오류 증가, 자동구어보다 의도적 구어산출의 어려움, 수용언어와 비교할 때 표현언어의 발달지체가 나타날 수 있다.

말실행증을 평가하기 위해서는 다음의 내용이 포함된다. 첫째, 말실행증 환자는 자동구어보다 의도적 구어를 더 어려워하는 경향이 있다. 따라서 '숫자세기'와 같은 자동구어와 '어제 저녁에 무엇을 하셨나요?'와 같은 질문을 실시하여 비교해 본다. 두 번째, 말실행증 환자는 교대 운동(AMR)에 비하여 일련 운동(SMR)을 더 어려워하는 경향이 있으므로 이 두 과제를 비교해 본다. 세 번째, 말실행증 환자는 자극어의 길이가 길어지거나 복잡해지면 이를 산출하는 것에 더 어려움을 나타내므로 자극어의 길이를 길게 하면서 평가한다. 마지막으로, 환자가 말을 하는 동안 모색행동과 자가수정이 나타나는지 평가할 필요가 있다.

2) 구조적 문제

조음·음운장애에 영향을 주는 해부학적 구조는 입술, 치아, 혀, 경구개, 연구개 등이 있으며, 이들 기관의 문제는 기관의 손상과 관련된 오류를 나타나게 해 조음·음운의 습득과 산출에 부정적인 영향을 미치게 된다.

(1) 입술

입술은 자음의 양순음과 모음의 원순모음을 산출하는 데 중요한 기관이며, 이러한 음을 조음할 때 관여하는 입술 둘레근, 입술의 크기, 입술 접촉 시 힘의 세기, 입술 움직임의 가동성은 정상 범위 안에서 개인차가 존재한다. 입술파열을 수술한 경우 윗입술 움직임에 어려움을 가지는 경우가 있으나, 입술의 문제는 조음과 명료도에 큰 영향을 미치지 않는다.

(2) 치아

치아는 치경 마찰음을 조음할 때 중요하다. 정상적인 치아 교합은 윗니가 아랫니를 약간 감싸는 모양이다. 일반적으로 요인에 의해 부정교합이 나타나며, 극단적인 부정교합은 조음과 씹기에 영향을 준다. 부정교합의 형태는 다음과 같다.

- 이개교합(open bite): 입을 다물어도 윗니와 아랫니 사이가 다물어지지 않는 상태로 제1형 부정교합이다.
- 원심교합(over bite): 보통 뻐드렁니라고 하며 윗니가 아랫니를 덮고 있는 상태로 제2형 부정교합이다.
- 근심교합(under bite): 보통 주걱턱이라고 하며 아랫니가 윗니를 덮고 있으며 아래턱이 밖으로 나온 상태로 제3형 부정교합이다.

(3) 혀

혀는 근육 구조로 되어 있어 성도의 여러 기관 중 기동성이 매우 높아 길이와 폭을 상당히 변화시킬 수 있다. 이러한 이유로 혀는 조음에 있어 가장 중요한 기관이며, 특히 혀의 끝을 포함한 혀의 앞부분은 치경음을 산출하는 데 중요하다. 설소대 단축증(tongue tie)으로 진단받은 경우 설소대를 수술하면 조음능력이 향상되는 경우가 있다. 그러나 그 외의 경우에 이루어지는 일반적인 설소대 수술은 조음능력 향상에 큰 영향을 미치지 못한다. 혀의 크기에 문제가 있는 대설증과 소설증도 조음에 크게 관계하지 않는다.

(4) 구개

구개는 조음을 할 때 구강과 비강을 구분하는 판막을 조정하며, 경구개와 연구개로 구분된다. 구개파열은 경구개의 문제를 가지는 대표적인 경우이다. 구개파열의 경우 조음 · 음운의 발달을 위하여 보통 생후 12개월 전후에 구개 수술을 받으며 수술로 인한 상처는 조음산출을 방해하지 않는다. 수술이 너무 빠를 경우에는 상악면 성장을 저해하는 등의 부정적 영향을 줄 수 있다. 그러나 수술이 늦어질 경우 구강과 비강이 정상적으로 분리되지 않아 공명장애가 발생하며 더불어 경구개 앞에서 이루어지는 조음 접촉 없이 조음 연습을 시작하여 보상조음을 가질 수 있다. 이러한 보상조음이 습관화되면 이를 제거하는 데 많은 시간이 필요하다. 대표적인 보상조음은 성문파열음과 인두마찰음이다.

⟨표 5-3⟩ 보상조음 형태

보상조음	특성
경구개파열음	• 혓몸을 경구개 가운데 부위와 접촉하여 산출 • 천공이 치조 부위에 있는 경우 치조음의 대치음으로 산출 • 치조와 연구개 사이에서 조음됨 → 두 조음위치 간의 구분이 불명확해지고 산출된 소리도 두 위치 사이에서 중복됨.
연구개파열음	• 경구개에 커다란 구비강 천공이 있는 경우: 후방 구강음을 연구개음으로 대치하면서 기류를 천공 뒤에 가두어 새어 나가지 못하게 할 수 있음 → 일부 전방음과 동시조음 되는 경우 있음. • 음소의 후방화: VPI에 대한 보상전략으로 사용
연구개마찰음/ 파찰음	• 연구개마찰음: 혀 뒤쪽을 약간 올려 /j/와 같은 조음위치에서 산출 • 연구개파찰음: 연구개파열음과 연구개마찰음이 동시에 산출 • 천공 뒤쪽에서 산출 → 구비강 천공이 클 때 보상 전략으로 사용
인두파열음	• 혀의 뒷부분을 인두벽에 닿게 하여 산출 • 연구개파열음을 대치하는 경우가 일반적 • 음소의 산출이 어려움 → 정상적으로 조음되는 다른 음소에 비해 자음과 후행모음 사이의 지속시간이 더 길다.
인두마찰음/ 파찰음	• 인두마찰음: 혀의 뒷부분을 후퇴시켜 인두후벽에 가깝게 접근시키지만 닿지는 않게 하여 산출. 혀의 뒷부분과 인두벽 사이의 좁은 틈으로 기류가 빠져나감. • 인두파찰음: 인두파열음과 인두마찰음이 함께 산출. 기류가 연인두 밸브를 통해 비누출의 형태로 빠져나감. • 말하는 동안 인두강의 크기가 커짐.
후비강마찰음	• 혀의 뒷부분을 올려 연구개에 닿게 하여 산출. 대개 무성음. • 기류가 연인두 밸브를 빠져나가려고 힘을 가하여 작은 틈이 생기게 됨 → 청취 가능한 비누출 발생(비강 스침 소리)
콧김소리	• 코로 강한 기류가 방출될 때 소음이 심하고 재채기 소리와 비슷한 소리가 산출 • /s/ 자음군을 산출할 때 자주 동반. 코 찡그림과 동시에 나타남.
코 킁킁거림	• 코를 통해 강한 바람이 들어오면서 음소가 산출 → 비누출의 반대 • /s/ 대치하여 산출되는 경우가 많음. • 주로 어말 위치에서 산출되는 것이 일반적
성문파열음	• 유성파열음. 성대내전에 의해 성문하압이 올라간 뒤 급격한 성대외전으로 기류가 터져 나오면서 산출 → 으르렁거리는 듯한 소리로 지각됨. • 다른 음소와 동시조음 되기도 함: 2개의 조음위치에서 동시에 폐쇄하였다가 동시에 개방함으로써 산출 • 매우 큰 연인두 틈이 동반될 때 흔히 관찰됨.

성문마찰음	• VPI로 인해 연인두 틈 아래 부근에서 기류가 샐 때 산출 • 다른 구강마찰음을 대치할 수 있음.
기식성음성	• 정상적인 경우보다 성대의 벌어진 틈이 커 기류가 새면서 산출 • 과다비성 차폐 → VPI에 대한 보상 전략으로 사용 • 성문이 열려 있으면 압력 낮아짐 → 연인두 밸브를 통과한 비누출이 더 작게 들림.

조음과 관련된 연구개의 역할 중 가장 중요한 것은 연인두밸빙(valving) 또는 연인두 폐쇄기능이다. 연인두밸빙이란 구강음을 산출하는 동안 연구개가 위로 올라가서 인두벽(pharyngeal wall)을 막아 공기가 비강으로 빠져나가지 않고 구강으로만 나오도록 하는 것이다. 연인두 밸빙에 문제가 발생하여 조음을 할 공명 문제가 발생하는 경우를 '연인두폐쇄부전(Velophyrygeal Incompetence: VPI)'이라고 한다.

연인두 폐쇄가 잘 되지 않으면 다음의 말 특성이 나타날 수 있다.

- 모음, 활음 및 유음의 과비성화
- 압력 자음(마찰음, 폐쇄음, 파찰음)의 구강압 약화
- 압력 자음 산출 시 비강 공기 방출
- 파열음의 성문파열음화
- 마찰음의 인두마찰음화

(5) 비인강

비인강의 아데노이드는 인두의 상부 또는 최상부에 위치해 있다. 확장된 아데노이드는 짧거나 경직된 연구개를 대신하거나, 연인두 폐쇄를 도와준다. 따라서 아데노이드가 제거되면 일시적으로 과비성이 나타나게 된다. 때문에 아데노이드 적출술을 실시할 때에는 경계선급 연인두 폐쇄부전인지 확인이 필요하고 수술의 득실을 꼼꼼하게 따질 필요가 있다. 반대로 과도하게 아데노이드가 커지면 과소비성이나 무비성 현상이 나타난다.

3) 특정장애

(1) 청각장애

말의 산출과 이해에 주요한 요소 중 하나는 청력이다. 우리는 말을 할 때 청각 경로를 통해 스스로의 발음을 조정하며, 청자로서 들려오는 메시지를 수용하기 때문에 일정 수준의 청력은 조음에 필수적인 것이다. 만약 심각한 청각적 문제가 있다면 귀에 들어오는 말소리 신호를 해석하는 데 어려움을 가지게 되고 정상 청력을 가진 아동들과는 다르게 왜곡된 말소리 신호를 지각하게 되어 조음 문제를 나타내게 된다.

말지각 및 산출에 영향을 주는 청각장애의 요인은 여러 가지가 있다. 먼저, 청각 민감도는 주파수마다 다른데, 말소리를 듣는 데 있어서는 500Hz에서 4,000Hz까지 주파수 신호를 감지하는 능력이 매우 중요하다. 순음 청력검사에서는 이러한 주파수 대역의 청력손실 정도를 측정한다. 청력손실 정도는 경도부터 중도 또는 심도로 나누기도 하고 난청과 농으로 나누기도 한다. 청력손실 정도에 따라 말소리의 지각과 산출 능력은 달라진다.

다음으로 조음과 관계된 주요 청각적 요인은 청력손실 시기이다. 언어 습득 전 출생에서부터 심한 청력 언어 습득 전 청력손실이 있었다면 언어 습득은 매우 어렵고 일상적인 의사소통이 불가능할 정도로 조음오류가 나타나므로 이에 대한 특별한 접근이 필요하다. 언어 습득 후 청력에 문제가 발생한 아동과 성인도 한시적으로 조음 패턴을 유지하지만 조음적인 문제가 점차 나타난다. 언어 습득 이후 농이 된 경우도 저강도 음과 고주파수 음에서 왜곡과 생략이 나타난다. 청각장애인의 말은 이해하기가 매우 어렵다. 이는 청각장애인의 조음 문제는 분절적 차원뿐만 아니라 초분절적 차원 모두에서 나타나기 때문이다.

청각장애 아동의 조음에는 많은 오류가 있으며 자음과 모음 모두에서 나타난다. 모음의 주된 조음오류는 대치와 중립화, 비성화, 길이 연장 등이다. 자음에서의 가장 일반적인 오류는 대치, 비성화, 발성유형의 구분 산출의 어려움 등이다(고은 2017). 청각장애 아동은 발화 시에 말소리의 지속시간과 강도 그리고 억양(음도)을 조절하는 데 어려움을 가진다. 또한 청각장애인은 건청인에 비하여 느리게 말한다. 이것은 개별음소의 연장과 발화 사이의 휴지 시간이 긴 것과 관련된다. 느린 조음 운동은 부분적으로 말소리 명료도를 낮게 하여 청자가 말을 이해하기 어렵게 한다.

(2) 증후군

　조음·음운장애와 관련 있는 증후군들은 여러 가지이다. 그중 잘 알려진 것은 다운 증후군이다. 다운 증후군은 21번 염색체가 하나 더 있는 것으로 다운 증후군을 지닌 아동의 여러 특성이 조음·음운장애와 관련된다. 첫 번째 특성은 인지적 문제를 지니고 있으며, 이러한 인지적 문제는 조음·음운 발달 지연과 관련된다. 두 번째 특성은 혀의 크기인데, 대부분의 다운 증후군 아동들은 혀의 크기가 큰 대설증이거나 혀의 크기가 정상이라 하더라도 구강의 면적이 작다. 따라서 자유롭게 혀를 움직이기가 어려워 낮은 명료도를 나타낸다. 다음으로 낮은 근긴장도와 잦은 중이염의 노출이 다운 증후군 아동의 조음·음운 문제를 일으킨다. 취약 X 증후군은 다운 증후군에 비해서는 발생률이 낮다. 이 증후군은 X 염색체 이상으로 나타나며 특정 단백질을 생성하지 못한다. 다운 증후군과 마찬가지로 인지적 문제로 인하여 조음·음운 발달 지연이 나타난다.

4. 관련 요인

1) 음운처리

　음운(phonological)과 음운처리(phonological processing)는 구별되어야 한다. 음운은 언어적 입장에서 아동의 조음산출을 나타내는 용어이며, 음운처리는 말/읽기와 관계되는 기저의 인지 능력을 나타낸다. 즉, 음운처리란 말 또는 언어적 정보를 처리할 때 음운 체계를 사용하는 개인의 정신적 작용이며 음운의 추상적인 표상을 머릿속에 등록(코드화)하고 다시 꺼내 구어 계획을 세우는 것이라 할 수 있다. 음운처리 과정은 음운 인식, 음운적 작업기억, 장기기억으로부터의 음운적 정보 회상으로 나눈다. 선행 연구들에서 살펴보면 음운처리는 크게 조음과 문해 기술과 관련되어 설명되지만 조음 기관의 문제 등과 같은 기질적 문제를 동반하지 않은 조음·음운장애 아동들이 모두 음운처리에 어려움을 갖는 것은 아니다. 하지만 장애로 진단된 일부 아동은 음운 처리에 어려움을 가지고 있을 것으로 예상된다. 따라서 조음장애 아동들을 대상으로 한 음운처리 평가의 필요성이 제기된다.

　음운처리의 과정인 음운 인식이란 말에서 사용되고 있는 단어 속 여러 가지 소리의 단위와 유형들을 지각하고 이를 아는 것이다. 다시 말해, 단어는 음절과 음소 단위로 나눌 수 있으며 음절에서 각운과 두운을 인식하고 음소와 음절을 합하여 다시 단어를 만들어 낼 수 있는 능력을 음운 인식이라 한다. 이러한 음운 인식 능력은 아동들의 조음능력 및 읽기 능력과 관계되는 것으로 알려져 있다.

조음·음운장애 아동은 정상 또래 아동들에 비하여 음운 인식 및 문해 능력에 있어 어려움을 나타내기 쉽다. 이러한 문제가 나타날 가능성이 높은 집단은 유치원이나 초등학교 1학년까지 조음 문제를 가지고 있는 아동이며, 만약 학교 입학 전 조음 문제가 해결되었다면 음운 인식의 문제가 나타나지 않을 가능성이 크다. 더불어 수용 및 표현 언어 문제를 가지고 있는 조음·음운장애 아동들은 조음 문제만 가지고 있는 아동들에 비하여 음운 인식의 문제로 인한 읽기 문제를 나타낼 위험률이 높다. 이러한 아동들에게 음운 인식 능력을 기르는 훈련은 조음·음운 능력과 문해 능력 향상을 가져올 수 있다.

2) 말소리 지각

말소리(음소) 지각 능력은 특정 언어에서 음소들을 서로 구분하고 정조음한 말과 오조음한 말산출의 차이를 변별할 수 있는 능력을 말한다. 이는 난청을 가지고 있는 사람이 듣지 못하는 것과는 차이가 있다. 예를 들어, 청각장애인이 청각의 문제로 인하여 국어의 파열음과 마찰음을 듣지 못한다면, 말소리 지각에 문제가 있는 사람은 국어의 파열음과 마찰음을 들을 수 있으나 이 둘의 차이를 지각하지 못하는 것이라 할 수 있다.

아동들이 말소리를 지각하여 구분할 수 있는지를 평가하는 가장 쉬운 방법은 소리 대조를 이용하여 서로 같은지 다른지를 판단하거나 두 소리 중 하나를 확인하는 것인데, 이 검사들에서 모든 조음·음운장애 아동의 말소리 지각 능력이 낮게 나타난 것은 아니다. 하지만 일부 연구(원민주, 2015)에서는 조음·음운장애 아동의 말소리 지각 능력이 일반 아동들 보다 낮게 나타났으며, 특히 오조음하는 음에 대한 말소리 지각 능력이 낮았다고 보고되었다. 이러한 연구들의 결과는 말 지각 능력은 조음·음운장애 아동이 보이는 말산출상의 문제점과 관련된 기저 원인 중 하나가 될 수 있음을 나타낸다. 또한 조음·음운장애 아동의 말소리 지각 능력이 부족할 경우 이에 대한 접근이 필요함을 보여 준다.

3) 운동 능력

(1) 일반 운동 능력

일반적인 근육 운동 능력의 발달과 조음 능력 간에는 관련성을 찾을 수 있다. 하지만 일반적인 근육 운동 능력이 조음·음운장애에 결정적인 역할을 하는 것은 아니며, 반대로 조음 능력에 문제가 있는 사람들이 일반 운동 능력에 반드시 문제를 가지는 것도 아니다.

(2) 구강·안면 운동 능력

말을 하는 동안 구강 근육들은 정확한 협응 운동을 하여야 한다. 입술, 혀, 구개, 턱 등의 미세한 근육의 움직임을 통해 구강의 면적은 계속적으로 변화하게 된다.

구강 기관의 운동 능력을 평가하는 쉬운 방법은 길항운동(Diadochokinesis: DDK) 검사이며, 교대 운동과 일련 운동이 있다. 교대 운동은 /pʌ/, /tʌ/, /kʌ/를 한 음절씩 가능한 빠르고 정확하게 지속적으로 반복하며, 일련 운동은 /pʌ/, /tʌ/, /kʌ/를 연속적으로 반복하여 정확성, 규칙성, 반복 속도를 평가한다.

정상 성인은 교대 운동 시 1초에 5~7회, 일련 운동 시 1초에 3~7회 반복 가능하다. Dwokin(1978)은 7~12세 사이의 조음·음운장애 아동을 대상으로 /pʌ/, /bʌ/, /kʌ/, /gʌ/ 음절을 사용하여 운동 능력을 검사 하였으며, 조음·음운장애 아동의 운동 속도가 정상 아동에 비하여 느리다고 하였다. 하지만 교대 운동 속도와 말소리 산출 능력과의 관계가 명확한 것은 아니다.

4) 구강 감각 지각

구강의 접촉이나 감각 지각(oral sensory perception)은 조음에서 조정의 역할을 한다. 구강 감각 기능은 청소년기까지 발달하지만, 특히 조음 발달의 초기에 매우 중요하다. 구강 감각 지각 검사를 할 때 조음 능력이 부족한 아동들의 검사 점수가 낮을 수 있으나 반드시 그러한 것은 아니다. 임상 현장에서 구강 감각 지각을 검사하는 방법은 간단하다. 아동의 입안에 삼각형, 사각형, 타원, 원 모양의 플라스틱 모형을 넣고 그림에서 모형의 모양을 찾게 하거나 입안에 두 가지 다른 모형을 놓고 두 모형의 형태가 같은지 다른지를 판단하도록 한다. 구강 감각 지각 능력은 청소년기에 최고조에 이른다.

5) 환경적 원인

아동이 처한 언어적 환경은 조음·음운 발달에 영향을 미칠 수 있다. 과거 아동이 처한 사회 경제적 지위와 조음 능력 간 관계에 대한 연구들을 살펴보면, 아동이 처한 사회 경제적 지위와 조음 능력 사이에는 뚜렷한 상관관계가 존재하지 않았다. 즉, 조음·음운장애 아동들이 사회경제적으로 취약한 집단에서 발생하기도 하지만, 이것이 조음·음운장애의 뚜렷한 원인이 되는 것은 아니라는 것이다. 사회 경제적 지위 외 부모의 장애도 아동의 조음·음운 발달에 영향을 미칠 수 있는데 그 대표적인 예가 청각장애이다. 부모가 청각장애를 지니고 있다면 아동은 정상적인 청각을 가졌다 할지라도 언어를 습득하는 데 어려움을 가질 수 있다.

최근에 우리 사회에 대두되고 있는 조음·음운 발달의 환경적 변수는 결혼이민자의 증가로 인한 다문화 및 이중언어 환경이다. 다문화 가정의 경우 주 양육자가 한국어 능력이 부족하기 때문에 아동들은 발달과정에서 한국어 습득에 어려움을 가지게 되거나 조음 능력의 발달이 느릴 수도 있다.

6) 언어 발달

음운은 아동의 언어 발달 요소 중 하나이기 때문에 언어 발달과 조음 발달은 밀접한 관련성이 있다. Shriberg와 Austin(1998)은 조음·음운장애 아동의 60%는 언어 발달의 문제를 지니고 있다고 하였다. 또한 이들은 심한 조음·음운장애를 갖고 있는 아동들이 표현언어 발달에 문제를 지니고 있을 가능성이 높다고 하였다. 따라서 언어장애와 심한 정도의 음운 발달 지체를 보이는 아동들에 대해서는 음운 능력을 향상시키기 위한 직접적인 치료가 필요하다. 그러나 말과 언어 발달이 절대적인 상관이 있는 것은 아니기 때문에, 말소리 발달에서만 지연되는 아동이 모두 언어 발달에서 지연되는 것이 아니라는 것도 알아두어야 한다.

7) 지능

정상 지능을 가진 사람들에서는 지능과 조음 간 상관관계가 낮다. 하지만 지적 장애 집단에서는 지능과 조음·음운 간 높은 상관관계가 나타난다. 지적 장애 아동이 나타내는 조음 특성은 다음과 같다(Shriberg & Widder, 1990)

- 지적 장애 아동은 조음·음운 오류를 나타낼 확률이 높다.
- 지적 장애 아동들이 흔히 나타내는 조음오류는 자음 생략이다.
- 지적 장애 아동들의 조음오류는 비일관적인 형태를 나타낸다.
- 지적 장애 아동들의 조음 오류패턴은 나이가 어린 아동들의 말산출패턴과 비슷하거나 또는 기능적인 조음 문제를 지닌 아동과 유사하다.

8) 성별

아동의 성별이 조음 능력에 결정적인 역할을 하는 것은 아니다. 하지만 보통 여자 아동의 조음 능력 발달이 남자 아동보다 빠르며, 남자 아동의 조음·음운장애 출현율이 여자 아동에 비하여 높은 것으로 알려져 있다.

5. 동반장애

조음·음운장애와 언어발달장애는 흔히 동반되어 나타난다. 미국에서 학령기 아동을 대상으로 실시한 연구에서 학령기 아동의 약 9%가 조음·음운장애를 지니고 있었으며 이들의 59%는 동반장애를 지니고 있었다. 조음·음운장애와 함께 동반되는 장애로는 언어발달장애, 유창성장애, 음성장애, 주의력결핍 과잉행동장애(ADHD) 등이 있다.

앞서 서술한 것처럼 Shriberg와 Austin(1998)은 조음·음운장애 아동의 60%는 언어 발달의 문제를 지니고 있다고 하였으며, 수용 언어장애를 가진 경우보다 표현 언어장애를 가진 경우 조음·음운장애를 나타낼 가능성이 높다고 하였다.

의사소통장애 중 음성장애와 유창성장애도 조음·음운장애와 흔히 동반되는데 이들 장애는 말 운동이라고 하는 측면에서 공통점을 가진다. 조음·음운장애와 함께 나타나는 음성장애는 여러 원인을 생각해 볼 수 있다. 발음이 좋지 않아서 큰 소리로 산출하는 것이 음성장애로 이어졌을 수도 있고 발성이나 음성의 문제가 조음의 문제까지 이어졌을 수도 있다. 조음·음운장애와 유창성장애는 처음부터 함께 동반되는 경우도 있지만 임상적으로 조음·음운장애 치료 시 이에 대한 언어적 스트레스로 인하여 유창성장애가 발생하는 경우도 있어 이에 대한 세심한 주의가 필요하다.

조음·음운장애의 원인은 여러 가지이며, 명확한 원인을 알 수 있는 경우도 있고 그렇지 않은 경우도 있다. 이 장에서 앞서 살펴본 것처럼 조음·음운장애의 명확한 원인으로는 기질적인 원인들, 즉 운동/신경학적 원인, 심각한 구조적 이상, 감각 인지적 원인 등이 있다. 또한 원인이 명확하지 않으며 그 원인을 알 수 없는 경우들을 기능적 원인들로 설명하였다. 그러나 임상에서 조음·음운장애 아동의 원인을 기질적이나 기능적으로 나눌 수 없는 경우가 있으며, 오히려 유전적 요인과 같은 선천적 문제와 기질 및 기능적 문제를 모두 종합적으로 가지고 있는 경우도 있다. 따라서 조음·음운장애의 원인과 분류에 대한 지속적인 연구가 요구되며, 이러한 노력은 더 효율적인 조음·음운장애의 치료법을 모색하는 데 기여할 것이다.

▶ **학습정리**

☑ 기능적 조음·음운장애라는 명확한 원인을 모르는 조음·음운장애이며 심리 언어학적 원인, 잠재원 원인, 증상을 기준으로 기능적 조음·음운장애를 분류할 수 있다.

☑ 조음·음운장애의 기질적 원인은 조음 기관의 구조적 문제로 발생하는 것으로 이에는 운동/신경학적 문제, 조음 기관 구조 문제, 감각/지각의 문제 등이 있다.

☑ 조음·음운장애의 원인의 관련 요인으로는 음운처리, 말소리 지각, 운동능력, 구강 감각 지각, 환경적 요인, 언어 발달, 지능, 성별 등이 있다.

☑ 조음·음운장애는 언어발달장애, 음성장애, 유창성장애를 동반할 수 있다.

제6장 조음·음운장애 진단 및 평가 개관

이은경, 이지윤

조음·음운장애 진단 및 평가는 조음·음운장애 대상자를 선별하고, 치료 여부를 결정하는 일련의 과정이다. 진단 및 평가의 구체적 목적은 장애 유무와 치료 결정을 확인, 표준화 검사나 발화 수집 및 분석을 통하여 장애 원인 및 형태를 분석하고 이러한 결과를 통해 장·단기 계획을 수립하여 효과적인 치료기법을 선택하고, 치료 전과 후의 효과를 검증하는 것이다. 언어재활사는 조음·음운장애 진단 및 평가 결과를 바탕으로 대상자의 발음 문제의 유무를 결정하게 되며 대상자의 연령, 언어 발달 정도, 개인적 요인 등을 고려하여 음운 발달 및 조음 문제의 원인 등을 살펴보고 적절한 치료 프로그램 계획 수립과 빈도를 결정한다. 조음·음운장애 진단 및 평가 결과는 대상자의 현재 오류 및 음운변동 특성을 반영하는 것으로 언어재활사가 치료의 필요 여부와 치료 접근법을 결정하는 데 있어서 중요한 자료를 제공한다. 또한 진단의 결과는 치료 및 성숙의 결과로 인한 음운 및 조음의 변화를 평가하거나 예후를 예측하는 데에도 중요한 자료가 된다. 이 장에서는 조음·음운장애 진단의 개괄적인 설명과 선별 및 공식·비공식 진단 절차를 소개하고자 한다.

1. 진단 및 평가 절차

진단 및 평가는 임상 현장에서 선별, 보호자 및 대상자 인터뷰, 표준화 검사, 비표준화 검사, 관련 영역의 조음 기관 구조 및 기능 검사와 언어 발달에 대한 검사 실시로 [그림 6-1]과 같이 진행된다. 선별 절차에서는 조음·음운장애로 혹은 이와 관련된 문제로 의뢰된 대상자에 대해서 진단검사를 실시할지를 결정하는 선별과정을 거치게 된다. 선별검사는 진단 이전에 이루어지는 것으로 국내에는 선별검사가 별도로 이루어지지 않는 경우가 많아서 인터뷰 과정에서 이러한 선별과정을 거치기도 한다.

실제 임상에서 진단 및 평가는 대상자나 보호자와의 인터뷰를 통한 정보 수집 과정부터 시작한다. 이때 인터뷰 절차는 각 기관에서 사용되는 초기 면접지의 양식에 따라 상담을 진행하며 이를 통해 발달력 및 사례력, 현재의 말산출 특성, 말·언어 문제, 기타 부차적인 사항에 대해서 파악하는 것이 중요하다. 인터뷰를 할 때 언어재활사는 단순한 정보 수집뿐만 아니라, 전문가 관점에서 대상자의 행동 및 언어적인 측면을 관찰하여 대상자에게 적절한 검사를 선정한다. 또한 이러한 정보를 통하여 조음기관들의 구조적·기능적 문제 여부, 언어 발달 지연, 중이염 병력 및 청지각 문제 등으로 인한 조음·음운장애의 원인들을 파악하기 위한 추가적인 검사 실시 여부도 결정하게 된다.

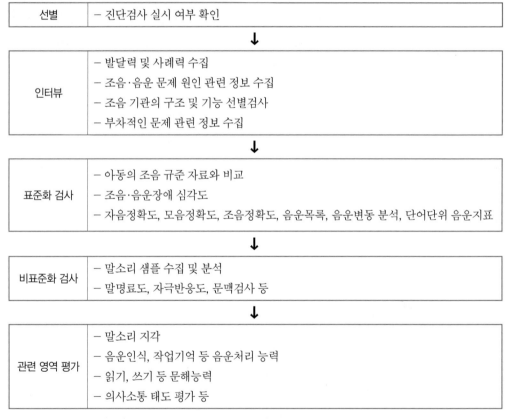

[그림 6-1] 조음·음운장애 진단 및 평가 절차

조음·음운장애 검사도구의 선정 및 실시는 인터뷰를 통해 파악된 대상자 특성에 따라 계획한다. 검사는 개인의 조음·음운 특성을 파악하기 위해서 표준화된 검사 혹은 비표준화된 검사를 실시할 수 있다. 표준화된 검사는 공식·비공식 검사로 나누어서 살펴볼 수 있는데 우선적으로는 표준화된 공식 검사를 먼저 실시하기를 권고한다. 표준화된 공식 검사는 통하여 현재 아동의 생활연령에 규준 자료와 비교가 가능하며 객관적인 지표가 제시되어 평가 해석이 용이하다. 비표준화된 검사는 말명료도, 자극반응도, 문맥에 따른 반응도 등 다양한 상황에 따른 조음·음운장애 여부를 평가할 수 있다. 특히, 비표준화된 검사를 위한 말소리 샘플 수집과 분석과정은 표준화된 공식 검사의 실시가 어려운 대상자에게는 유용한 검사 방법이다. 조음·음운장애 진단 시 마지막으로 살펴보아야 할 것으로 관련 영역에 대한 평가에서는 말소리 지각능력, 음운인식 능력, 작업기억, 문해능력, 언어발달 평가, 의사소통 태도 등의 관련 영역에 대한 추가적인 평가도 필요에 따라서 실시할 수 있다.

앞서 살펴본 평가 절차에 따른 결과들을 토대로 조음·음운장애 유무, 치료 필요성, 치료목표와 치료절차 등에 대한 언어재활사의 종합적인 평가가 이루어지게 된다. 따라서 언어재활사는 조음·음운장애 진단에 필요한 검사도구의 종류와 실시 방법에 대한 숙지가 전문가로서 반드시 필요하다. 검사와 관련된 검사 방법들로는 선별검사, 심화검사, 표준화 검사, 비표준화 검사, 정적 검사, 역동적 검사 등 많은 용어들이 있다. 이들은 대부분 중요 관점에 따라 다르게 표현되는 용어로 이 장에서는 우리가 많이 사용하는 검사 방법을 중심으로 논의하고자 한다. 또한 증상에 따른 표면적인 오류패턴을 통해 분류하는 방법으로 Dodd(1995)의 하위 유형인 조음장애, 음운지연, 일관적인 음운장애, 비일관적인 음운장애의 분류 기준으로 검사를 실시하기도 한다. 이러한 검사들은 다음 진단 및 평가 종류에서 자세히 설명하도록 하겠다.

2. 진단 및 평가 종류

조음·음운검사는 원인의 파악보다는 조음·음운장애 유무를 판정하여 치료 여부를 결정하는 것이 목적이다. 치료가 필요하다고 평가되면 현재 나타내는 조음·음운장애 유형과 심한 정도를 파악하여 치료의 방향 설정과 치료목표를 설정하는 데 중요한 기준을 제공한다. 따라서 언어재활사는 대상자에 적절한 검사도구를 선정하는 전문가로서의 역량을 가지고 있어야 하며 검사 결과에 따라 치료 필요성 여부와 장애 정도, 치료가 필요할 시 효과적인 치료목표 및 방향을 정할 수 있어야 한다. 여기서는 이해를 돕고자 실제 임상에서 사용되는 여러 검사들을 이분법적인 특징으로 분류하여 살펴보고자 한다.

1) 선별검사와 심화검사

조음·음운검사는 선별검사와 심화(진단)검사로 분류할 수 있다. 선별검사는 조음·음운장애의 유무 확인을 위한 검사로 자세한 평가의 필요 여부를 확인하는 데 목적이 있다. 심화검사는 조음·음운장애 원인, 정도, 오류 형태 등을 분석하여 예후 및 치료 필요 여부를 알아보는 검사이다.

(1) 선별검사

모든 대상자에게 처음부터 심화검사를 실시할 필요는 없다. 조음·음운검사는 검사 및 분석에 많은 시간이 소요되기 때문에 간단한 선별검사를 먼저 실시한 후에 필요 여부에 따라 심화검사를 실시한다. 선별이란 보다 더 자세한 조음·음운평가의 필요성을 결정하는 것이기 때문에, 심화검사를 받을 사람과 받을 필요가 없는 사람을 구별하는 데 목적이 있는 검사이다.

일반적으로 선별검사는 5분 내에 간단한 절차로 실시한다. 선별검사에는 먼저 대상자 및 보호자의 상담 혹은 설문을 통하여 검사 실시 여부를 결정하고 면담한 결과를 기준으로 현재 대상자의 연령에 적절한 음운 발달 여부를 고려하여야 하며 공식 또는 비공식적인 검사도구를 사용할 수 있다. 공식적인 방법으로는 한국어 표준 그림 조음음운 검사(석동일 외, 2008)를 실시할 수 있다. 이 검사의 선별검사 항목 30개 단어를 실시하여 그 결과 −1표준편차 미만의 점수를 보이는 경우, 정밀검사 대상자로 선정한다. 비공식적인 방법으로는 자기의 이름과 주소를 말하기, 숫자말하기 혹은 요일과 달 이름 등의 자동구어 말하기, 주요 오조음인 /ㅅ, ㅆ, ㄹ/ 등의 음소를 포함한 단어나 문장 따라 말하기, 자신이 좋아하는 텔레비전 프로그램에 대하여 말하도록 유도하는 등의 과제를 1~2개 정도 실시하거나 검사자 나름의 선별검사를 사용할 수 있다. 이때 초등 3학년 정도의 읽기 유창성이 확립된 경우가 아니라면 읽기 자료를 선별과제로 사용하는 것은 좋지 않다. 선별검사 결과에 따라 앞으로 조음·음운장애 관련 평가 필요성 유무를 결정하게 된다.

(2) 심화(진단)검사

심화(진단)검사는 선별검사를 통해서 조음·음운장애가 의심이 되는 대상자에게 장애 유무를 확인해야 하거나 혹은 중증 정도를 파악하기 위하여 실시한다. 이때 검사를 통해 조음·음운에 문제를 보이는 '원인이 무엇인가? 어느 정도의 문제를 보이는가? 어떠한 형태의 오류를 보이는가?'를 알아보고 그 결과에 따라 치료 유무를 결정, 치료목표를 설정, 치료기간 및 예후를 예측하는 데 도움을 얻을 수 있는 자료를 제공하는 것이 심화(진단)검사이다. 이를 위한 말소리 수집 절차는 선별검사보다는 정밀하고 자세하게 실시되기 때문에 많은 시간이 걸린다. 이때 언어재활사는 대상자의 조음·음운장애 원인, 정도, 유형을 분석하기 위하여 한 가지 검사방법이 아닌 종합적인 방법을 사용해야 한다.

조음·음운장애 여부를 확인하기 위해 평가도구와 샘플 수집 등의 방법을 사용하는데 크게 단단어 발화 수집과 자발화 샘플 수집의 두 가지로 설명할 수 있다. 공식 검사, 표준화 검사에서 많이 사용하는 방법은 단단어 검사이고, 비공식 검사, 비표준화 검사에서 주로 사용하는 방법은 연속발화 또는 자발화 검사이다. 표준화 검사가 정량적 기준을 제시하는 이점이 있으나, 숙련된 진단가라면 자발화 검사 등을 이용한 비표준화 검사에서 더 많은 정보를 얻을 수 있다. 이외에도 자극반응도 검사, 문맥검사, 말명료도 검사, 말용인도 검사 등의 다양한 말소리 표본수집을 평가하여 검사자의 임상 경험을 토대로 종합적인 평가 결과를 내리게 된다.

2) 공식 검사와 비공식 검사

언어재활사는 조음·음운검사를 실시할 때 말소리 분석에 있어서 대상자의 협조 여부에 따라서 실시 가능한 검사를 선정하여야 한다. 실시 검사의 종류나 말소리 샘플 상황, 대상에 따른 환경적인 맥락과 언어학적 수준에 따른 수행 결과가 다를 수 있다. 대부분의 경우는 공식 검사로 단어 및 문장 검사로 구성된 표준화된 조음·음운검사를 실시할 수 있지만 이러한 검사 실시가 어려운 대상자의 경우는 비공식 검사로 자발화 샘플 수집을 통한 말소리 분석 자료를 평가하여야 한다.

(1) 공식 검사

공식 검사는 다양한 맥락에서 조음정확도를 알아보고 오류패턴을 알아보기 위하여 개발된 검사이다. 따라서 공식 검사는 대부분 표준화된 검사로 연령별, 성별에 따른 동일 연령대의 규준점수를 제공하고 있다. 주로 사용되는 표준화된 조음·음운검사로는 우리말 조음음운검사2, 한국어 표준 그림 조음음운 검사, 아동용 발음평가가 있다.

① **우리말 조음음운검사2**(Urimal Test of Articulation and Phonology 2: U-TAP2)(김영태, 신문자, 김수진, 하지완, 2020)
- 검사 대상: 2세 6개월~7세 아동, 그림을 이용하여 명명하거나 설명하는 과제를 사용하기 때문에 취학 전 아동들에게 가장 적합한 검사이다.
- 검사 내용: 단어 수준 검사, 문장 수준 검사, 비일관성 검사로 구성되어 있다.
- 검사 특징: 목표음소를 연속되는 발화에서 유도할 수 있는 문장검사를 실시하도록 한다.
- 검사 결과: 단어 및 문장 수준에서 자음/모음목록 분석, 단어 및 문장 수준에서 음운오류패턴 분석, 단어단위 정확률(PWC), 평균음운길이(PMLU), 단어단위 근접률(PWP), 문장을 이용한 모음문맥 분석이 가능하며, 추가적으로 비일관성 검사를 실시할 수 있다.

② **한국어 표준 그림 조음음운 검사**(The Korean Standard Picture of Articulation & Phonological Test: KS-PAPT)(석동일, 박상희, 신혜정, 박희정, 2008)
- 검사 대상: 3세~성인까지 사용 가능하나 취학 전 아동까지 규준점수를 제시하고 있다.
- 검사 내용: 선별검사와 정밀검사 나누어서 선별검사에서 -1sd 아래에 속하면 정밀검사 대상자로 분류한다.
- 검사 특징: 음절의 난이도에 따라 정밀진단이 가능하고 음소위치를 4위치로 검사 및 조음정확도와 음운변동 분석으로 다각도 분석이 가능하다.

③ **아동용 발음평가**(Assessment of Phonology & Articulation for Children: APAC)(김민정, 배소영, 박창일, 2007)
- 검사 대상: 2세 6개월~7세 5개월까지를 대상으로 한다.
- 검사 내용: 단어검사와 연결발화 검사로 나누어 틀리게 발음한 말소리의 수 및 종류, 오류패턴을 분석하도록 구성되어 있다.

- 검사 특징: 단어와 연결발화 상황에서 조음·음운 능력의 차이를 알아볼 수 있다.

위에 제시된 표준화된 조음·음운검사는 공통적으로 약 2세부터 6세까지의 아동을 대상으로 표준화가 되었으나 취학 전 아동부터 성인까지 거의 모든 연령에서 실시가 가능하다. 각 검사의 실시방법과 자세한 내용은 제7장에서 설명하도록 하겠다.

(2) 비공식 검사

공식 검사의 실시가 어려운 경우 혹은 추가적인 검사가 필요한 경우에 비공식 검사를 실시한다. 대상자가 협조적이고 몇 개의 말소리에서만 문제를 보이는 경우에는 표준화 검사만으로도 충분할 수 있지만, 아동이 어려서 공식 검사를 실시할 수 없거나 공식 검사를 실시하였다고 하더라도 많은 조음·음운장애 아동들은 보다 다양한 상황적·언어학적 맥락에서의 조음·음운 문제를 살펴보아야 할 필요가 있다. 비공식 검사에서 자발화 샘플 분석을 위해서 대상 아동이 언어재활사 혹은 보호자와 상호작용하는 동안 아동의 말소리를 수집하거나 성인 대상자 경우, 조음·음운 문제를 평가하기 위하여 자연스러운 대화 상황에서 말소리 샘플을 수집할 수 있다. 자발화 샘플은 전문가들마다 차이는 있지만 대화 상황에서 최소한 50~100개의 어절을 수집하여 분석에 사용된다. 비공식 검사로는 자발화 샘플을 이용한 말소리 샘플 분석, 말명료도, 자극반응도, 문맥검사, 용인도 등을 평가할 수 있다. 비공식 검사는 비표준화된 검사로 역동적 평가를 포함하며, 다양한 맥락에서 평가할 수 있기 때문에 아동의 조음 문제에 대한 자세한 정보를 제공해 준다. 특히, 조음·음운장애 치료를 계획하고 치료의 예후를 판단할 때 유용한 자료를 제시한다.

3) 정적 평가와 역동적 평가

앞서 나온 표준화된 검사들은 대부분 정적 평가에 속한다. 언어 영역에서 역동적인 검사에 대한 표준화된 검사는 없지만 실제 임상에서 매 회기 치료활동에서 역동적인 평가가 이루어지고 있다. 정적 평가는 피검자가 수동적으로 표준화된 진행절차에 따라 수행하며 점수와 정오 판단이 중요하다. 역동적 평가는 피검자가 능동적인 참여자로 질문과 피드백이 가능하며 진행절차 또한 유동적이다. 역동적 평가에서 검사자는 적절한 피드백을 제공하고 수정 가능성을 검사를 통해 살펴보면서 상호적으로 문제

해결 전략을 제시하는 것을 중요하게 생각한다. 조음·음운장애 진단에 있어서 표준화된 검사는 없지만 자극반응도 검사가 역동적 평가에 속한다. 따라서 자극반응도 검사를 통하여 효과적인 치료방법을 모색하고 치료과정에서 객관적인 평가방법을 살펴볼 수 있다.

4) 관계분석과 독립분석

대상자의 언어 및 말산출 발달 정도에 따라서 말소리 샘플을 분석하는 방법이 달라진다. 언어 발달이 지체되고 산출 가능한 말소리가 제한된 경우에는 기존에 자음정확도, 모음정확도, 말명료도, 음운목록, PWC, PMLU, PWP 등을 알아보는 관계분석을 실시하는 데 어려움이 있다. 이러한 경우에는 아동의 말소리가 정조음인지 여부를 고려하지 않고 아동이 산출한 자음과 모음, 음절 구조, 음운배열, 초분절 등을 분석하는 독립분석(independent analysis)이 적절하다. 관계분석과 독립분석을 실시하는 기준으로는 50개 이상의 단어를 말할 수 있는 아동은 성인의 발음과 비교하여 분석하는 관계분석(relational analysis)을 실시하도록 하고 있다.

(1) 관계분석

이와는 달리 성인의 말소리 산출체계와 비교하여 일반적으로 통용되는 말소리를 기준으로 정조음 여부에 대한 평가를 하는 것을 관계분석(relational analysis)이라 한다. 관계분석은 말명료도를 평가할 수 있을 정도의 어휘표현(50개 이상)이 가능한 아동들부터 사용하는데 성인의 산출을 기준으로 비교한다. 언어재활사가 실시하는 검사의 대부분은 성인의 말소리와 비교시 정조음을 분석하는 관계분석에 해당한다.

(2) 독립분석

우리가 아동과 성인의 조음·음운장애 여부를 알기 위해서는 다양한 방법을 사용하여 분석하게 된다. 하지만 말소리 산출에서 발화할 수 있는 음소목록이 한정적인 영유아의 경우는 성인의 말소리와 비교하지 않고 독립적으로 아이가 발화한 말소리를 분석한다. 이를 독립분석(independent analysis)이라고 하는데 초기 말소리 습득 단계의 아동들에게 사용되는 음운적 분석방법이다. 이때 우연히 산출된 소리를 배제하기 위하여 3회 이상 안정적으로 산출된 자음만 목록에 포함시킨다. 정상적인 언어 발달을 보이는 2세 수준의 아동이나 음운산출이 지연된 아동들의 소리산출을 낱말의 위치(어두, 어중, 어말) 및 변별 자질(조음위치, 조음방법, 발성유형)로 분류하여 목록화하고 산출된 음절이나 낱말의 형태(CV, VC, CVC 등)와 연속적인 말소리의 배열 특성 등을 분석한다. 즉, 독립분석은 아동에게 출현되는 음소, 음절유형 등의 말소리 자체를 분석하는 것으로 표현이 적은 어린 아동이나 지체된 아동을 평가할 때 적절한 분석방법이다. 실제 임상에서 사용할 수 있는 독립분석의 예로, 〈표 6-1〉에 아동이 3회 이상 일관적으로 산출한 목록을 분석한 결과를 제시하였다.

〈표 6-1〉 독립분석의 예

아동 발화	[으], [아야], [맘마], [빠빠], [까까], [으따], [부우], [엄마], [아미]
모음 목록	아, 우, 어, 이, 으, 야
자음 목록	ㅁ(I, M, F), ㅃ(I, M), ㄲ(I, M), ㄸ(M), ㅂ(I) I: 어두초성, M: 어중초성, F: 종성
음절 구조 목록	V, VGV, VCV, CVV, VCCV, CVCV, CVCCV

　관계분석과 독립분석의 예를 들면 어떤 아동의 발화에서 '/ㅈ/를 [ㄷ]로 대치한다.'고 분석한다면 이는 관계분석이고, '[ㄷ]를 산출한다.'고 분석하게 된다면 이는 독립분석에 해당한다.

3. 말소리 표본 수집

　한 가지 방법으로 평가를 한다는 것은 오류에 빠질 우려가 있다. 따라서 여러 방향에서 표본을 수집하고 이를 분석할 필요가 있으며 샘플링 절차는 선별검사보다 더 많은 시간이 요구되고 검사자에 따라 반응이 달라질 수 있으므로 전문성이 필요하다. 조음·음운장애 평가에서 가장 많이 사용되는 일반적 방법은 단단어 검사이지만, 이 검사만으로는 충분하지 않은 경우가 있다. 따라서 평가의 정확성을 높이기 위해서는 다양한 맥락과 상황에서의 분석 샘플을 정확히 조사할 필요가 있다.

1) 단단어

단단어 검사는 조음·음운검사에 가장 많이 사용되는 검사로 피검자에게 그림 자극 등을 제시하고, 그 단어 이름을 말하게 하는 검사이다. 단단어 검사는 검사를 실시하기가 용이하고 피검자의 발화를 확인하기가 쉽다는 장점이 있으며 어두, 어중, 어말 위치에서 목표음소 분석이 용이하고 오류 여부를 수월하게 파악할 수 있는 검사이다.

단단어 검사는 주로 검사단어 내에서 목표음소의 오류 여부에 따라 점수화하는 검사로 피검사자가 그림 자극을 보고 검사자의 지시에 따라 단어를 발화하면 음소위치에 따라 음의 오류 여부를 확인하는 검사이다. 목표음소는 일반적으로 검사단어의 초성자음인 어두(I), 단어의 중성자음인 어중(M), 단어의 종성자음인 어말(F) 위치에서 평가한다. 검사도구마다 차이가 있기는 하지만 대부분의 검사들은 우리나라 자음을 고루 포함시켜 검사하도록 구성되어 있으며, 이 검사 결과를 바탕으로 치료 여부를 결정하고 치료목표를 설정하게 된다. 대부분의 단단어 검사는 음소의 특정 위치에 목표음이 있으며 그림으로 제시하고 이름을 말하도록 한다. 이때 피검사자가 그림의 이름을 말하지 못하면 검사자가 청각적 자극을 제시하고 이를 모방하도록 한다.

이런 단단어 검사는 검사가 용이하다는 장점을 가지는 반면 자발화 상황에서 검사를 실시한 것이 아니기 때문에 자연스러운 일상 상황에서 대상자의 발음을 정확히 반영하지 못한다는 단점이 있다. 일부 대상자의 경우에는 단단어 검사와 자발화에서 나타날 수 있는 연속조음, 동시조음에 의한 발음이 다른 경우가 종종 있다. 즉, 단단어 검사에서는 나타나지 않는 오류가 연결구어에서 나타날 수 있다. 따라서 우리는 검사를 할 때 단단어 검사와 더불어 자발화 같은 연속구어 상황에서의 검사를 함께 실시할 필요가 있다.

2) 자발화

우리는 일상생활에서 단단어로 말하는 것이 아니라, 연속된 대화 상황에서 말하기 때문에 자발화 상황에서도 발음검사를 실시해야 한다. 자발화 샘플은 대상자의 일상생활 내에서의 발음에 대한 정보를 제공해 준다. 따라서 자발화 검사는 치료를 결정하는 데 중요한 역할을 한다.

자발화 샘플은 일상생활에서 직접 수집하면 가장 좋겠지만 물리적 · 시간적 · 공간적 제약에 의한 어려움이 있다. 따라서 대상자와 검사자 또는 대상자와 부모와의 대화를 통해 얻는 것이 일반적이다. 이때 대상자가 좋아하는 놀이 활동, 텔레비전 프로그램, 경험한 사건이나 장소에 대한 이야기, 책 읽기 등의 방법으로 샘플을 수집한다. 이러한 샘플은 대상자의 발음을 알 수 있는 가장 좋은 방법이라는 장점을 지니고 있는 반면에 심한 조음·음운장애로 인하여 발음을 알아듣기 힘들거나, 말하기를 싫어하거나, 자신의 오조음을 인식하고 자주 오조음하는 음소를 다른 단어로 대치하여 말하게 되면 정확한 샘플을 수집하기 힘들며, 검사자가 대상자의 발음을 정확히 알아들었는지에 대한 신뢰도가 확보되어야 한다는 어려움이 있다.

3) 문맥검사

발음에 문제가 있는 아동의 경우 조음·음운 오류는 동일한 음소라도 비일관적으로 다양한 오류가 나타날 수 있다. 따라서 특정 음소 전후에 어떤 음이 있는가에 따라 더 쉽게 혹은 더 어렵게 조음되기도 한다. 따라서 같은 음소라도 다양한 문맥에서 살펴보았을 때, 오류가 나타나기도 하고 나타나지 않기도 하기 때문에 음소의 전후관계에 따른 오류를 확인할 필요가 있다. 이를 위해 문맥검사(contextual testing)를 실시해야 한다. McDonald(1964), Schissel 등(1979)은 다양한 문맥에서 목표음을 검사함으로써 발화를 할 때 문맥의 영향을 평가할 수 있다고 하였다. 이러한 평가를 통해 어떤 문맥에서는 바르게 평가되지만 다른 문맥에서는 틀리게 발음되는 문맥 상황을 파악하여 치료에 활용하게 된다.

이러한 조음문맥검사는 모음문맥에서 자음을 평가하는 것으로 Aase 등(2000)의 조음문맥검사(Contextual Test of Articulation), McDonald(1964)의 조음정밀검사(Deep Test of Articulation) 등과 자발화 샘플 수집 및 분석을 통한 검사가 있다. 조음정밀검사는 약 50개의 문맥에서 목표음소의 전후관계에 따른 개별음소를 평가하는 검사이다. 이 검사는 목표음소의 앞·뒤에 오는 자음과 모음을 체계적으로 변화시키면 아동이 적어도 특정 문맥에서는 목표음소를 정조음 할 것이라는 가설에 근거한다. 조음문맥검사는 7개의 모음문맥에서 문장 완성하기 과제를 통해 5개의 자음과 15개의 자음군을 평가하도록 하는 검사이다. 이러한 문맥검사를 위해서는 공식적 문맥검사 이외에 연결발화, 즉 대화 상황에서의 자발화 샘플을 수집하는 방법이 있다.

문맥검사의 또 다른 목적은 목표음소가 정확하게 산출되는 문맥을 파악하기 위해서이다. 이를 촉진문맥이라고 하는데 촉진문맥은 치료를 시작할 때 목표음소가 정조음되는 특정한 음성적 환경을 파악하여 틀리게 발음되는 문맥에서 목표음소를 치료하는 데 사용된다. 문맥검사 시 다양한 음성적 환경에서 정반응 수가 많을수록 치료를 받지 않고 자연회복될 가능성이 높을 것이며 치료를 받았을 경우 치료효과가 빠르게 나타날 것이다. 문맥검사는 목표음소가 오조음되는 음성적 문맥을 찾고, 오류의 일관성을 측정하기 위하여 실시한다.

4) 자극반응도 검사

임상에서 많이 사용되는 샘플 수집방법으로 자극반응도 검사가 있다. 자극반응도 검사(stimulability testing)는 오류음소에 대하여 '자극'을 주었을 때 적절한 방식으로 바른 말소리를 따라 말할 수 있는지 평가하는 검사이다. 즉, 자극반응도는 오조음한 음소의 모방능력으로 목표음소를 포함한 무의미 음절, 단어를 다양한 단서를 통하여 제시하였을 때 정확하게 산출하는 능력이다. 이 검사는 일반적으로 평가자가 "내가 말하는 것을 보고 들은 다음 따라서 말해 주세요."라고 대상자에게 말한다(Bernthal & Bankson, 2004). 자극반응도 검사에 대한 표준화된 절차는 없지만 일반적으로 오류음소에 대하여 대상자가 자신의 발음오류에 대하여 인지하고 수정이 가능한지에 대한 여부를 확인할 수 있는 검사로 대상자가 오류를 나타낸 자신의 발음을 검사자의 시각적·청각적·촉각적 모델에 의해 목표음소를 바르게 발음하도록 유도하는 것으로 자기교정 능력이 있는지를 확인하는 검사이다. 자극반응도 검사의 경우 치료목표를 결정하고, 치료 예후를 예측하는 데 사용된다. 자극반응도 검사는 조음·음운치료를 실시하지 않고, 조음오류를 수정할 수 있는 피검자를 판별하기 위한 방법으로도 사용되는데, 일부 임상가들은 자극반응도 검사가 자연적 개선을 예측하는 정확한 예측지수로 사용하는 데는 무리가 있다고 지적하기도 한다. 그러나 일반적으로 모방을 통해 수정 가능한 오조음은 수정이 불가능한 오조음보다 더 빨리 치료된다고 가정할 수 있다(Winits, 1975). 따라서 자극반응도 검사는 치료 예후를 예측하기 위하여, 목표음소의 자연습득 여부를 결정하기 위하여, 오류음소의 치료 우선순위를 결정하기 위하여 실시한다.

5) 오류패턴 검사

음운오류가 있는 아동의 경우 오류 음운패턴에 따른 오조음을 분석하기 위하여 오류패턴 검사(error pattern testing)를 실시한다. 일반적으로 조음·음운검사를 할 때 음운오류를 많이 보이는 아동의 경우 오류패턴(제4장 말산출 참조)을 발견하고 촉진하기 위하여 음운변동 분석을 실시한다. 우리는 음운변동 분석을 통해 아동이 나타내는 오류패턴을 알아낼 수 있으며, 이를 치료에 적용하여 빠른 치료효과를 가져올 수 있다. 오류패턴 분석의 장점은 아동의 전반적인 음운 체계를 알 수 있다는 것이다. 예를 들어, 아동이 다음절 단어에서 한 음절을 생략하는 경우 '음절생략' 패턴을 보인다고 설명할 수 있으며, 마찰음 /ㅅ, ㅆ/를 파열음 /ㄷ/로 대치하는 경우 파열음 대치패턴을 보인다고 설명할 수 있다. 이러한 오류패턴 검사의 장점은 다양한 오류음소를 분석하여 패턴을 나타내는 오류음소를 묶음으로써 효율적인 치료가 가능하다는 것과 유사한 패턴과 관련된 치료를 통해서 일반화 효과를 가져올 수 있다는 점이다.

4. 검사지표

1) 자음정확도

자음정확도(Percentage of Correct Consonant: PCC)는 심한 정도를 결정짓는 객관적인 방법으로 아동의 조음·음운장애 정도를 수량화하는 측정 지수로 사용하기 위하여 Shriberg와 Kwiatkowski(1982)에 의해 개발되었다. 또한 이들은 자음정확도가 조음·음운장애 중증도와 깊은 관련성이 있다고 주장하였다. 자음정확도를 측정하기 위해서는 아동이 발화한 단어의 자음만을 고려하여 계산해야 하며 모음은 고려하지 않는다. 평가는 '정반응과 오반응'에 근거하여 판단하며 의심스러운 반응은 '오반응'으로 간주한다. 또한 방언에 의한 발화는 '정반응'으로 간주하며 변이음도 '정반응'으로 간주한다. 자음정확도 분석을 할 때 왜곡오류를 오조음에 포함시킬 것인지 여부에 따라 자음정확도(PCC)와 개정자음정확도(PCC-R)로 구분할 수 있다. 왜곡오류의 경우 한글 철자로 전사 구분이 불가능하나, 음성학적으로 변이음에 해당되기 때문에 PCC-R에서는 왜곡을 정조음으로 간주하여 계산한다.

자음정확도 계산은 다음과 같이 한다.

> 자음정확도(PCC)(%) = (바르게 조음한 자음 수/조음해야 할 총 자음 수)×100
>
> 개정자음정확도(PCC-R)(%) = (바르게 조음한 자음 수(왜곡을 정조음으로 간주)/조음해야 할
> 총 자음 수)×100

자음정확도를 분석하는 가장 일반적인 방법은 기본적 형태분석 방법인 조음위치, 조음방법, 유무성(place, manner, voicing) 등에 따른 분석이다. 이 방법은 정반응 또는 오반응으로 분석하는 이분법적 방법에 기초한다. 기존의 자음정확도는 왜곡을 오조음에 포함시켰고, 개정된 자음정확도에서는 왜곡오류를 정조음으로 간주하여 계산한다(김영태 외, 2020). 이 외에 조음정확도, 모음정확도를 평가하기도 한다.

> 조음정확도(%) = (바르게 조음한 음소 수/조음해야 할 총 음소 수)×100
>
> 모음정확도(%) = (바르게 조음한 모음 수/조음해야 할 총 모음 수)×100

자음정확도 결과를 바탕으로 Shriberg와 Kwiatkowski(1982)는 심한 정도 척도를 사용할 것을 권고하였다. 심한 정도는 얼마나 심각한 조음·음운장애가 있는지를 나타내는 지표로 일반적으로 경도(mild), 중등도(moderate), 심도(severe)로 분류한다. 개정된 자음정확도에서는 만 2세부터 7세까지의 일반아동의 수행수준을 기준으로 한 평균과 표준편차를 이용하여 대상 아동의 수준을 Z점수 −1 이상은 일반적인 수준, −1.5∼−1 미만은 말소리장애 의심, −2 이상∼−1.5 미만은 경도 말소리장애, −2 미만은 중도 말소리장애로 해석한다(김영태 외, 2020). 조음·음운에 문제가 심한 아동은 더 많은 치료시간을 요하기 때문에 치료를 고려할 때는 심한 정도를 고려해야 한다.

〈표 6-2〉 자음정확도를 이용한 심한 정도 평가

자음정확도	심한 정도
85∼100%	경도(mild)
65∼84.9%	경도−중등도(mild−moderate)
50∼64.9%	중등도−중도(moderate−severe)
< 50%	심도(severe)

2) 말명료도

명료도란 말소리를 듣는 사람의 주관적인 평가이다. 말명료도(speech intelligibility)는 청자가 들었을 때 화자의 말이 명확한지 불명확한지를 평가하는 것으로 구어 의사소통 능력을 반영하는 지표로 활용된다. 말명료도는 화자가 전달하고자 하는 메시지를 청자가 이해할 수 있는 정도를 반영하는 지표이며, '화자가 전달하고자 하는 메시지를 청자가 해석하는 데 성공하는가를 반영하는 평가방법'이다(Bernthal & Bankson, 2004). 일반적으로 말명료도는 말에 오류가 있는 화자가 산출한 음향학적 신호가 청자에게 음절이나 낱말 단위로 얼마나 잘 전달되는가를 평가 기준으로 삼는다. 이를 평가하는 방법에는 화자가 한 말을 청자가 전사하는 받아 적기 방법을 사용하거나, 또 다른 방법으로는 화자의 말을 청자가 얼마나 알아들을 수 있는가를 평가하는 척도평가가 있다. 척도평정법(rating scale)의 경우는 일반적으로 '매우 잘 알아들을 수 있다'에서 '전혀 알아들을 수 없다'의 3점 혹은 5점 등으로 구분된 등간척도에 의한 방법을 사용한다(Baudonck et al., 2009).

$$\text{말명료도} = \frac{\text{청자가 바르게 받아 적은 발화 낱말 수(음절 수)}}{\text{화자가 의도한 발화 낱말 수(음절 수)}} \times 100$$

아동의 발화 의도	엄마 시소를 타고 싶어요.
아동의 발화	어마 이오를 아오 이어요.
청자 전사	엄마 이오 먹고 싶어요.

$$\text{음절 수준에서 평가한 말명료도} = \frac{6}{10} \times 100 = 60(\%)$$

$$\text{낱말 수준에서 평가한 말명료도} = \frac{2}{4} \times 100 = 50(\%)$$

말명료도에 영향을 미치는 요인으로는 화자와의 친숙도, 오류음의 일관성, 오류음과 목표음의 유사성, 구어목록에 포함되어 있는 오류음의 빈도, 화자의 언어적인 요소 및 초분절적 특성, 맥락, 소음 등이 있다. 예를 들어, 조음·음운에 문제가 있는 아동이 오류음을 일관되게 발음한다면 말명료도는 상대적으로 높아질 것이다.

명료도는 아동과의 5~10분 정도의 자연스러운 대화 상황에서 수집한 낱말들을 통하여 평가할 수 있다. 이때 표본을 듣고 명료하지 않은 낱말의 수를 세어 전체 낱말의 수로 나누어 백분율로 계산한다. 언어 발달기 아동이 또래보다 더 낮은 명료도를 보이는지를 판단하기 위하여 유용한 방법으로 Gordon-Brannan과 Weiss(2007)의 언어 발달기 명료도 지침과 비교하여 명료도가 낮다면 심화된 조음검사를 실시할 것을 권고한다.

〈표 6-3〉 정상아동의 연령에 따른 명료도 기대치

연령(개월)	24개월	36개월	48개월
명료한 낱말의 비율	50%	80%	100%

출처: Gordon-Brannan & Weiss (2007).

임상가는 조음·음운에 오류가 있는 아동의 치료 여부 및 치료 순서를 결정할 때 말명료도를 염두에 두어야 할 것이다.

3) 말용인도

말용인도(speech acceptability)는 말명료도와는 달리 발화의 자연스러움을 평가하는 방법이다. 말용인도는 일반적으로 '청자가 화자의 발화를 주관적으로 측정하는 방법' 또는 '말에서 느껴지는 자연스러움(naturalness)이나 호감(pleasingness)의 정도에 대한 청자의 판단'을 의미하는 것으로 말이 청자에게 불편함을 주지 않고 자연스러운 것으로 수용되는 정도로 정의된다(석동일 외, 2013; 한진순, 심현섭, 2008). 말용인도와 말명료도는 서로 관련이 있으나 말의 서로 다른 측면을 평가한다는 차이점을 지니고 있다. 말명료도는 분절적인 측면이 보다 중요하게 작용하고 말용인도는 분절적인 것과 함께 초분절적인 면에서 음도, 음량, 공명, 억양, 말속도 등의 지각적인 평가가 같이 이루어진다(이성은 외, 2010). 한진순, 심현섭(2008)은 구개열아동, 기능적 조음장애 아동, 일반아동을 대상으로 말명료도와 말용인도의 상관을 살펴본 연구에서 세 집단 모두 말명료도와 말용인도 간에 상관이 매우 높은 것으로 나타났다고 보고하였다. 말산출 기관의 구조적 혹은 기능적 결함으로 인한 말장애 평가에서는 자음정확도가 크게 저하되지 않음에도 불구하고 말명료도와 말용인도 평가에서 낮은 평가가 나타났다(이성은 외, 2010; 이은경, 김지채, 2015; 한진순, 심현섭, 2008). 말명료도와 말용인도를 측정하는 청지각적 평가의 공통점은 화자의 발화를 듣고 그 정도를 청자가 평가한다는 점이다(김수진, 신지영, 2020; 석동일 외, 2013).

4) 단어단위 음운지표

단어단위 분석은 의사소통이 단어로 이루진다는 개념을 바탕으로 하여 오류분석의 기준을 단어에 둔다. 즉, 성인의 단어와 얼마나 차이가 나는지 알아보며, 전체단어의 단어단위 정확률, 평균음운길이, 단어단위 근접률, 단어단위 변화율을 분석한다.

(1) 단어단위 정확률

단어단위 정확률(Proportion of Whole-word Correctness: PWC)은 단어단위 정확도(whole-word accuracy)와 유사하게 사용되는 용어이다. 네 가지 측정방법 중 측정이 가장 용이한데 아동의 단어에 오류가 있는지 없는지를 결정하는 것이다. 계산 방법은 아동이 발음한 것을 전사하여 이것을 성인의 표준 발음 전사와 1:1 대응시킨다. 1:1 대응에서 완전히 일치하면, 정확한 발음으로 하고 정반응 단어수를 전체 샘플 단어 수로 나누면 된다(석동일 외, 2013). 일반적으로 연령에 따라 말소리 단어는 점진적으로 증가하는 것으로 나타났고, 이러한 단어단위 음운지표는 연구마다 차이는 있지만 자발화 평가에 유용하게 활용할 수 있는 자료를 제시한다(윤미선, 김수진, 김정미, 2013; 하승희, 황진경, 2013).

PWC = 정반응 단어 수/전체 샘플 단어 수

예 어떤 아동의 100단어에서 10개의 단어를 정반응 했다면, PWC는 0.1 또는 10%이다.

〈표 6-4〉 연령별 단어단위 음운 발달지표 평균

연령	PMLU	PWP	PWC
2세 전반	6.37(1.02)	.86(.04)	.45(.09)
2세 후반	6.87(1.02)	.89(.06)	.53(.15)
3세 전반	7.75(.59)	.92(.04)	.59(.15)
3세 후반	8.31(.67)	.96(.04)	.78(.16)
4세 전반	8.45(.46)	.97(.01)	.82(.05)
4세 후반	8.52(.70)	.98(.02)	.89(.07)

출처: 윤미선, 김수진, 김정미(2013).

(2) 평균음운길이

평균음운길이는 아동이 발음하려는 단어의 복잡성을 반영하여 아동이 발음한 형태
와 표적단어 형태 사이의 관계를 설명할 수 있는 분석법이다. 분석은 평균음운길이
(Phonological Mean Length of Utterance: PMLU)로 분석한다. PMLU의 계산 규칙은 먼
저 표본의 크기를 정해야 한다. 표본의 크기는 최소한 25개 단어를 선택해야 하며,
분석을 위해서는 50개 단어가 바람직하다. 만약 샘플이 50개 단어보다 크면, 완전 샘
플을 커버할 수 있는 단어 선택을 택한다. 예를 들면, 100개의 단어 샘플에서 홀수 짝
단어로 선택할 수 있다. 자발화에서 50개의 단어를 선택할 때도 기준을 가지고 해야
한다. 첫째, 성인들 사이 정상적 대화에서 사용되는 단어(보통명사, 동사, 형용사, 전치
사, 부사)를 선택, 둘째, 아동 어휘는 제외(예: 맘마). 셋째, 만약 아동이 음절 반복자라
면 PMLU 값이 부풀려질 수 있으므로 제외하여야 한다. PMLU 계산에서 제외되는 단
어 리스트는 군더더기 말('음-', '오-', '어-' 등), 의성어('야옹', '멍멍'), 아동 어휘(성인 화
자에서 정상적으로 사용되지 않는 단어: '맘마', '바바', '바이바이')이다. 그리고 아동이 하나
의 단어를 여러 가지로 변화하여 발음한다면 각 단어에 대해서는 하나의 발음만 계산
하되 하나 이상의 발음이면 빈도가 제일 높은 것으로 선택한다. 예를 들면, '토마토'
를 [medo] 3회, [təmedo] 1회, [tedo] 1회로 발음했다면, [medo]만 채점한다. 이러
한 기준으로 단어를 선택하여 자음과 모음에 점수를 부여하는 데 발음된 자음과 모음
각각에 대해 1점 주고, 첨가된 분절에 대해서는 계산하지 않는다. 예를 들면, /오리/
→ [pori]리고 발음하였다면 오리의 PMLU는 4이고, /ㅂ/를 첨가하여 발음한 보리의
PMLU도 4가 된다. 적절한 위치에서 산출한 분절음에만 점수를 주고 첨가한 자음이
나 모음은 점수를 주지 않기 때문에 /ㅂ/를 제외하고 점수를 주도록 한다. 이렇게
50개의 단어에 대해서 음운길이를 측정하고 전체음운길이 점수를 전체 단어 수로 나
누게 되면 PMLU가 산출된다. PMLU의 계산한 예를 보면 다음과 같다.

- 아동이 발음한 단어에 포함되어 있는 분절 수를 계산하고 각 분절에 1점씩 준다.
- 정확히 발음한 자음에 대해서는 부가 점수 1점을 준다(모음은 부가 점수가 없다).
예 1점인 경우: 한 단어에서 단지 하나의 모음만 발음 (me → [i])
  2점인 경우: 한 단어에서 자음과 모음을 발음 (me → [ti])
  3점인 경우: 한 단어에서 자음과 모음을 발음하고 자음은 정확히 발음 (me → [mi])
  PMLU = 전체 점수/전체 단어 수

- 의도단어 : /할아버지/, /발/, /장난감/, /친구/, /먹었어/
  목표형태 : /하라버지/, /발/, /장난깜/, /칭구/, /머거써/
- 아동산출 : [하나버지], [바], [단난땀], [칭구], [머거떠]

  평균음운길이 PMLU : 30+12/5=8.4

(3) 단어단위 근접률

단어단위 근접률(proportion of whole-word proximity: PWP로 간접계산)은 목표단어를 얼마나 근접하게 발음하였는가를 측정할 수 있는 단위이다. 아동이 발음한 음운길이를 목표단어 음운길이로 나누어 계산한다(석동일 외, 2013). 예를 들면, 50개 단어를 아동이 75 PMLU로 발음하였고 목표단어의 PMLU가 100이라면 75/100=0.75가 되는 것이다.

PWP = 아동의 PMLU/표적단어 PMLU

예 Zucchini [zukini] → [zini] = 6/9 = 0.67

  바나나[바나나] → [바마마] = 7/9 = 0.78

(4) 단어단위 변화율

변화성은 같은 단어를 경우에 따라서 다르게 발음하는 정도를 의미한다. 단어단위 변화율(Proportion of Whole-word Variability: PWV)은 명료도를 고려할 때 매우 중요한 요소이다. 아동의 음운습득에서 완전하게 정확하지 않더라도 명료도가 있는 단어를 산출하는 것이 중요한 요소이다. 예를 들면, 아동이 /s/와 같은 음소를 산출할 수 없더라도 그것을 일관되게 /사과/를 [다과]로 산출한다면 그 아동과 규칙적으로 접촉하는 사람은 알아듣게 된다. 그러나 일관성이 없다면 명료도는 낮아진다. 같은 단어를 3번 조음하게 하여 변화가 있는지 없는지 확인한다. 3번 시도 중 모두 다르게 하게 되면 1이 되고 3번 시도 중 1번만 다르게 하고 2번이 같다면 0.67이 된다.

5) 오류패턴 분석

조음·음운 오류 분석방법 중 하나는 발화의 오류패턴을 분석하는 방법이다. 이 방법은 아동의 조음·음운 오류가 무작위로 나타나는 것이 아니라 일정한 패턴으로 나타난다는 것에 근거를 둔 분석방법이다. 오류패턴 분석의 목적은 아동이 나타내는 음 오류의 일정한 틀을 발견하여 이를 치료에 활용하는 것이다. 이 방법은 아동이 나타내는 오류음소를 개별적으로 치료하는 것이 아니라 유사한 형태로 묶어서 동시에 치료하는 것으로 치료시간을 절약하고 치료의 효율성을 높일 수 있다는 장점을 지니고 있다. 예를 들어, 아동이 다섯 개 이상의 자음을 오조음하고 있다면, 여러 가지 자음을 동시에 치료할 수 있는 치료 접근법을 사용하거나, 일반적인 과정이나 패턴에 초점을 두는 접근법인 변별자질 접근법을 사용하여 치료의 효율성을 증대시킬 수 있다.

5. 중재 필요성 결정

앞서 실시한 다양한 조음음운검사를 바탕으로 장애 유무를 판단하고 중재 여부를 결정해야 한다. 조음정확도 등 객관적인 점수와 분석 결과에 따른 심한 정도 및 조음·음운장애 하위 유형의 분류는 진단평가에서 중요한 정보이다. 하지만 이와 더불어 생활연령 혹은 발달연령을 기준으로 한 발달적 적합성, 사회·환경적 요인, 음소 사용 빈도, 자극반응도, 기타 개인적인 요소 등도 전반적인 평가 시 반드시 고려하여야 할 부분이다.

1) 검사지표 결과에 따른 내용

표준화된 검사마다 규준에 따른 대상아동의 수준을 파악하는 데 차이는 있지만 일반적으로 평균에서 −1SD 이상에 해당하는 경우는 정상수준, −1 이하에서 −2SD 이상인 경우는 조음·음운장애 주의요망 혹은 의심으로 심화검사 실시가 필요하거나 지속적인 관심이 필요한 대상자로 분류된다. 또래 평균에서 −2SD 미만에 해당하는 수행수준을 보인 아동은 조음·음운장애로 치료가 필요한 대상자로 분류할 수 있다.

2) 발달적 적합성

조음·음운장애를 진단하기 위해서는 단순히 아동의 발화에서 목표음소에 대한 정조음 또는 오조음으로 분석하는 것 이외에 음소습득 연령을 고려해야 하는데 이를 발달적 적합성이라고 한다. 아동은 태어나서 연령에 적합하게 음소를 발달시켜 가는데 우리는 이러한 음소 습득 연령이 아동의 생활연령에 적합한지를 확인해야 한다. Templin(1957)은 연령에 따른 음소 발달은 8세 이하의 아동을 대상으로 분석하는 것이 적합하다고 하였다. 음소 발달은 일반적으로 규준집단 아동의 50~74%가 음소를 산출하는 연령을 관습적 연령, 75~94%가 산출하는 연령을 숙달 연령, 95~100%가 산출하는 연령을 완전습득 연령으로 나누어 살펴볼 수 있다(김영태 외, 2012). 물론 모든 아동이 이러한 기준에 부합되는 것이 아니기 때문에 특정 음을 연령에 맞추어 치료하는 것은 쉬운 일은 아니다. 그러나 일반적으로 이러한 습득 연령은 중재를 결정하기 위한 중요한 요소이다.

3) 사회·환경적 요인

우리가 조음·음운장애 검사 및 중재 여부를 결정할 때 고려할 사항 중 하나는 자녀의 조음 문제에 대한 부모의 태도이다. 만약 부모가 아동의 조음오류에 대하여 예민하게 반응한다면 즉각적인 치료를 고려해야 한다. 예를 들어, /s/음에 오류가 보이는 5세 아동이다. 일반적으로 5세 아동의 경우 /s/음에 대한 정조음률이 100%가 되지 않으며 발달 과정에 있기 때문에 즉각적으로 치료를 시작하지는 않는다. 그러나 아동의 이름에 /ㅅ/가 들어가 있다면 /s/음이 포함되는 이름을 가졌기 때문에 아동이 나타내는 조음오류는 아동을 힘들게 할 수 있다. 따라서 이 아동에게는 /s/음에 대한 치료를 고려해야 한다. 또한 아동이 또 다른 장애를 갖고 있는지에 따른 중복장애 여부도 살펴야 하기 때문에 개인적인 요인을 간과해서는 안 된다. 또한, 조음에 오류가 있는 아동이 다문화가족 자녀인 경우 부모의 조음 문제로 인하여 아동이 조음에 오류를 보일 수 있기 때문에 치료를 결정할 때 이 부분에 대한 고려가 필요하다.

4) 음소 사용 빈도

조음·음운장애 치료의 필요성을 결정할 때 효율성 측면을 고려하여 음소 사용 빈도가 높은 음소를 치료할 필요가 있다. 음소 사용 빈도가 높은 음을 치료할 경우 그렇지 않은 음소에 비해 명료도 향상에 기여할 수 있을 것이다.

5) 자극반응도

자극반응도란 앞서 검사에서도 설명하였듯이 아동이 오조음을 말하였을 때, 언어재활사가 제시하는 자극을 따라 정조음할 수 있는 정도를 말한다. 자극반응도 결과는 치료목표를 결정하고, 치료 예후를 예측하는 데 사용된다. 대부분 자극반응도가 높은 음소의 경우 치료가 빨리 수행되기 때문에 자극반응도가 높은 소리를 우선 치료목표로 하는 것이 일반적이다(Rvachew & Nowak, 2001). 그러나 자극반응도가 높은 소리는 자연치유 가능성이 높기 때문에 오히려 자극반응도가 낮은 음소를 먼저 치료하는 것이 더 효과적이라고 보고하기도 한다. 자극반응도가 높은 경우 치료가 성공적으로 빠르게 종료되었으며, 어떤 경우는 중재를 하지 않고 자연적으로 습득되기도 하는데 5세에서 7세 아동의 경우 음절이나 단어를 모방하는 능력이 있어 치료를 받지 않고 자발적으로 오조음을 교정할 가능성도 있다고 보고하였다(Khan, 2002; Miccio, Elbert, & Forrest, 1999). 자극반응도는 조음·음운 치료활동에서 매 회기마다 아동이 목표한 말소리의 조음오류를 수정할 수 있는 정도를 파악하는 것으로 언어재활사는 아동의 자극반응도를 높이기 위한 치료활동을 진행하여야 한다.

6) 기타

지금까지 살펴본 것 이외에도 조음·음운장애는 다양한 요인들이 상호작용한 결과이므로 이와 관련된 원인들을 살펴보기 위하여 청지각 혹은 말소리 지각, 음운인식 및 음운처리, 조음 기관의 감각 및 운동능력, 인지·언어적 요인, 기타 심리·사회적인 요인 등에 대한 평가도 검사 대상자에 따라서 실시할 필요가 있다.

이상에서 조음·음운장애 평가를 위하여 인터뷰, 선별검사, 표준화 혹은 비표준화 검사, 다양한 관련 영역 검사들에 대한 전반적인 내용을 설명하였다. 여러 검사 결과들을 토대로 언어재활사는 대상자의 연령과 발달 정도, 동반장애 유무, 환경적인 요인 등 다양한 측면을 고려하여 진단평가서를 작성하고 향후 언어치료 여부를 결정하게 된다. 또한 조음·음운장애 평가는 초기 진단의 목적과 함께 치료목표 설정, 치료 중재에 따른 효과검증에도 중요한 정보를 제공하게 된다. 따라서 언어재활사는 조음·음운장애 평가를 위한 다양한 검사들에 대한 전문적인 지식이 필요하며 이 장에서 소개한 여러 검사지표 결과를 바탕으로 실제 아동의 자발화 분석, 표준화 및 비표준화된 검사도구의 활용과 함께 새롭게 하여 실질적인 치료 필요 유무 및 중재 방안에 대한 계획의 기초 자료로 활용할 수 있다.

▶ **학습정리**

☑ 선별검사는 앞으로 조음·음운장애 관련 평가 필요성 유무를 결정하기 위하여 5분 이내 간단하게 실시하는 검사이다.

☑ 공식 검사는 우리말의 모음과 자음을 다양한 맥락에서 알아보기 위하여 대부분 표준화된 검사로 개발되어 연령별, 성별에 따른 동일 연령대의 규준점수를 제공하고 있다. 대표적인 조음·음운장애 표준화 검사로는 우리말 조음음운검사2, 한국어 표준 그림 조음음운 검사, 아동용 발음평가가 임상에서 가장 많이 사용된다.

☑ 조음·음운장애 검사에서 활용되는 검사지표로는 자음정확도, 말명료도, 말용인도, 단어단위 음운지표, 오류패턴 분석이 있다.

☑ 단어단위 분석은 오류분석의 기준을 단어에 두어 성인의 단어와 얼마나 차이가 나는지 알아보며, 전체 단어의 단어단위 정확률, 평균음운길이, 단어단위 근접률, 단어단위 변화율을 분석한다.

제7장 조음·음운장애 진단 및 평가 실제

이지윤, 이은경

앞서 제6장에서는 조음·음운장애 진단을 위한 선별검사, 공식 및 비공식 검사도구들을 소개하였다. 조음·음운장애 진단 및 평가의 궁극적인 목적이 대상자의 선정과 치료를 위한 객관적인 정보를 제공하는 것이라면 이 장에서는 진단평가의 유형과 종류에 따른 구체적인 검사방법과 해석 및 검사지표의 세부 내용에 대한 것을 살펴보고자 한다. 임상에서 많이 사용되는 표준화된 검사도구 결과의 기록과 해석 및 자음정확도, 자극반응도, 말명료도, 음운변동 분석, 단어단위 정확도 등의 평가에 대한 검사 실례를 통하여 다양한 검사들의 활용법을 익히고, 이를 통해 장·단기 목표 설정 및 치료기법 선택, 종결의 기준에 대한 전반적인 조음·음운장애 이해를 돕고자 한다.

1. 진단 및 평가 고려 사항

평가를 실시하기 전에 검사도구와 기록지, 녹음 혹은 녹화 준비를 하고 첫 회기에 검사가 어려운 경우는 2회기에 나누어 평가해도 무방하다. 검사 중에는 아동에게 정·오에 대한 피드백을 자제하고 자극반응도 검사를 할 때 외에는 오조음을 교정하지 말아야 한다. 평가를 방해하는 수준이 아닌 경우에는 자연스러운 상황에서 평가하고 아동의 현재 상태를 분석이 끝나기 전까지는 보호자에게 보고하지 않는다. 표준화된 검사가 아동의 현재 발음 상태를 대표하는 결과가 아닐 수 있기 때문에, 조음·음운장애 유무와 중재를 위한 계획을 세우기 위해서는 다양한 상황에서 비표준화된 자발화 분석이 필요할 수 있다. 이때에는 다양한 상황에서 필요한 음소 샘플을 효과적으로 수집하여 분석할 수 있도록 표준화 검사보다 더 계획적으로 검사를 실시하여야 한다. 또한 각 음소의 위치와 문맥에 따른 음운변동을 고려하여 평가하여야 한다. 음운변동이란 말소리가 어떤 환경에서 어떤 말소리로 변하는지와 관련된 것으로 화자의 머릿속에 있는 추상적 지식으로 존재하는 말소리가 실제적으로 표현될 때 사용하는 언어에 따라 다르게 적용되는 것을 말한다. 우리말은 표기법과 발음이 다른 경우가 많다. 따라서 어두, 어중초성, 어말 위치에 따른 음운표현과 실제 발화를 할 때 허용되는 정상적인 음운변동에 대한 표준 발음법을 숙지하고 평가하여야 한다. 제3장에 제시한 음운변동을 참고하기 바란다.

현재 표준화된 조음·음운 검사도구에는 우리말 조음음운검사2(Urimal Test of Articulation and Phonology2: U-TAP2, 김영태 외, 2020), 한국어 표준 그림조음음운 검사(The Korean Standard Picture of Articulation and Phonologic Test: KS-PAPT; 석동일 외, 2008), 아동용 발음평가(Assessment of Phonology for Children: APAC; 김민정 외, 2007) 등이 있다. 이 검사도구들은 고유의 검사와 분석방법으로 구성되어 있다. 우리는 위 검사들에 대한 방법을 학습하기 전에 기본적인 조음·음운 분석방법에 대하여 학습할 필요가 있다.

1) 결과 기록 및 분석

〈표 7-1〉 조음검사 분석 예

검사 음소	반응유도 단어			아동 반응			검사 결과 기록		
	어두	어중	어말	어두	어중	어말	어두	어중	어말
ㄱ	고기	안경	수박	오이	안거	수바	−	+	−
ㄴ	나무	장난감	신	나무	장낭깜	딘	+	+	+
ㄷ	다리	자동차	옷	다이	다똥타	온	+	ㄸ/ㄷ	ㄴ/ㄷ
ㄹ	라디오	머리	말	라디오	머니	마	+	ㄴ/ㄹ	−

단단어 검사를 할 때 우리말 자음오류는 일반적으로 목표음을 기준으로 어두, 어중, 어말 또는 어두초성, 어중초성, 어중종성, 종성 위치에 따라 검사하고, 오류유형을 SDO 방식으로 분석하여 결과를 기록한다.

SDO 채점은 음 오류를 대치(substitution), 왜곡(distortion), 생략(omission)으로 분류하는 방법이다. 가장 전통적인 분석방법으로 분석 결과는 치료가 필요한지 필요치 않은지를 결정하는 기준으로 사용될 뿐만 아니라 심한 정도를 분류하는 데 사용하기도 한다. 음 대치란 '머리'를 '머니'로 'ㄹ'을 'ㄴ'으로 말하는 것이고, 왜곡이란 아동이 발화한 목표음소가 지각할 수 있는 기준을 벗어난 경우를 말한다. 생략이란 목표음을 쉼으로 대치하는 것을 말한다. 오류 형태는 연령에 따라서 생략에서 대치로, 대치에서 왜곡으로 변화된다.

검사 결과는 목표음의 오류만을 측정하기 때문에 목표음이 아닌 음소의 오류는 분석하지 않는다. 위 예시의 경우 자음정확도는 $6/12 \times 100 = 50\%$이며 정조음은 '·' 또는 '+'로 표기하고, '수박'을 '수바'로 목표음소인 어말종성 /ㄱ/음을 생략하고 발음하였을 때 '－'로 기록하며, '자동차'를 '다똥타'로 발음하여 목표음소에 대한 대치가 나타났을 때 ㄸ/ㄷ(M)로 표기하는데 이때 / 의 오른쪽은 목표음소를 표기하고, 왼쪽에는 아동이 발화한 오류음소를 표기한다. 왜곡은 D로 표시하고, 왜곡된 음은 국제음성기호(International Phonetic Alphabet: IPA) 정밀전사를 사용하여 표기한다. 우리는 아동이 발화한 오류음을 기록할 때 IPA를 사용하여 전사한다. IPA는 가장 일반적으로 사용하는 전사방법으로 각 음소에 대한 오류의 형태를 전사하여 기록한다. 왜곡은 목표음소에 소음이 첨가되거나 조음 기관을 잘못 사용하는 등의 오류로 우리나라 일반 아동들이 가장 흔히 나타내는 왜곡은 치경마찰음 /s/를 치간음 혹은 치음으로 전방화하거나 경구개 쪽으로 옮겨 /ʃ/처럼 발음하는 경우이다(김영태 외, 2020). 또한 우리는 아동에게 조음오류가 나타났을 때, 주로 자음의 조음방법, 조음위치에 따른 오류 형태를 분석하는데 이러한 분석을 통해 오류의 심한 정도를 파악할 수 있다.

2) 신뢰도

조음·음운장애 아동의 말을 분석할 때 검사자는 아동이 발화한 말을 정확히 알아듣고 이를 전사하여야 한다. 우리가 정확한 검사 결과를 도출하기 위해서는 검사자 자신에 대한 결과분석의 신뢰성과 검사자 간 결과분석에 대한 신뢰성이 뒷받침되어야 한다. 이를 검사자내 신뢰도, 검사자간 신뢰도라 한다.

검사자내 신뢰도는 검사자가 아동의 발화를 여러 번 듣고 분석하였을 때 얼마나 신뢰성 있는 결과가 나왔느냐에 대한 분석 결과이고, 검사자간 신뢰도는 다른 분석자와 검사 결과가 얼마나 일치하는지에 대한 결과이다. 이를 분석하기 위해서는 항목 대 항목의 일치도(point-to-point agreement)로 결정하는 것이 가장 일반적인 방법이다. 검사자들은 검사 항목별로 지각한 아동의 발화를 비교하여 검사자 간에 일치한 항목의 수를 전체 항목의 수와 비교하여 결과를 분석한다. 예를 들어, 〈표 7-2〉와 같이 검사자 A와 검사자 B 간에 일치한 항목이 8개, 불일치 항목이 2개이며 신뢰도는 .80이 된다. 또 검사자의 점수로만으로 신뢰도를 구할 수도 있는데 이때는 높은 점수가 분모가 되고, 낮은 점수가 분자가 되도록 하여 계산한다. 〈표 7-2〉의 경우 검사자 간 점수는 같지만, 항목에 따라서는 신뢰도가 달라진다. 따라서 점수 신뢰도가 신뢰도 산출에 용이하지만, 항목 신뢰도가 더 많은 정보를 준다.

〈표 7-2〉 평가자간 신뢰도

항목	1	2	3	4	5	6	7	8	9	10	전체 정조음 수
검사자 A	○	×	×	○	×	○	×	○	○	×	5
검사자 B	×	×	×	○	×	○	×	○	○	○	5

검사자간 점수 신뢰도: (검사자 A점수/검사자 B점수) × 100 = 5/5 = 100%
검사자간 항목 신뢰도: (일치한 항목 수/전체 항목 수) × 100 = 8/10 = 80%

3) 조음·음운 목표행동 변화 측정

조음·음운평가는 치료를 통한 목표행동의 변화를 측정하기 위하여 실시한다. 언어치료사는 초기 평가에 기초하여 치료목표를 설정하고 정해진 목표를 달성하기 위하여 치료를 실시한다. 그들이 실시한 치료효과를 평가하기 위해서는 주기적으로 목표행동의 변화를 측정할 필요가 있으며, 이 결과를 바탕으로 치료의 지속 여부 또는 종결 여부를 결정하게 된다.

치료효과를 알아보기 위한 절차로는 치료를 시작하기 전에 실시한 사전검사를 정해진 치료 회기를 마친 후에 동일한 검사, 동일한 방법으로 사후에 실시하여 치료효과를 비교하는 사전-사후검사 방법이 있다. 사전-사후검사를 실시하여 아동의 목표행동 달성 여부를 확인하며 이 결과를 바탕으로 치료 종결 및 치료 지속 여부를 결정하게 된다. 또한 조음·음운치료 중 반복 측정을 통해 치료사는 매일, 매주 혹은 일정 시간 간격으로 아동의 목표행동의 변화를 측정하여 진전 여부를 파악하고 정조음률과 오조음률을 확인하여 치료의 기본적인 자료로 사용한다.

4) 치료 결정

언어치료사는 조음·음운검사 결과를 바탕으로 치료의 필요성 여부를 결정해야 한다. 치료의 필요성을 확인하기 위해서는 아동의 생활연령, 언어연령, 전체적인 말명료도 및 말용인도, 자음정확도, 오류 형태, 오류의 일관성 등을 확인해야 하며 사회환경적 요인을 고려해야 한다. 만약 아동이 방언을 사용할 경우 검사자는 아동의 거주 지역 방언의 특성을 파악하여 아동이 사용하는 말이 사회적으로 통용되는 경우라면 치료 여부를 결정할 때 참고해야 할 것이다. 또한 아동의 생활연령뿐만 아니라 아동의 언어연령도 치료 여부를 결정할 때 고려해야 할 사항 중 하나이다. 언어 발달이 느린 아동의 경우 발음의 발달 또한 느린 경우가 많기 때문에 치료 여부를 결정할 때는 언어연령을 고려해야 한다.

5) 일반화 측정

조음·음운 일반화 측정은 아동이 습득한 발음을 실생활에서 얼마나 활용할 수 있는가를 측정하는 것이다. 일반화는 자질일반화, 언어학적 단위일반화, 상황일반화, 문맥일반화, 자극일반화 등 다양하게 나타나는데 제8장에서 자세히 다룬다. 조음·음운 일반화가 잘 이루어졌는가를 측정하기 위해서는 치료 종결 후 1주 혹은 2주를 주기로 평가를 실시하여 유지 여부를 확인한다.

2. 표준화 검사 및 관련 검사

1) 표준화 조음·음운검사

〈표 7-3〉 국내 표준화된 조음·음운검사

	출판 연도 및 표준화 대상	음소검사맥락 /모음	음운오류패턴 분석	단어단위 음운지표	검사낱말, 문장 수	특징
우리말 조음 -음운평가 (U-TAP2)	2020년 2세 6개월~ 7세	어두초성, 어중초성, 어중종성, 어말종성/ 7개 단모음	음운 체계 내 기계적 분류	PWC, PMLU, PWP	30개 낱말 11개 문장	PCC와 PCC-R 모두 사용 비일관성 검사 추가
아동용 발음 평가 (APAC)	2007년 2~6세	어두초성, 어중초성, 어중종성, 어말종성/ 모음 검사하 지 않음	발달과정과 장애 양상에 서 빈번한 것 선별 임의적 분류		37개 낱말 8문장	일반아동 발달과정과 조음장애아동의 잦은 음운변동 분석 가능 오류수로 원점수 산출
한국어 표준 그림 조음음 운검사 (KS-PAPT)	2008년 3~6세	APAC과 동일/ 7개 단모음	음운 체계 내 기계적 분류		선별-30개 정밀-75개	선별검사와 정밀검사 를 나누어 실행 가능, 정밀검사에서 음절 수 영향 파악 가능

표준화된 조음·음운 검사(U-TAP2, KS-PAPT, APAC)는 약 2세부터 6세까지의 아동을 대상으로 표준화가 되었으나 취학 전 아동부터 성인까지 거의 모든 연령에서 실시가 가능하다.

2) 자발화 조음·음운검사

표준화된 검사도구 사용이 불가능한 경우나 검사도구상에서는 오류가 나타나지 않으나 자발화에서 조음·음운장애가 나타나는 경우는 100개 내외의 자발화 샘플을 수집하여 평가한다. 아동에게 표준화된 검사를 실시한 결과, 정상범주에 속하고 대화할 때 명료도가 적절하다면 말소리 표현에 대한 다른 평가는 더 이상 할 필요가 없다.

조음·음운장애는 음소생략과 대치를 보이는 오류들을 음운변동과 관련하여 파악하여야 한다. Willaiams(2001)의 분석방법에 근거하여 독립분석(independent analysis)과 관계분석(relational analysis)으로 오류패턴을 살펴볼 수 있다. 독립분석은 음성목록(phonetic inventory) 분석으로 자극에 반응하여 산출한 자음을 기록하여 구강운동 훈련이나 조음절차 접근이 필요한지 결정하는 데 도움을 주는 방법이다. 관계분석은 오류패턴을 살펴보고 조음위치, 조음방법 고려한 음운과정을 분석하여 오류의 패턴과 규칙을 분석하는 방법이다. 임상에서 실질적으로 평가할 수 있는 항목으로는 자음정확도(PCC), 단어단위 음운지표인 평균음운길이(PMLU), 단어단위 근접률(PWP), 단어단위 정확률(PWC), 말명료도, 말용인도, 문맥에 따른 오류패턴, 자극반응도 등을 살펴볼 수 있다.

복습하기

$$자음정확도(PCC\%) = \frac{바르게\ 조음한\ 자음수}{조음해야\ 할\ 총\ 자음수} \times 100$$

$$명료도(\%) = \frac{청자가\ 바르게\ 적은\ 낱말(음절)수}{화자가\ 의도한\ 발화\ 낱말(음절)수} \times 100$$

PWC = 정반응 단어 수/전체 샘플 단어 수

PWP = 아동의 PMLU/표적단어 PMLU

명료도란 화자가 전달한 메시지 중 청자가 이해한 정도로 척도 평정법(rating scale)과 단어 식별법(word identification)이 있다. 일반적으로 가장 많이 사용하는 구어명료도 평가는 화자가 산출한 구어 샘플에서 청자가 정확하게 이해한 단어나 음절의 수를 측정하여 백분율로 산정하는 방법이다. 〈표 7-4〉와 같이 명료도를 산출할 수 있다. 다음은 자발화 자음정확도와 단어 명료도 산출의 간략 예이다.

〈표 7-4〉 자음정확도와 단어명료도 산출 예시

	화자의도	목표형태	산출형태	청자이해	PCC	단어명료도
1	신발	신발/심발	심발	신발	4/4	1/1
2	자동차	자동차	다동타	자동차	2/4	1/1
3	먹어	머거	머어	넣어	1/2	0/1

4	좋아요	조아요	조아요	좋아요	1/1	1/1
5	싫어요	시러요	시터요	싫어요	1/2	1/1
합	PCC 9/13 × 100 = 69.23%, 명료도 4/5 × 100 = 80%					

자발화를 이용한 오류 분석으로는 단어단위 음운지표인 평균음운길이(PMLU), 단어단위 근접률(PWP), 단어단위 정확률(PWC)을 통하여 음운길이에 따른 오류정도를 살펴볼 수 있다. 〈표 7-5〉는 자발화 산출에 따른 평가 예이다.

〈표 7-5〉 단어단위 음운지표 산출 예시

	의도	목표형태	산출형태	청자이해	PWC	PMLU	PWP
1	신발	신발/심발	심발	신발	1/1	6+4	10/10
2	자동차	자동차	다동타	자동차	0/1	7+2	9/11
3	먹어	머거	머어	넣어	0/1	3+1	4/6
4	좋아요	조아요	조아요	좋아요	1/1	5+1	6/6
5	싫어요	시러요	시터요	싫어요	0/1	6+1	7/8
합					2/5	36/5	36/41

3) 기타 관련 검사

(1) 조음기관 구조·기능 선별검사(Speech Mechanism Screening Test: SMST)
(신문자, 김재옥, 이수복, 이소연, 2010)

조음 기관의 구조적 혹은 기능적 문제를 확인하기 위한 검사로 조음장애의 원인이 되는 운동능력과 관련이 있다. 이 검사는 조음 기관의 움직임, 특히 입술과 턱, 혀의 움직임을 관찰하여 이상 유무를 확인한다. 표준화된 검사도구로는 조음기관 구조·기능 선별검사(SMST)를 실시하여 턱과 치아(전반적인 발음명료도), 입술(양순음, 모음), 혀(가장 중요한 조음자), 경구개와 연구개(공명), 최대발성지속시간, 교대운동(교호운동, 길항운동-AMR, 초당 5~7회/일련운동-SMR, 초당 3~7회) 등 말소리 관련 기관들의 정상 여부를 확인한다.

(2) 언어 발달 문제

표준화 검사를 이용하여 언어 발달 지연 여부를 확인한다. 표준화 검사도구의 사용이 불가능한 경우에는 자발화 분석을 통하여 언어능력을 파악한다. 언어 발달 지연으로 인한 조음·음운장애의 경우는 주 장애가 언어발달장애로, 조음·음운장애는 동반장애로 진단하는 것이 바람직하다.

(3) 청지각 문제

중이염 병력 및 청각적인 문제로 인한 말소리장애 여부 확인한다. 말산출 과제 및 음운대조검사인 〈표 7-6〉을 참조하여 활용할 수 있다.

〈표 7-6〉 말산출 지각 과제(speech production perception task)

아동 명: _____ 성별: 남 여 생년월일: _____ 나이: _____ (만 세)

날짜: _____			날짜: _____			날짜: _____		
산출과제			산출과제			산출과제		
자극		반응	자극		반응	자극		반응
/ θʌm/	→	/fʌm/	/reik/	→	/weik/	/ʃu/	→	/su/
자극음소(SP) /θ/			자극음소(SP) /r/			자극음소(SP) /ʃ/		
반응음소(RP) /f/			반응음소(RP) /w/			반응음소(RP) /s/		
통제음소(CP) /s/			통제음소(CP) /l/			통제음소(CP) /t/		
자극-분류	반응		자극-분류	반응		자극-분류	반응	
1./s/-CP	예	아니요	1./r/-SP	예	아니요	1./s/-RP	예	아니요
2./f/-RP	예	아니요	2./l/-CP	예	아니요	2./t/-CP	예	아니요
3./θ/-SP	예	아니요	3./r/-SP	예	아니요	3./t/-CP	예	아니요
4./θ/-SP	예	아니요	4./l/-CP	예	아니요	4./ʃ/-SP	예	아니요
5./f/-RP	예	아니요	5./w/-RP	예	아니요	5./ʃ/-SP	예	아니요
6./s/-CP	예	아니요	6./w/-RP	예	아니요	6./s/-RP	예	아니요
7./s/-CP	예	아니요	7./r/-SP	예	아니요	7./s/-RP	예	아니요
8./θ/-SP	예	아니요	8./w/-RP	예	아니요	8./ʃ/-SP	예	아니요
9./f/-RP	예	아니요	9./l/-CP	예	아니요	9./t/-CP	예	아니요
10./θ/-SP	예	아니요	10./l/-CP	예	아니요	10./ʃ/-SP	예	아니요

11./f/−RP	예	아니요	11./l/−CP	예	아니요	11./t/−CP	예	아니요
12./s/−CP	예	아니요	12./w/−RP	예	아니요	12./s/−RP	예	아니요
13./f/−RP	예	아니요	13./r/−SP	예	아니요	13./ʃ/−SP	예	아니요
14./θ/−SP	예	아니요	14./l/−CP	예	아니요	14./s/−RP	예	아니요
15./s/−CP	예	아니요	15./r/−SP	예	아니요	15./ʃ/−SP	예	아니요
16./f/−RP	예	아니요	16./r/−SP	예	아니요	16./t/−CP	예	아니요
17./θ/−SP	예	아니요	17./w/−RP	예	아니요	17./t/−CP	예	아니요
18./s/−CP	예	아니요	18./l/−CP	예	아니요	18./s/−RP	예	아니요
RP _____	CP	SP _____	RP _____	CP	SP _____	RP _____	CP	SP _____

*정답은 볼드체로 표시

출처: Locke, J. (1980). "The Inference of Speech Perception in the Phonologically Disordered Child Part Ⅱ: Some Clinically Novel Procedures, Their Use, Some Findings." *Journal of Speech and Healing Disorders, 45*, 447.

〈음운대조검사〉

− 피검사자가 자신의 오류 산출과 관련된 음운대조를 어떻게 지각하는지 평가
− 최소 음운대립쌍의 지각에 대해 진단
− 아동이 성인의 표준산출과 자신의 오류산출을 구분할 수 있는지 판단
− 아동의 특정 오류에 기초한 검사와 음소대립의 검사 권고
− 제2외국어를 배우는 사람들에게도 지각검사 유용

3. 보고서 작성

　언어재활사는 진단평가 보고서에 일반적 배경정보, 평가 결과, 임상적 인상, 권고 사항으로 구성하여 정리해야 한다. 평가 결과는 실시한 검사별로 정리를 하거나 평가 항목별로 정리할 수 있다. 평가 결과에는 검사에서 획득한 점수(자음정확도)와 아동의 생활연령과 비교하였을 때 오류의 심한 정도, 오류를 보인 음소와 오류패턴, 자극반응도 등에 대한 결과를 제시하여야 한다. 권고 사항에서는 종합적인 평가(comprehensive assessment)로 각 검사의 장단점을 파악해야 하며 맥락에 따른 음소들의 특성과 음운적인 특성을 규명하고 아동의 지역적 환경적 언어 특성을 참고하여 검사 결과를 종합하여 평가해야 한다.

4. 진단 및 평가 예시

이 장에서는 조음·음운검사 실시와 분석방법에 대한 예시를 제공하여 학생 임상가의 이해를 돕고자 한다.

1) 초기 면담

발음의 문제로 내원한 아동과 부모의 면담을 통해 평가를 계획하고 주된 문제와 동반장애 여부에 대한 정보를 수집하여야 한다. 면담을 할 때 주된 문제를 구체적으로 설명하도록 하여 언어 발달로 인한 발음 문제, 아동 발달 정도와 개인차에 의한 특이사항을 확인하여야 향후 진단검사와 평가를 체계적으로 진행할 수 있다. 각 기관마다 면담지 형식은 차이가 있으나 초기 면담에서 확인해야 할 내용은 〈표 7-7〉과 같다.

〈표 7-7〉 초기 면담 확인 내용

기본 정보	생년월일, 성별, 가족관계, 출산 관련 사항, 병력, 신체 및 언어 발달, 양육력, 교육 및 치료력
의뢰 사유	누구의 권유로 의뢰하였는가? 어떤 문제로 의뢰하였는가? 언제 문제를 처음 발견하였는가? 누가 문제를 처음 발견하였는가? 양육자의 주된 호소는 무엇인가?
기타 의문 사항	아동 자신의 발음에 대한 인식은 어떠한가? 또래와 비교할 때 언어 및 발음에 문제가 있는가? 발음 문제가 시간 경과에 따라서 자연적 개선 혹은 변화가 있는가? 가정 및 어린이집/유치원에서 의사소통에 어려움이 있는가? 어려움이 있다면 아동 및 청자의 반응은 어떠한가?

2) 우리말 조음음운평가(U-TAP2)

U-TAP2는 단어 수준과 문장 수준에서 목표음소에 대한 아동 발음을 평가하여 자음정확도와 모음정확도를 평가하는 검사이다. 다음의 예시와 같이 단어-수준 검사와 문장 수준 검사 평가를 확인할 수 있다. 단어 수준 검사는 발음전사에 틀린 부분을

입력하면 그 결과가 표준점수(Z점수)로 나타나며 −2 미만은 중도, −2 이상~−1.5 미만은 경도, −1.5~−1 미만은 의심, −1 이상은 일반으로 분류된다.

기본 정보	
아동 이름: 박○○(남·여) 연락처: 010−1234−5678 검사자 이름: 이○○	검사 실시일: 2020년 12월 10일 생년월일(만 연령): 2016년 12월 09일(만 4세 ○개월) 검사 기관 : ○○언어치료센터

- **단어 수준 검사 기록지 예**

  단어 위의 기호들은 각각 '⓪: 어두초성', '❶: 어중초성', '0̲: 어중종성', '0̲: 어말종성', '0 : 모음'을 의미하며, 기호 안에 숫자는 특정 자음 또는 모음을 지칭하는 자음번호, 모음번호이다.

번호	목표단어	목표발음	발음전사
1	나무	⑰ 7 ❶⑥ 나 무	나 무
2	목도리	⑯ ❺ 목 또 리	목 또 리
3	꽃	⑧ ④̲ 꼳	꼳
4	김밥	⑯ ❷ ①̲ 김 빱	김 빱
5	바지	① 바 지	바 지

- **단어 수준 검사 결과**

	지표	원점수	백분위	수준	연령 평균
UTAP 자음정확도	자음정확도 (UTAP PCC)	87.5	27	일반	92.46
	개정자음정확도 (UTAP PCC−R)	87.5	24	일반	92.89

전체 자음 정확도	자음정확도 (Total PCC)	89.36	31	일반	92.36
	개정자음정확도 (Total PCC-R)	89.36	28	일반	92.36
단어단위 음운지표	단어단위 정확률 (PWC)	0.7	27	일반	0.8
	평균음운길이 (PMLU)	8.2	3.5	일반	
	단어단위 근접률 (PWP)	0.96	36.38	일반	0.96
모음검사	모음정확도 (PVC)	100			

• 단어 수준 표준점수

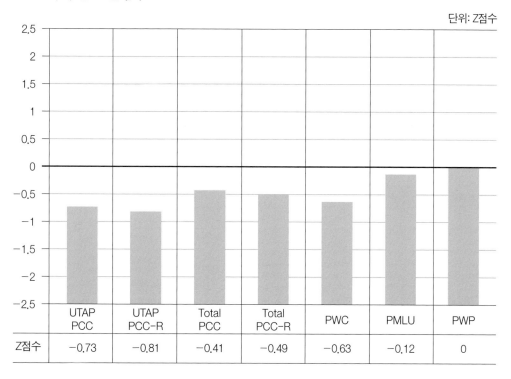

단위: Z점수

	UTAP PCC	UTAP PCC-R	Total PCC	Total PCC-R	PWC	PMLU	PWP
Z점수	-0.73	-0.81	-0.41	-0.49	-0.63	-0.12	0

이 박○○ 아동은 단어 수준 검사 결과, 자음정확도와 개정자음정확도 모두 87.5%(42/48), 전체 자음정확도 89.36%(84/94), 단어단위 정확률 0.7(21/30), 평균음

운길이 8.20(246/30), 단어단위 근접률 0.96(246/257), 모음정확도 100%(10/10), 표준점수 −1 이상으로 일반에 해당하므로 정상 발달인 것으로 평가되었다.

그 외에도 개정된 우리말 조음음운검사2는 10개의 목표단어를 여러 차례 반복하여 실시하는 비일관성 검사를 추가하여 비일관적 오류를 보이는 말소리장애 아동을 선별할 수 있도록 검사를 추가하였다.

3) 한국어 표준 그림 조음음운 검사(KS-PAPT)

이름(성별)	김○○(남)	생년월일	2014년 03월 01일(5세 10개월)
주소	○○시 ○○동	연락처	○○○−○○○○−○○○○
검사일	2020. 01. 01.	검사자	이○○

• 자음 정밀검사 데이터 요약

원점수(자음정확도)	백분위 점수
104/122(85.24%)	1%ile 이하
−2SD 미만(조음·음운장애)	

• 자음 검사 결과

조음방법	Ⅰ. 파열음	56/60(93.33%)
	Ⅱ. 마찰음	6/15(40%)
	Ⅲ. 파찰음	12/13(92.31%)
	Ⅳ. 비음	24/25(96%)
	Ⅴ. 유음	6/ 9(66.67%)
조음위치	Ⅰ. 양순음	28/30(93.33%)
	Ⅱ. 치조음	37/49(75.51%)
	Ⅲ. 경구개	12/13(92.31%)
	Ⅳ. 연구개	23/25(92%)
	Ⅴ. 성문음	4/5(80%)

• 모음 검사 결과

모음정확도	7/7(100%)

• 음소 위치별 결과

음소 위치	어두초성(I)	88.23%(45/51)
	어중초성(MI)	75%(27/36)
	어중종성(MF)	85.71%(12/14)
	어말종성(F)	95.23%(20/21)

• 음절 유형 요약

음절 유형	1음절	95.65%(22/23)
	2음절	82%(41/50)
	다음절	83.67%(41/49)

• 정밀검사 발음 기록지

번호	어휘	발음전사	번호	어휘	발음전사	번호	어휘	발음전사
1	돼지	tɛdʑi	26	잠옷	+	51	배	+
2	물개	+	27	빗자루	pitˀtɕ*aju	52	비누	pidu
3	침대	tɕimdɛ	28	쌀	tɕ*al	53	촛불	tɕotˀp*ul
4	컴퓨터	kʌmbitʰʌ	29	배추	+	54	텔레비전	+
5	곰	+	30	짹짹	+	55	혀	+
6	수박	tubapˀ	31	돈	+	56	꽃	+
7	접시	tɕʌpˀtɕ*i	32	도깨비	+	57	까마귀	+
8	빨대	p*atˀt*ɛ	33	문	+	58	원숭이	wʌnʃuɲi
9	장갑	+	34	목걸이	mokˀk*ʌi	59	신호등	+
10	비행기	piɛŋgi	35	개미	+	60	달	+
11	안경	+	36	할머니	+	61	입	+
12	거미줄	+	37	구름	kujum	62	고무장갑	+
13	포크	+	38	눈사람	nuntɕ*aam	63	종	+
14	딸기	+	39	헬리콥터	hellikʰotʰʌ	64	주사위	+
15	나비	+	40	빵	+	65	옷장	+
16	우산	udʑan	41	축구공	+	66	코	+
17	리모콘	imokʰon	42	초콜릿	+	67	파	+
18	코뿔소	kʰop*ultɕ*o	43	낙타	natʰa	68	약	+
19	톱	+	44	빨래집게	p*allɛdʑik*ɛ	69	라면	+
20	택시	tʰɛtɕ*i	45	커피	+	70	소	+

21	휴지	+	46	거울	+	71	소방차	+
22	꼬리	k*oi	47	눈	+	72	씨름	tɕ*irɯm
23	피아노	+	48	똥	+	73	쌍둥이	tɕ*aŋduɲi
24	반지	+	49	딸랑이	+	74	총	+
25	숟가락	sut˺k*ajak˺	50	목도리	+	75	어항	+

• 오류 분석지

	음소	I	MI	MF	F	음절수	I	MI	MF	F
I 파열음	ㅂ	51			61	1	+			+
		52	6	7	9	2	+	+	+	+
		10	32	39	62	다	+	+	∅	+
	ㅃ	40				1	+			
		8	53			2	+	+		
		44	18			다	+	+		
	ㅍ	67				1	+			
		13	45			2	+	+		
		23	4			다	+	p		
	ㄷ	31			56	1	+			+
		1	3	53	26	2	+	+	+	+
		32	59	25	42	다	+	+	+	+
	ㄸ	48				1	+			
		14	8			2	+	+		
		49	50			다	+	+		
	ㅌ	19				1	t			
		20	43			2	+	+		
		54	4			다	+	+		
	ㄱ	5			68	1	+			+
		46	14	43	6	2	+	+	∅	p
		12	10	50	25	다	+	+	+	+
	ㄲ	56				1	+			
		22	2			2	+	+		
		57	34			다	+	+		
	ㅋ	66				1	+			
		45	13			2	+	+		
		18	42			다	+	+		

	음소	I	MI	MF	F	음절수	I	MI	MF	F
	ㅎ	55				1	+			
		21	75			2	+	+		
		39	10			다	+	∅		
III 파찰음	ㅈ	63				1	+			
		9	1			2	+	+		
		64	12			다	+	+		
	ㅉ	30	65			2	+	+		
			27			다				
	ㅊ	74				1	+			
		3	29			2	tɕ			
		42	71			다	+	+		
IV 비음	ㅁ	33			5	1	+			+
		2	35	3	37	2	+	+	+	+
		34	36	4	38	다	+	+	+	+
	ㄴ	47			33	1	+			+
		15	52	24	16	2	+	t	+	+
		38	23	58	17	다	+	+	+	+
	ㅇ				40	1				+
				9	11	2			+	+
				10	41	다			+	+
V 유음	ㄹ				60	1				+
		69	22	14	46	2	+	∅	+	+
		17	38	36	12	다	∅	∅	+	+

자음(101/122)

모음	음소	번호	전사
	ㅏ	15	+

Ⅱ 마 찰 음	ㅅ	70		1	+			모 음	ㅐ	3	+
		6	16	2	t	dz			ㅣ	15	+
		71	58	다	+	∫			ㅗ	13	+
	ㅆ	28		1	tɕ*				ㅜ	6	+
		72	20	2	tɕ*	tɕ*			ㅡ	13	+
		73	38	다	tɕ*	tɕ*			ㅓ	12	+

분석 결과, 자음정확도 82.79%(101/122), 모음정확도 100%(7/7), 백분위점수 1%ile 미만, 표준편차 −2SD 미만으로 조음·음운장애로 평가되었다.

4) 한국어 표준 그림 조음음운 검사와 우리말 조음음운검사2 비교

두 검사 모두 어두초성, 어중초성, 어중종성, 어말종성의 단어 내의 조음위치에 따른 정조음을 검사하도록 하였다. 가장 큰 차이점은 왜곡에 대한 평가로 한국어 표준 그림 조음음운검사는 왜곡을 일관적으로 오조음 평가한다. 우리말 조음음운검사2는 자음정확도와 개정자음정확도라는 두 가지 지표를 모두 사용하여 왜곡의 평가를 다르게 적용한다. 또한 두 검사의 표준화점수의 연령에서도 한국어 표준 그림 조음음운 검사는 3세부터 6세까지이고 우리말 조음음운검사2는 2세 후반부터 7세까지로 차이가 있다.

음운오류패턴 분석에서 한국어 표준 그림 조음음운 검사에서는 우리말에 없는 순치음이나 치간음으로 왜곡하는 경우에도 변동에서 분석할 수 있도록 위치 변동에 포함하였다. 우리말 조음음운검사2는 기존의 우리말 조음음운검사(김영태, 신문자, 2004)의 제한점들을 보완하여 개정되었다. 30개의 목표단어에 대해 자음정확도 이외에도 단어단위 말소리 지표인 단어단위 정확률(PWC), 평균음운길이(PMLU), 단어단위근접률(PWP)을 구하도록 하였다. 또한 10개의 다음절 목표단어를 반복 산출하는 비일관성 검사를 추가하였다.

두 진단의 음운오류패턴 분석기준과 차이는 〈표 7-8〉과 같다.

〈표 7-8〉 KS-PAPT와 U-TAP2 음운오류패턴 분석기준 비교

KS-PAPT			U-TAP2		
생략 및 첨가 변동	음절 구조	음절생략	음절 구조변동	음절 구조	음절생략
		초성생략			
		종성생략			어중종성생략
		첨가			
	조음방법	파열음생략			어말종성생략
		마찰음생략			
		파찰음생략	대치 변동	유음 오류	유음생략
		비음생략			
		유음생략			활음화
	조음위치	양순음생략			
		치조음생략			비음화
		경개음생략			
		연구개음생략			파열음화
		성문음생략			
대치 변동	조음위치	전방화	치조음의 전방화	치경마찰음 오류	파열음화
			경구개음의 전방화		
			연구개음의 전방화		파찰음화
			성문음의 전방화		
		후방화	양순음의 후방화	파찰음 오류	파열음화
			치조음의 후방화		
			경구개음의 후방화	연구개음 전방화	
			연구개음의 후방화		
		양순음화		경음화	평음의 경음화
		치조음화			
		경구개음화			격음의 경음화
		연구개음화			
		성문음화			
		순치음화			
		치간음화			

	조음방법	파열음화		동화	어중종성 역행동화
		마찰음화			
		파찰음화		왜곡 변동	치경마찰음의 치(간)음화
		유음화			
		비음화	기타 변동		치경마찰음의 경구개음화
	동화	양순음동화			
		치조음동화			치경마찰음의 설측음화
		경구개음동화			
		연구개음동화			탄설음의 설측음화
		성문음동화			
		파열음동화			
		마찰음동화			
		파찰음동화			
		비음동화		모음변동	단모음화
		유음동화			
		기식음동화			
		긴장음동화			
	긴장도 변동	긴장음화			
		이완음화			
	기식도 변동	기식음화	비발달적 음운오류 패턴	2회 이상 관찰된 기타 오류패턴 분석	
		탈기식음화			
	기타	모음편차			

5) 아동용 발음평가

　아동용 발음평가에서는 음운변동을 전체단어변동과 음소변동으로 나누어서 분석한다. 특히, 전체 단어변동에서 어중단순화에 대해 자세히 설명하는데 /침대/가 [친대]와 같이 발음된 것을 전형적인 어중단순화로 보고 있다. 전형적이라는 것은 발달적인 것, 비전형적인 것은 비발달적임을 의미한다. 역행동화는 전형적으로 순행동화는 비전형적으로 분석하였다. 전체단어 및 음소변화변동은 〈표 7-9〉, 〈표 7-10〉에 제시하였다.

〈표 7-9〉 전체단어변동의 종류, 정의 및 예

음운변동	정의	예
음절 생략 · 축약	음절이 생략되거나 축약된다.	'할아버지' → [하버지] '할머니' → [함미]
어말종성생략	어말종성이 생략된다.	'책' → [채] '병원' → [병어]
반복 · 자음조화	동일한 음절이나 자음이 반복된다. 단어에 있는 다른 자음의 조음장소나 조음방법이 반복된다.	'사탕' → [탕탕] '빗' → [빕] '포도' → [토도]
전형적 어중 단순화	어중종성이 생략되거나 어중초성의 조음장소에 역행 동화된다. 또는 연이은 자음이 합체된다(coalescence).	'옥수수' → [옥쑤수] '호랑이' → [호라이] '침대' → [친대] '없어' → [어f어]
비전형적 어중 단순화	어중초성이 생략되거나 어중종성에 의해 순행동화가 일어난다. 또는 조음방법이 동화된다.	'없어' → [어뻐] '침대' → [침배, 침매] '햄버거' → [해뻐거]
어두초성생략	어두초성이 생략된다.	'모자' → [오다]
첨가	음소가 첨가된다.	'우산' → [무산] '햄버거' → [햄버건] '그네' → [근네]
도치 · 이동	자음의 위치가 서로 바뀌거나 다른 위치로 이동한다.	'빨대' → [딸빼, 빠땔] '장갑' → [장박]

출처: 김민정 외(2007).

〈표 7-10〉 음소변화변동의 종류, 정의 및 예

	음운변동	정의	예
발성유형 변화	긴장음화 · 탈기식 음화	평음이나 격음이 경음으로 변화하거나 기식 자질이 없어진다.	'포도' → [뽀또]
	이완음화	경음이나 격음이 긴장 자질이 없는 평음으로 변한다.	'싸워' → [사워]
	기식음화	평음이나 경음이 기식 자질을 갖는 격음으로 변한다.	'뱀' → [퍰] '찢어' → [치저]
	유음의 비음화 · 파열음화	유음이 비음이나 파열음으로 변한다.	'이빨' → [이빤] '고래' → [고내, 고대]

조음 방법 변 화	유음의 단순화	유음이 생략되거나 과도음으로 변한다.	'이빨' → [이빠j] '고래' → [고애, 고jㅐ]
	파찰음 · 마찰음의 파열음화	치조마찰음이나 파찰음이 파열음으로 변한다.	'색종이' → [택똥이]
	파찰음화 · 구개음화	치조음(주로 치조마찰음)이 파찰음으로 변하거 나 경구개음으로 왜곡된다.	'없어' → [업쩌, 업씨ㅓ] '포도' → [포ㄷjㅗ]
	탈비음화	비음이 파열음으로 변한다.	'머리' → [버리]
	마찰음화	파찰음이 치조마찰음으로 변한다.	'침대' → [심대]
조 음 장 소 변 화	연구개음의 전설음화	연구개음이 치조음이나 경구개음으로 변한다.	'거북이' → [더부지] '호랑이' → [호라니]
	양순음화	양순음이 아닌 자음(주로 치조음이나 경구개 음)이 양순음으로 변한다.)	'고래' → [고배] '단추'→ [반추]
	연구개음화	연구개음이 아닌 자음(주로 치조음이나 경구개 음)이 연구개음으로 변한다.	'찢어' → [끼저] '우산' → [후상]
	성문음화	/ㅎ/ 이외의 자음이 성문마찰음이나 성문파열 음으로 변한다.	'사탕' → [하탕]
	치조마찰음의 치간 음화	치조마찰음이 치간음이나 치음으로 왜곡된다.	'싸워' → [쓰ㅏ워]
	파찰음의 치간음화	파찰음이 치간음이나 치음으로 왜곡된다.	'모자' → [모ㅈㅏ]
	치조마찰음의 설측 음화	치조마찰음이 설측마찰음으로 왜곡된다.	'사탕' → [ㅅㅏ탕]

출처: 김민정 외(2007).

▶ **학습정리**

☑ 신뢰도에는 검사자내 신뢰도와 검사자간 신뢰도가 있다.

☑ 독립분석은 음성목록 분석으로 자극에 반응하여 산출한 자음을 기록하여 구강운동 훈련이나 조음절
　 차 접근이 필요한지 결정하는 데 도움을 주는 방법이다.

☑ 관계분석은 오류패턴을 살펴보고 조음위치, 조음방법 등을 고려한 음운과정을 분석하여 오류의 패
　 턴과 규칙을 분석한다.

☑ 명료도란 화자가 전달한 메시지 중 청자가 이해한 정도로 척도 평정법(rating scale)과 단어 식별법
　 (word identification)이 있다.

김시영

제8장 음성적 치료 접근법

언어치료 전문가가 아닌 사람들도 발음에 문제가 있는 아동을 만나게 되면 그들에게 정확한 발음을 들려주며 따라 말하도록 하는 경우가 있다. 필자도 어릴 적 동생의 발음을 고쳐 주려 노력했던 기억이 있다. 동생은 '사탕'을 '타탕, 하탕'으로 잘못 발음했는데 그때마다 깔깔거리며 동생의 말을 흉내도 내고 정확하게 따라 말하도록 요구하기도 했다. 이런 과정의 일부는 조음·음운치료 접근법에 해당되므로 우리 모두는 이미 타고난 언어치료사일지 모른다. 돌이켜 생각하면 동생은 음운 발달 과정 중이었으니 과민하게 반응한 데 대한 미안한 생각도 들지만, 필자가 동생의 음운 발달 촉진에 기여했을 거란 위안도 한다.

발음 문제를 가진 대상자를 진단·평가한 후 여러분들은 이들에게 '치료를 실시해야 하는지', 아니면 '좀 더 기다려 보아도 좋을지'를 결정해야 한다. 이때 고려해야 할 사항은 오류 형태, 문맥분석을 포함한 검사지표 결과, 발달적 적합성, 사회·환경적 요인, 음소 사용 빈도, 자극반응도, 일관성 등이며 제6장을 참조하기 바란다.

만약 치료를 실시하기로 결정했다면 치료목표 선정을 위해 고민하고, 치료목표를 달성하기 위해 수직적·수평적·주기적 접근, 직접 및 간접 치료, 집중 및 간헐 치료, 대면 및 비대면 치료를 수행할지 등을 결정해야 한다.

대상자의 목표 설정에 따라 위계가 있는 수직적 접근법의 대표적인 치료법은 음성적 치료 접근법인 전통적 치료법이다. 한 회기에 여러 음소를 중재하는 수평적 접근법으로는 음성적 치료 접근법인 다중음소법이 있다. 대상자의 치료목표를 부정적 음운변동의 소거에 둔다면 음운적 치료 접근법인 주기법을 이용한다.

대상자가 어리고 부모교육이 효율적이라고 판단할 경우 간접치료를 우선적으로 실시할 수 있지만, 대부분 직접치료를 실시한다. 말실행증 대상자는 치료 초기에 운동학적 반복이 필요하기 때문에 집중치료가 효과적이며, 발음 문제만을 가진 취학 직전 대상자에게도 2개월 이내의 집중치료를 실시하기도 한다. 그러나 임상 현장에서는

주 1~2회의 간헐치료를 실시하는 것이 일반적이다.

COVID-19의 영향으로 비대면에 대한 요구가 높아지면서 언어치료 현장에서도 원격치료가 일부 적용되고 있다. 발음 문제를 원격으로 치료할 때 기기의 음성 및 음향학적 기술력이 바탕이 되어야 할 것으로 필자는 생각한다. 향후 다양한 청각 및 시각 피드백 지원이 가능하게 된다면 발음 문제에 대한 비대면 원격치료도 효과가 있을 것으로 생각하며 앞으로 그런 기술들이 적용되기를 고대한다.

우리는 조음·음운장애 치료 방법으로 음성적 및 음운적 치료 접근법을 선택할 수 있다. 그러나 어떤 치료 방법을 선택하더라도 확립, 일반화, 유지의 과정을 거치게 된다. 따라서 여러분이 제8장과 제9장에서 치료 접근법을 공부할 때 각 과정의 차이와 유사점을 비교하며 공부하길 바란다.

조음·음운장애의 치료법 중 한 축을 담당하는 음성적 치료 접근법은 말하는 사람이 운동학적 결함 등의 생리학적 차원에 문제가 있기 때문에 조음오류가 발생한다고 가정한다. 또한 구별부호(diacritic)를 이용한 전사가 필요한 왜곡을 조음오류로 인정한다. 이에 조음운동학적 치료법으로 불리기도 하는데, 청각 문제, 구강 구조 및 기능 이상, 신경학적 결함 등의 생리학적 차원이 원인이 되어 발음 문제를 나타내는 기질적 조음장애의 치료에 효과적이다.

행동수정이 심리학적 배경이기도 한 음성적 접근법은 대부분의 기법들에서 한 번에 한 음소를 목표로 하여, 체계적이며 반복적으로 훈련하고 강화하여 정확한 발음을 산출하도록 한다. 이에 대상자의 오류음소가 적거나 제한된 문맥에서만 발음 문제를 나타내는 조음·음운장애의 경우에도 치료의 효율성이 높아 적용할 가치가 있다. 음성적 치료 접근법에는 전통적 치료법, 짝자극 기법, 다중음소법, 피드백을 이용한 치료법, 행동수정 접근법, 조음조절 프로그램법 등이 있으며 이 장에서 자세히 설명하였다.

1. 전통적 치료법

전통적 치료법은 언어치료학의 선구자인 Van Riper에 의해 제안되었으므로 'Van Riper 기법'으로 불리기도 한다. 운동능력에 기초를 둔 이 기법은 초기에는 발음오류가 남아 있는 학령기 아동을 대상으로 개발되었다. 이 접근법이 개발된 1930년대는 대부분이 경미한 조음장애자가 치료 대상자였지만, 현재는 다양한 수준의 아동들을 대상으로 하기 때문에 대상자가 매우 다양해졌다. 그러나 현재까지도 조음·음운장애에 대한 전통적 치료법이 가장 많이 사용되고 있는 치료법이며, 조음오류가 지속되는 사람들에게도 효과적으로 사용할 수 있다.

Van Riper와 Erickson(2001)은 목표음소의 학습이 독립음(음소), 음절, 단어, 문장의 언어단위 수준에서 지속적으로 이루어져야 하며, 각 단계는 표준 발음과 오류발음을 변별하는 청지각에 중점을 두는 감각지각 훈련, 목표음소가 산출될 때까지 음소산출을 변형하는 확립 훈련, 목표발음을 강화하는 안정화 훈련, 새로 배운 조음기술을 일상의 의사소통 상황으로 전이 훈련의 4단계로 이루어진다고 하였다. 석동일 등(2013)은 치료 단계를 감각지각 훈련, 확립, 안정화, 전이, 유지의 5단계로 구분하였고, 치료를 반드시 음소 단계부터 시작해야 하는 것은 아니라고 주장하였다. 평가 결과 음소 및 음절에서 정확한 발음이 산출되었다면 그 이후 단계인 단어 수준에서 치료를 시작해도 무방하다고 하였다. 다음에서 석동일 등(2013)의 전통적 치료법 단계를 제시하였다.

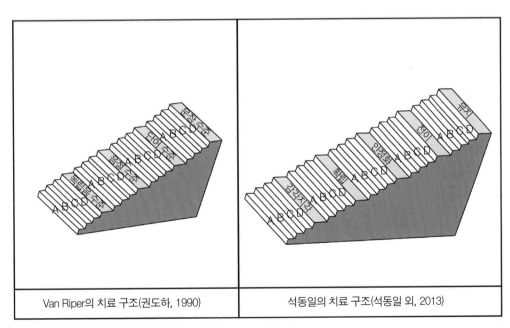

Van Riper의 치료 구조(권도하, 1990)	석동일의 치료 구조(석동일 외, 2013)
A: 감각지각, B: 확립, C: 안정화, D: 전이	A: 독립음, B: 음절, C: 단어, D: 문장

[그림 8-1] 전통적 기법의 치료 단계

1) 감각지각 훈련

이 단계의 목표는 목표음소의 특성을 학습시키고, 단어 및 음절 내 위치를 확인하여 오류음소와 변별할 수 있도록 하는 데 있다. 이 과정을 통해 아동은 목표발음의 표준음을 명확히 인식하고 발음의 기초를 습득한다(석동일 외, 2013). 특히, 조음오류가 감각적인 문제에 기인하는 것으로 보이는 아동들에게는 대조 훈련과 같은 청지각 훈련이 음성적 접근법의 한 부분으로 사용될 수 있다(김영태 외, 2012).

(1) 확인

목표음소의 청각적, 시각적, 촉각 및 근육 운동 지각적 속성을 설명하고 아동이 목표음소에 반응하도록 한다. 예를 들면, 시계가 똑딱거리는 소리를 'ㄸ', 뱀 소리를 'ㅅ', 기침 소리를 'ㅋ'와 연결시켜 인식하도록 한다.

(2) 분리

발음한 목표음소가 서로 다른 문맥에서 발음될 때 그 음을 구별하도록 새로운 인식기능을 사용한다. 목표음소가 어절 내 어두, 어중, 어말 중 어디에서 들렸는지 번호를 부여하여 판별하는 활동을 할 수 있다. 예를 들면, "선생님이 말해 주는 단어를 잘 듣고 'ㄱ' 소리가 들린 곳이 어디인지 찾아서 맨 처음이면 1번, 중간이면 2번, 맨 마지막이면 3번의 번호판을 들어 주세요."라고 지시어를 준다. 그다음 "약"이라고 말한다. 아동은 3번의 번호판을 들어야 한다.

(3) 자극

화자가 달라지거나 문맥이 바뀌어도 아동이 목표음소를 변별할 수 있도록 음소 지각능력을 향상시키는 훈련을 한다. 지각능력 향상을 위하여 다양한 화자의 말을 듣고 목표음소를 판별하도록 하며, 다양한 문맥에서 변별할 수 있도록 구성한다.

(4) 변별

목표음소와 오류음소를 비교하여 판별할 수 있도록 한다. 목표음소가 포함된 단어와 포함되지 않은 단어를 구별하는 과제로 시작하여, 대상자 자신의 오류음소를 판별하는 활동으로 마무리한다.

2) 확립 훈련

이 단계의 목표는 오류음소에 대응하는 표적음소를 의식적으로 정확하게 또박또박 발음할 수 있게 하는 것이다. 아동에게 정확한 발음을 학습시키기 위한 기법은 다양하다. 아래에서 모방법, 조음점 지시법, 점진적 접근법, 문맥활용법 등을 제시하였는데, 이들의 각 기법은 독립되어 사용되기도 하지만 여러 기법을 결합하여 사용하기도 한다. 또한 유사해 보이는 기법들이 어느 부분에 초점을 두고 있는가에 따라 명칭이 달라지기도 한다.

(1) 모방법

① 자극법

단일 오류음소에 초점을 두고, 철저한 청각 훈련을 통해 음소, 음절, 단어, 구, 문장, 대화의 언어단위 순으로 모방을 통해 연습한다. 목표음소를 다양한 방법으로 제시하는데 강약 변화, 속도 변화, 치료사 바꿔 발음하기, 장단을 조절하여 제시하는 치료법이다(석동일 외, 2013).

② 통합적 자극법

제공할 수 있는 피드백의 종류를 다양하게 이용한다. 청각적 · 시각적 · 촉각적 피드백 등을 제공하고 모방을 통해 목표음소를 습득하도록 한다.

③ 청각 모방법

치료사가 목표음소를 청각적으로 제공하여 아동이 그것을 반복하고 모방함으로써 목표음소를 습득하도록 하는 방법이다. 자극법과 일맥상통하는 측면이 있으나 자극법에서처럼 다양한 형태나 단계로 자극을 조절하지는 않는 차이점이 있다. 언어치료사들은 목표음소를 독립음이나 음절 혹은 단어 수준에서 청각적 시범을 보인 후 모방하도록 유도한다. 청각적인 자극을 강조해서 들려주거나 반복해서 들려줄 수 있다. 아동이 발음하는 동안 자신의 감각을 느끼며 말하도록 하고 발음을 수정하여 말하도록 유도하기도 한다.

④ **감각운동법**

다른 음성적 치료법은 음소를 치료의 시작 단위로 생각한 것과는 차별되게 McDonald (1964)는 구어에서는 음절이 기능적 단위이므로 음절에서 치료를 시작해야 한다고 주장하였다(석동일 외, 2013). 즉, 음절이 조음치료의 기초가 되기 때문에 음소보다는 음절을 기초로 한 문맥에서 치료가 이루어져야 하며, 음성적인 문맥들로 정확한 음소 사용을 촉진할 수 있다고 하였다(김영태 외, 2012). 이에 모든 감각운동 치료 단계에서 치료사는 음절 수준에서 자극발음 모델을 제시하고 아동은 목표발음에 대한 표준음을 학습한다.

치료 도입은 음절에서 발음하게 한 후 조음에 포함된 조음 기관의 위치와 움직임을 기술한다. 또한 같은 방법으로 그 음의 정확한 발음에 대한 느낌(feeling)을 감지하여 음을 학습하도록 돕는다. 동일한 강약을 가진 2음절어, 강약이 다른 2음절어, 서로 모음이 다른 2음절어, 서로 자음이 다른 2음절어, 3음절어, 다양한 문맥 등의 단계를 이용한다. 치료사는 자극 문맥을 시범 보이고 아동은 모방하여 연습한 후 점차로 목표음소를 학습한다(석동일 외, 2013).

(2) 조음점 지시법

목표음소를 산출하기 위하여 조음 기관의 위치를 바로 잡고, 호흡기류를 바르게 사용하는 데 초점을 둔다. 대상자에게 각 오류음소에 대한 입술, 혀, 턱의 조음위치와 기류 흐름의 방법을 가르친다. 이때 혀의 모형, 치료사의 손가락, 거울 및 도표 등을 사용하며, 특히 조음 기관의 위치를 나타내는 입 운동, 거울 보고 발음하기, 혀끝을 이용하는 방법 등이 자주 사용된다. 이 방법은 대상자가 각 목표음소를 의식적으로 조음하도록 요구하기 때문에 조음이 학습된 후 자연스러운 대화에서 정확하게 말하게 하는 전이에는 다소 어려움이 있다. 개별 및 집단치료 모두에 사용할 수 있으며 Van Riper는 특히 청각장애인에게 유용하다고 하였다.

언어치료 학문의 초기에는 조음점 지시법(phonetic placement method)을 음소배치법으로 번역하여 두 용어가 혼용되어 사용되었는데, 현재는 조음점 지시법으로 통일하여 사용하며, 안정화 단계의 무의미 음절 수준에서 음소배치표를 이용하는 방법을 음소배치법으로 명명한다.

〈표 8-1〉 조음점 지시법의 예

	조음점 지시법 활용
음소	준비물: 거울, 설압자, 구개도, 빨대 등
치경파열음 /ㄷ/	윗잇몸 뒤쪽 치경 부위에 설압자로 지적을 해 준다. 아동은 치경에 혀끝을 대고, 멈추었던 숨을 터트리며 발음하도록 한다.
치경마찰음 /ㅅ/	치아로 설압자를 물어 혀가 아랫잇몸에 닿도록 하고 혀의 가운데 부분을 아래로 내려 V자형이 되도록 한 후 기류를 지속적으로 마찰시켜 내보내면서 발음하도록 한다. 기류가 입술의 측면으로 나가는 경우는 측음화와 마찰성 감소가 나타나게 되므로 빨대를 이용하여 기류의 흐름이 입술의 정중앙에서 잡히는지 입술의 양 측면에서 잡히는지를 확인한다. 측면에서 기류 흐름이 포착되는 경우 빨대를 이용하여 기류가 입술의 중앙쪽으로 이동하도록 지도하여 기류 중앙에서 산출되도록 한다. 입술 양끝을 손가락으로 눌러 주어 기류를 정중앙으로 보내는 것도 측음화 오류를 개선하는 데 도움이 된다.
치경 유음 (설측음) /ㄹ/	윗잇몸 뒤를 설압자로 지적해 준다. 혀끝을 대면서 혀의 양쪽 측면으로 기류가 산출되도록 한다. 종성 /ㄹ/에서 연습하며, 윗 잇몸 뒤 잼을 바른 후 /바-알/ 형태로 발음을 시작한다.
연구개파열음 /ㄱ/	물을 머금고 고개를 뒤로 젖혀 양치질 한 후 헹구듯이 가글하면서 음성이 산출되도록 하여 연구개 지점을 알려 준다. 음성이 산출되면, 이후에는 물을 머금지 않고 고개를 뒤로 젖혀 /그/와 유사한 소리로 음을 내며, 혀끝을 아랫잇몸에 대고 혀 뒷부분을 올리고 숨을 모았다 터뜨리면서 /그/를 발음한다.

(3) 점진적 접근법

점진적 접근법은 음접근법, 유사접근법, 음수정법, 행동형성법, 말소리 수정법 등으로도 불린다. 행동수정의 행동형성 및 점진적 접근을 기본 원리로 한다. 아동의 음소목록에 있는 목표음소와 가장 가까운 음소 및 말소리에서부터 치료의 시작점을 찾고 치료를 시작한다. 치료가 진행되면 강화를 이용하여 점차로 목표음소의 형태로 근접하게 하고 결국 목표음소를 발음할 수 있도록 한다.

〈표 8-2〉 점진적 접근법을 이용한 /ㅅ/ 치료의 예

아동 상태	/ㅅ/가 포함된 어떤 음절에서도 정확한 발음을 하지 못하며, /ㄱ, ㄴ, ㄷ, ㄹ, ㅁ, ㅂ, ㅇ/의 발음이 정확하다.
	1. 아동의 음소목록에 있는 /ㄷ/를 발음한다.
	2. 이를 물고 입술 양끝을 귀 쪽으로 보내어 /ㄷ/를 발음한다.
	3. 이를 물고 입술 양끝을 귀 쪽으로 보낸 상태에서 /ㄷ~~/를 길게 발음시키면서 /ㅈ~~/

치료방법	를 유도한다. 4. /ㅈ~~/가 길게 산출되면 혀의 모양과 공기 흐름에 주의하도록 한다. 5. /ㅈ~~~~/를 길게 산출하여 혀의 끝이 올라가는 움직임을 없애면서 /ㅅ~~/ 유도한다. 6. /ㅅ~~/를 발음한다. 7. /ㅅ/를 발음한다. 8. /ㅅ으/를 발음하여 /스/를 유도한다. 9. /스~아/를 통해 /사/를 유도한다. 10. /사/를 발음한다.
비고	아동의 음소목록에 있는 'ㄷ'를 치료의 시작점으로 하고 'ㅈ', 'ㅅ'를 습득하게 한 후 'ㅅ'를 확립시켜 점진적으로 목표음소에 근접하도록 한다.

(4) 문맥활용법

문맥활용법(context utilization approaches)은 말소리가 독립음보다는 음절을 기초로 한 문맥에서 산출되며 문맥활용이 정확한 음소산출을 촉진할 수 있다는 인식을 가정으로 한다. 조음치료에서 문맥은 모음의 환경을 의미하기도 한다. 대상자가 어떤 문맥에서는 목표음소를 발음할 수 있지만 다른 문맥에서는 발음할 수 없을 경우에 유용하게 사용할 수 있다. 오류음소를 때때로 정확하게 발음하는 경우가 있는데, 이는 인접음의 동시조음효과(coarticulatory effects) 때문이다. 즉, 목표음소를 더 발음하기 쉽도록 하는 문맥을 촉진문맥(facilitating context)이라고 부르는데 촉진문맥을 이용하여 다양한 문맥에서 목표발음을 확립시키는 치료법이다.

〈표 8-3〉 문맥활용법을 이용한 치료의 예

'ㅅ' 치료	아동 상태	문맥검사를 실시하여 목표음소가 정확하게 발음하는 문맥을 찾는다. 아동이 '스키'에서는 'ㅅ'를 정확하게 발음하였지만, 다른 문맥에서는 오류가 나타났다.
	치료방법	1. 촉진문맥으로 '스-'를 선택한다. 2. '스~~아, 스~아, 사', '스~~어, 스~어, 서', '스~~오, 스~오, 소' 등을 연습한다. 3. 무의미 음절 수준에서 목표발음을 확립한다. 4. 목표음절에서 준거에 도달하면 단어, 구, 문장 수준으로 언어단위를 확대하여 연습한다.
	아동 상태	문맥검사를 실시하여 목표음소가 정확하게 발음하는 문맥을 찾는다. 아동이 '앙가'에서는 'ㄱ'를 정확하게 발음하였지만, 다른 문맥에서는 오류가 나타났다.

'`ㄱ`' 치료	치료방법	1. 촉진문맥으로 '앙가'를 선택한다. 2. '앙가'를 느리게 발음하도록 한다. 3. 두 음절에 같은 강세를 주다가, 다음에는 첫 음절에 강세를, 이후에는 둘째 음절에 강세를 주어 발음하도록 한다. 4. '앙'은 속말을 하도록 하고 연이어 '가'만 발음하도록 한다. 5. '앙'은 속말을 하고, 연이어 '그, 기, 구……' 등을 발음하도록 한다. 6. 무의미 음절(VC, VCV, CV, VCCV 등) 수준에서 'ㄱ'를 확립한다. 7. 무의미 음절에서 준거에 도달하면 단어, 구, 문장 수준으로 언어 단위를 확대하여 연습을 지속한다.

연습은 난이도에 따라 무의미 음절, 단어, 문장, 대화의 네 단계로 구성된다. 무의미 음절에서는 기초 단계에서의 조음운동을 성공시키는 것이 차후 언어학적으로 더 복잡한 언어단위의 조음운동을 성공시키기 쉽다고 한다. 무의미 음절에서 단어로 일반화시킨 후 운반구를 통한 연습문장을 사용하다가 자발적인 문장을 끼워 넣는다. 마지막 단계는 이야기 과제에서 산출하도록 한다. 이 활동에서는 그림이나 행동 수행 또는 읽기 등을 활용하여 이야기를 유도할 수 있다.

3) 안정화 훈련

이 단계의 목표는 목표음소를 쉽게, 빨리, 그리고 자발적으로 발음할 수 있게 하는 것으로 독립음, 무의미 음절, 단어, 구, 문장, 대화 순으로 연습한다. 이 단계에서는 각 언어단위의 수준에 따라 음소배치표, 재배열 기법, 말하면서 쓰기와 신호하기 기법, 운반구 이용법 등을 이용할 수 있다.

(1) 음소배치표

무의미 음절 수준에서 활용 가능하다. 특히, 오류음소가 지속되어 습관이 된 경우 새로운 발음을 학습하기 위해 유용하게 사용할 수 있다. 다양한 무의미 음절문맥에서 연속적으로 바르게 발음하도록 하는데 CV, VC, VCV, CVC, CVCV 구조의 순으로 진행하는 것이 바람직하다. 또한 자음에 연결하는 모음은 그 자음과 조음위치가 유사한 것부터 하는 것이 좋다.

〈표 8-4〉 음소배치표를 이용한 연습

아　에　이		라　차　가	
		카　　　타	
오　ⓢ　우		바　㊙　다	
		하　　　파	
어　으　애		자　마　나	
원 안에 있는 'ㅅ'를 다른 모음과 결합시켜 5회 반복한다.		원 안에 있는 '사'를 다른 음절과 결합시켜 5회 반복한다.	

출처: 석동일 외(2013).

(2) 재배열 기법

단어 수준에서 활용가능하다. 단어는 음의 연속으로 이루어지며 연속은 자연스럽게 정확한 발음으로 말할 수 있어야 한다. 첫 단계에서는 목표음소를 포함하는 CV 일음절 낱말로 시작해야 하며, VC, CVC, CVCV 순으로 연습한 후 점차 복잡한 낱말의 형태로 수준을 높여 연습한다. 예를 들면, 설측음 'ㄹ'가 목표음일 때 '발-말-달-갈-잘-탈-발', '놀라-몰라-달라-날라-갈라-말라', '돌멩이-골멩이-졸멩이-볼멩이-돌멩이'로 연습할 수 있다.

(3) 말하면서 쓰기와 신호하기 기법

말하면서 쓰기는 일음절 단어를 말하면서 쓰도록 한 후, 다음절 단어 전체를 말하면서 쓰기, 다음절 단어 첫째 음절만 말하면서 쓰기 순으로 연습한다. 쓰면서 말하기는 말하는 속도를 조절할 수 있어 안정화 훈련에 도움이 된다. 신호하기 기법은 치료사의 신호에 따라 발음을 완성하게 한다. 예를 들면, 치료사가 '자'라고 말하면 아동은 '사'로 말하도록 약속한다. 즉, 치료사가 '친구가 자과를 먹어요.'로 말했을 때 아동은 '친구가 사과를 먹어요.'로 대답하도록 하는 것이다.

(4) 운반구 이용법

아동이 단어 속에서 목표음소를 쉽게 발음할 수 있게 되면 2~4개 낱말로 이루어진 구 및 문장연습에 운반구(carrier phrase)를 이용할 수 있다. 발음하기 쉬운 구조화된 문장을 반복적으로 연습하는 방법이다. 구 수준에서 숙달되면 음성학적 문맥, 낱말의 음절 구조, 문장 내 낱말의 수 같은 요소들을 고려해야 한다. 문장에서는 목표음소의 수와 문장 길이를 고려해야 한다. 문장에서 산출이 학습되면 대화 수준에서 연습한다.

〈표 8-5〉 운반구를 이용한 /ㅅ/포함 구 및 문장 연습

목표단어			사과, 사탕
치료 구성	수준	목표음소 숫자	예시
	구	1	예쁜 ( )
	구	2	맛있는 ( )
	구	3	사고 싶은 ( )
	문장	2	( )를(을) 사요.
	문장	3	맛있는 ( )를(을) 사요.
	문장	4	맛있는 ( )하고 ( )를(을) 사요.

4) 전이 훈련

이 단계의 목표는 학습된 목표음이 어떤 상황에서 누구와도 자발적으로 발음할 수 있도록 하는 데 있다. 우리는 목표음소에 대한 모든 문맥에서 조음치료를 시도할 수는 없을 뿐만 아니라 실현 불가능한 일이다. 이에 아동의 일반화 능력을 촉진시키는 것이 중요한데 일반화 경향성은 개인들마다 다르게 나타나므로 각 아동에게 적합한 유도방법을 찾아야 한다. 일반화는 기준에 따라 다음의 7가지 종류가 있다. 그러나 전통적 기법의 전이 단계는 상황 및 대화 상대자에 따른 일반화 훈련을 의미한다.

(1) 자극일반화

자극일반화는 특정 자극에 의해 학습된 반응이 유사한 자극에 의해서도 학습이 촉발되는 것이다. 이 일반화에서는 강화방법이 중요하다. 특정한 자극과 함께 강화된 행동이 새롭지만 유사한 자극만 있어도 나타날 때 그 행동은 자극일반화된 것이다. 예를 들면, 경구개음의 전방화를 나타내는 아동에게 "전철이라고 말해 봐"라는 청각적 자극에 대해 낱말 수준에서 'ㅈ'를 바르게 발음하도록 훈련했다. 그런데 아동에게 나중에 전철 그림을 주면서 시범 없이 이름을 말하라고 하였다. 이때 아동이 그림에 대해 '전철'의 'ㅊ'를 바르게 발음하였다면 자극일반화가 나타난 것으로 볼 수 있다(김영태 외, 2013).

(2) 반응일반화

반응일반화는 음소중재와 관련이 있다. 이것은 훈련된 반응이 훈련하지 않은 다른 행동에서도 학습이 촉발되는 과정을 말한다. 예를 들어, '스'와 '즈' 오류를 보이는 한 아동에게 '스'에 대한 청각적인 시범을 보여 주어 정확하게 '스'를 발음하도록 가르쳤다. 학습이 일어난 후 '즈'에 대한 청각적인 시범을 보이면서 그것을 모방하도록 요구했다. 이때 아동이 '즈'를 바르게 발음했다면 반응일반화가 나타난 것이다.

(3) 위치일반화

치료사가 대상자에게 목표음소를 어두에서만 치료하였는데, 대상자가 어중 및 어말에서도 바르게 발음한 경우처럼 훈련받은 낱말 위치에서 훈련받지 않은 음소위치로 일반화될 때 위치일반화라고 한다. 대부분의 경우 훈련시키기 가장 쉬운 위치는 어두이다. 직접적인 훈련 없이도 다른 낱말로 전이되는 형태의 일반화는 앞에서 언급한 반응일반화의 한 형태이기도 하다. 예를 들면, 'ㅂ'를 단어 '반지'의 어두에서 가르쳤는데, 어중 '쟁반' 또는 어말 '납'에서 바른 발음을 하였다면 위치일반화에 해당된다.

(4) 문맥일반화

치료사가 대상자에게 목표음소를 특정 모음 앞 혹은 뒤에서만 치료하였는데, 대상자가 다른 모음과의 결합에서도 바르게 발음한 경우를 문맥일반화라고 한다. 아동이 정확하게 발음한 문맥을 찾은 후에는 다른 문맥에서도 바르게 발음하도록 일반화를 촉진시켜야 하며 이럴 때 촉진문맥이라고 한다. 예를 들면, 'ㅂ'를 '아' 모음 앞에서 '바지'라는 단어를 이용해 가르쳤는데 '비누, 보물, 부채' 등에서도 바르게 발음하였다면 문맥일반화된 것이다.

(5) 언어학적 단위일반화

치료사가 대상자에게 목표음소를 독립음 수준에서 치료하였는데, 대상자가 무의미 음절 혹은 단어, 구, 문장에서도 바르게 발음한 경우 언어학적 단위일반화라고 한다. 음소를 훈련하는 초기에는 이전 학습의 간섭효과를 줄이기 위하여 낱말보다는 독립음이나 음절에서 가르치는 것을 더 선호하기도 한다. 어떤 아동들은 한 언어학적 단위에서 다른 단위로 별도의 훈련 없이 일반화되지만, 어떤 아동들은 이러한 일반화를 위한 구체적인 훈련활동이 필요한 경우도 있다. 언어학적 단위의 일반화 과정에서도 다른 일반화 형태들과 마찬가지로 개인 간 차이가 나타난다. 예를 들면, 'ㅂ'를 독립음 수준에서 가르쳤는데, 독립음만을 확립한 후 '바지', '아빠 바지', '아빠 바지가 더 커요'에서도 바르게 발음한다면 언어학적 단위일반화된 것으로 설명할 수 있다.

(6) 자질일반화

치료사가 대상자에게 목표음소를 한 자질에서만 치료하였는데, 같은 음소계열이나 음성학적으로 유사한 음소에서 정확한 발음이 산출되는 경우를 자질일반화라고 한다. 조음위치, 조음방법, 발성유형, 변별자질, 음운변동 등의 분석을 기초로 하여 중재목표를 선정했을 때 한 음소에서 다른 음소로의 일반화를 기대할 수 있다. 예를 들면, 'ㅂ'를 가르쳤더니 'ㅃ' 혹은 'ㅍ'에서도 바르게 발음하였다면 자질일반화된 것이다.

(7) 상황일반화

치료사가 치료실 내에서 목표음소를 치료하였는데, 치료실 밖, 가정, 학교, 유치원 등의 장소가 바뀌거나 대화 상대자가 바뀌었는데도 바르게 발음한 경우를 상황일반화라고 한다. 상황일반화를 촉진시키기 위해서는 자기 내부 및 외부 모니터링, 구어 피드백, 스스로 교정하기, 자동화 측면을 고려해야 한다. 일반적으로 의사소통 중심법을 이용하여 일반화를 촉진시킬 수 있다. 자기 모니터링을 촉진하기 위하여 외적 모니터링 및 구어적 피드백을 주기, 단서와 함께 외적 모니터링을 제공하기, 오류가 발생할 때 아동이 스스로 교정하기, 오류가 일어날 만한 때를 예측하기, 자동화된 바른 발음을 하는 과정으로 연습한다(김영태 외, 2012). 일반화 과정에서 부모들의 지원을 받기도 하는 데 일반화를 위해서는 부모가 목표 음에 대한 청각적 시범을 제공할수 있고, 아동의 바른 발음을 강화할 수 있으면 좋은 촉진자로 역할 할 수도 있다. 그러나 일반적으로 부모는 치료사로서보다는 모니터링 요원으로의 역할을 더 잘 수행한다.

〈표 8-6〉 의사소통 중심법을 이용한 'ㅅ' 상황 일반화 프로그램의 예

치료목표	연습 상황을 실제 상황과 유사하게 만들어 'ㅅ'의 일반화를 촉진한다.
치료세팅	시장놀이를 위해 과일가게, 문구용품, 스포츠용품, 과자가게 등의 가게들을 진열한다(준비물은 엄마, 아기 인형 등을 이용).
치료 내용	치료사: 오늘은 시장놀이를 할 거예요. (엄마 인형을 들고) 　　　　○○야. 사고 싶은 물건들을 구경해 볼까? 아　동: (아기 인형을 들고) 나 스낵 먹고 싶은데. 치료사: 그럼 어느 가게로 가야 하지? 아　동: 마트로 가야 하는데…… 저기 있어요. 치료사: 주인에게 네가 먹고 싶은 과자가 있는지 물어보자. 아　동: 새우깡 있어요? 테우깡 주세요. 치료사: 뭐라고? 다시 말해 줄래? 아　동: 새우깡 주세요. 치료사: 아~~ 새우깡을 찾았구나. 몇 봉지 줄까? 아　동: 세 봉지 주세요. 치료사: 그래 이제 또 다른 가게로 가 볼까? 이제 무엇을 사고 싶니? 〈이하 중략〉
회기 치료 종료 후 과제 활용	부모님이 아동과 함께 시장을 다녀오게 한 후 아동의 발음에 대한 피드백을 받는다. *주의: 아동이 흥미를 갖는 과제로 반응을 유도하며 강화는 따로 주지 않는다.

　빠른 문맥 및 상황일반화를 위해서는 자극반응도가 높으면서 아동의 음소목록에 있는 음소를 먼저 목표음소로 선정한다. 그러나 일반적으로는 자극반응도가 낮은 음소, 좀 더 복잡한 음소, 초기보다는 후기발달음소를 먼저 훈련할 경우 일반화를 촉진시킨다는 보고도 있다(김영태 외, 2012). 일반화를 촉진하기 위해 어떤 순서의 낱말 내 음소위치를 먼저 훈련하면 좋은지에 대한 자료는 없지만 대부분의 경우 아동에게 가장 쉬운 낱말 내 음소위치에서 시작한다. 상황일반화를 촉진하기 위해서는 음소가 문장 수준에서 바르게 발음될 때까지 기다리기보다는 가능한 빨리 낱말 수준에서 연습시키는 것이 좋다. 학령전기 아동은 치료과정에서 상황일반화를 촉진하는 계획을 따로 세우지 않더라도 일반화를 잘하지만, 계획이 필요한 경우도 있는데, 아동의 변화를 촉진시키기 위해 부모나 아동의 주변인들을 효과적으로 활용해야 한다.

　우리는 치료에서 어떻게 치료할 것인가에 관한 방법(How-to)뿐만 아니라 대상자가 원하는 것이(want-to) 무엇인지를 관리할 필요가 있다. 왜 치료하려고 하며 이러한 치료가 대상자에게 어떤 변화를 주는지 동기 부여가 필수적이며 동기는 일반화를

촉진시킨다. 따라서 어떤 기법을 이용할지를 논하기 이전에 아동의 치료에 대한 동기
유발이 우선적으로 이루어지도록 노력해야 한다.

5) 유지 훈련

대상자가 이룰 수 있는 능력을 최대한 발휘하고 있으며, 추가적인 다른 노력 없이
현재 수준을 잘 유지할 수 있으면 치료를 종료하는데, 유지는 시간적 일반화 개념으
로 볼 수 있다. 치료사는 유지 단계 동안 치료 횟수를 줄이며 중재목표를 자동화하는
데 둔다. 자동화는 음운산출이 자동적 반응으로 발전된 운동행동이라고 볼 수 있다.
아동이 목표행동을 유지하고 있는지를 결정하기 위해서는 대화 수준에서 아동 조음
을 평가해야 하는데 3분 이야기 표본으로 오류음소 및 정확한 발음을 살펴보는 것이
좋다. 치료사는 아동이 회기와 회기 사이에 학습한 목표음소를 유지하고 있는지와 훈
련이 종료된 후에도 계속해서 꾸준히 그 반응을 사용하는지를 분석한다. 만약 아동이
새로 배운 반응을 습관화하지 못한 경우는 몇 달 후에 추가 훈련을 받도록 한 후 훈
련을 종료한다. 지적 장애 아동들이 특히 이러한 회기 간 유지능력이 부족하다고 지
적하였다(김영태 외, 2012).

유지에 영향을 미치는 요인으로는 자료가 아동에게 얼마나 의미가 있는지, 학습된
정도가 어느 정도인지, 훈련의 빈도 또는 연습시간의 배분이 어떠하였는지 등이다.
대상자의 언어학, 사회학, 심리학 측면을 고려하여 치료된 구어가 그 언어 내에서 용
인되는 정도에 대한 판단도 필요하다. 용인되는 발화는 허용되는 발화로 기질적 조음
장애인 경우 조음용인도 측면에서 평가하는 것이 필요하다.

유지과정에서 치료를 종결할 때, 종결기준은 학자들마다 차이가 있지만 목표음이
자발화에서 80%의 정확도를 보일 때 종결하는 것이 일반적이다. 물론 100% 정확하
게 발음하기를 바라지만 대상자가 유지과정에서 자기 모니터링 능력을 가지기 때문
에 생활 속에서 점점 더 발음이 좋아질 것으로 기대한다.

이상에서 살펴본 전통적 접근법은 현재 현장에서 가장 널리 쓰이는 기본적인 치료
방법으로 개별음소에 대한 운동학적 학습에 초점을 두고 있다. 이 접근법은 현재 개
발되어 사용되는 여러 치료 접근법들의 기초가 되었으며, 제한된 음소에 오류발음
을 보이는 아동, 기질적 장애가 원인이 되는 아동에게는 효율적인 치료법이다. 그러

나 많은 오류를 보이는 아동들에게까지 이 접근법이 효율적이라고 볼 수는 없다. 여러 음소에서 오류를 보이는 음운장애 아동들을 위해서는 한 치료 회기 동안 여러 오류 조음을 동시에 다루는 수평접근법이나 명료도 향상이 주목표인 주기접근법 등이 바람직하다.

그러나 같은 치료방법을 활용한다고 하더라도 운용하는 방법에 따라, 또한 치료사의 기본적인 태도에 따라 상이한 치료 결과를 나타낸다. 예를 들면, 가정에서는 대부분 전기밥솥을 사용하여 밥을 한다. 안전하고 확실하고 저렴하고 쉽기 때문이다. 이렇게 하면 맛있는 밥을 지을 수가 있다. 그러나 더 맛있는 밥을 먹으려고 하는 가정에서는 전기밥솥을 사용하지 않고, 대신 가스불과 타이머를 이용해 돌솥으로 밥을 짓기도 한다. 중요한 차이점은 가스를 이용하여 돌솥으로 짓는 밥은 항상 똑같지 않고 정확하게 예측하기도 어렵다는 것이다. 돌솥으로 밥을 짓기는 훨씬 더 힘들고 더 많은 관심과 기술이 필요하지만 맛있는 밥을 먹기 위한 노력으로 어려움을 감내한다. 이처럼 우리들도 치료에서 최상의 효과와 효율적인 치료를 위해 노력해야 할 것이다. 이러한 마음가짐이 소중한 가치를 만들어 낸다는 것을 명심하고, 대상자에게 적합한 치료를 계획하고 수행하는 데 고민과 노력을 다할 것을 기대한다. 치료를 수행하면서 좋은 치료법을 찾기 위한 노력과 고민은 여러분을 유능하고, 창의적인 언어재활사로 거듭나게 할 것이라고 생각한다.

2. 짝자극 기법

짝자극 기법은 정확하게 발음하는 단어를 활용한 치료법으로 다양한 연령층을 대상으로 사용 가능하며 준전문가도 치료에 쉽게 적용할 수 있는 장점이 있다. 치료는 과제분석을 통해 단계적으로 이루어지며 단어 수준에서 치료를 시작함으로써 문맥 활용을 통해 의사소통적 기능을 할 수 있어 내적 동기 유발 및 활용이 쉽고 일반화에 유용하다. 학습된 목표음소는 전이속도가 빠르고 일관되게 나타난다.

짝자극 기법을 실시하기 위해서는 핵심단어와 훈련단어의 조작적 개념을 익히는 것이 필요하다. 이 기법에서 사용하는 핵심단어의 의미는 10회 중 9회 이상 목표음소를 바르게 발음할 수 있는 낱말이다. 만약, 이런 낱말을 찾을 수 없는 경우에는 전통적 기법의 확립 단계에 제시된 훈련방법으로 핵심단어를 만들어 사용한다. 훈련단어는 3회 발음 중 2회 이상 오류 발음을 나타내는 단어로 선정한다. 핵심단어 하나에 10개의 훈련단어로 훈련조를 구성하는데 일반적으로 한 목표음소에 대해 핵심단어 4개, 훈련단어 40개로 연습을 한다. 또한 핵심단어와 훈련단어는 모두 그림으로 그릴 수 있는 것으로 선택하여 나이 어린 아동도 쉽게 연습할 수 있도록 한다. 이 기법은 조음점 지시법처럼 목표음소의 조음위치나 조음방법을 설명하지 않는다. 핵심단어에서 정조음되는 음소가 그대로 훈련단어에서 일반화되도록 한다.

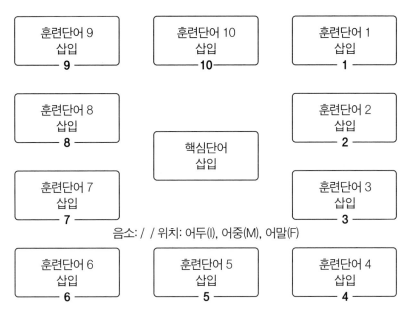

[그림 8-2] 짝자극 프로그램의 시트지 예

이 기법은 전통적 기법에서 감각지각 훈련 단계에 많은 치료시간을 할애하는 것을 비판하여 감각지각 훈련 및 청각 훈련이 없이 바로 단어 단계에서 확립 훈련을 한다. 짝자극 기법의 단계는 단어 수준, 문장 수준, 회화 수준의 세 단계로 이루어져 있는데 문장 수준에서는 운반구를 이용하여 연습하며 프로그램의 단계별 내용은 〈표 8-7〉과 같다.

〈표 8-7〉 짝자극 기법 프로그램의 단계별 내용

수준	단계	단계 내용
단어	I – A	핵심단어 1을 학습하기
		예 목표음소: /ㄱ/ 핵심단어: 그네
	I – B	핵심단어 1과 10개의 훈련단어를 짝지어 학습하기(짝자극 시트지 이용)
		예 그네-기차, 그네-가방, 그네-구름, 그네-귀, 그네-굴 등
	I – C	핵심단어 2를 학습하기
	I – D	핵심단어 2와 10개의 훈련단어를 짝지어 학습하기(짝자극 시트지 이용)
	I – E	핵심단어 3을 학습하기
	I – F	핵심단어 3과 10개의 훈련단어를 짝지어 학습하기(짝자극 시트지 이용)
	I – G	핵심단어 4를 학습하기
	I – H	핵심단어 4와 10개의 훈련단어를 짝지어 학습하기(짝자극 시트지 이용)
문장	II – A II – A	핵심단어 1에 해당하는 치료사의 질문에 훈련단어 세트 1을 삽입하여 문장 완성하기

		예 치료사가 "그네 옆에 무엇이 있어요?"라고 질문하면,
		    아동은 "그네 옆에 기차가 있어요."
		        "그네 옆에 가방이 있어요."
		        "그네 옆에 구름이 있어요." 등으로 대답한다.

	II – B	핵심단어 2와 3에 해당하는 치료사의 질문에 훈련단어 세트 1과 2를 교대로 삽입하여 문장 완성하기
	II – C	핵심단어와 훈련단어 세트 1, 2, 3, 4를 사용하여 4개의 질문을 번갈아 하기
회화	III – A III – A	표적음소를 포함하는 회화에 참여하여 4개의 연속 바른 발음하기

		예 "누가 그네를 타지요?"라 질문하면
		    "친구랑 아기랑 엄마가 그네를 타요."라고 대답할 때
		    표적음인 /ㄱ/음이 4개 연속하여 정조음되도록 한다.

	III – B	표적음소를 포함하는 회화에 참여하여 7개의 연속 바른 발음하기
	III – C	표적음소를 포함하는 회화에 참여하여 10개의 연속 바른 발음하기
	III – D	표적음소를 포함하는 회화에 참여하여 13개의 연속 바른 발음하기

출처: 석동일 외(2013).

3. 다중음소법

다양한 음소에서 오류발음을 나타내는 아동들을 위해 고안한 프로그램이다. 오류가 나타나는 모든 음소에 대하여 독립음소에서 반복 훈련을 한 후 음절, 낱말, 문장수준으로 언어단위를 변화시켜 반복적으로 훈련하는 방법이다. 음성적 치료법의 대부분이 한 회기에 한 음소를 목표음소로 정하는 데 반하여 이 기법은 한 회기에 여러음소를 목표음소로 한다. 물론 여러 음소를 동시에 치료함으로써 치료의 효율성이 높아질 수도 있지만, 치료과정에서 서로의 음소에 대한 간섭효과 때문에 오히려 조음습득이 어렵게 될 수도 있으므로 치료사의 주의가 필요하다. 단계는 단어, 문장, 대화의세 단계로 이루어져 있다.

〈표 8-8〉 다중음소 조음기록지의 예

대상자: 치료사:

날짜	단계	목표음소	음소	음절	단어	문장	읽기	회화	반응횟수	오류횟수	정확도(%)	통과여부	비고

4. 기타 접근법

1) 피드백을 이용한 치료법

청각장애 등의 기질적 문제가 있어 청각적 단서를 활용하기 어려운 경우 혹은 잔존오류의 개선을 위해 시각적인 단서를 활용한다. praat과 같은 공개 소프트웨어는 발음의 스펙트로그램 및 모양을 보여 주기 때문에 시각적 피드백 제공을 통해 지도할수 있다. 주파수 정보가 유사한 /ㅅ/와 /ㅈ/의 경우에는 듣기만으로 변별이나 확인이 어려울 수 있다. 시각적인 피드백을 받으면 그 차이점을 알기 쉬우며 또한 자신의 발음과 치료사 발음의 차이점을 시각적으로 찾아낼 수도 있다. 또한 CSL을 이용하여 운율학습 방안을 제시할 수 있다. 구개열자를 포함한 잔존오류를 가진 대상자에게는 전기구개도(EPG)를 이용한 치료도 실시할 수 있다.

또 다른 시각적인 방법은 북 위에 모래, 조, 콩 등을 놓고 발음하게 하여 기류에 따라 움직이는 방식을 보여 주는 것이다. 또한 발음할 때 깃털, 솜, 색종이, 풍선 등의 움직임을 보도록 하거나, 촛불이 꺼지거나 흔들리는 것을 관찰하게 할 수 있다. 교사의 입 모양을 보고 아동이 각자 거울을 보면서 교사를 모방하거나 교사와 같이 앞에 큰 거울을 보면서 모방하는 방법을 제시할 수 있다.

현재 개발되어 시판되는 소프트웨어로는 빠른 속도로 말하는 아동이나 청각장애 아동을 대상으로 연장발성을 유도하여 명료도를 개선하는 시각지연피드백(DVF), 시각적으로 포먼트 주파수를 보면서 실시간으로 조음을 연습하여 명료도를 개선시키는 Real Time Feedback, 뇌성마비, 청각장애, 기타 아동의 입술, 혀, 볼 등 구강운동에 필요한 근육을 훈련하여 조음 명료도를 개선시키는 구강운동치료기, 교호운동에서 이용할 수 있는 복스게임 등이 있다.

2) 행동수정 접근법

행동수정을 이용한 치료 접근법은 과제를 작은 단계로 세분화하여 목표행동을 유도한다. 또한 바른 발음과 오류발음에 대한 정보를 아동에게 제시하고 후속자극을 조정함으로써 치료효과를 높인다. 강화스케줄 조정은 효율적인 목표음 확립을 위해 매우 강조되며, 시각적·촉각적·청각적 단서를 사용하여 모방을 통해 학습한다.

〈표 8-9〉 행동수정 프로그램의 예

	절차	목표의 예
단계 1 (단어)	/이/ /이스/ /ㅅ~~/, /ㅅ/ /ㅅ/ + 모음 /ㅅ/가 포함된 일음절 단어 /ㅅ/가 포함된 다음절 단어 /ㅅ/가 포함된 동사	목표음소와 가장 가까우며 아동의 음소목록에 있는 음을 선택함
		점진적 접근법을 이용한 목표음 형성
		독립음 수준으로 산출 시도
		스, 시, 수, 소, 사
		신, 산, 술, 삼, 상
		사과, 사탕, 사다리
		사요, 산다, 살아요
단계 2 (구/문장)	/ㅅ/일음절 + /ㅅ/ 동사 꾸미는 말 + /ㅅ/다음절 /ㅅ/다음절 + /ㅅ/ 동사	신 사요.
		맛있는 사과
		사과를 사요.
	운반구를 통한 연습	시장에서 _____를 사요. 사과, 사탕, 수박
단계 3 (대화)	운반구를 이용한 대화연습	치: 시장에서 무엇을 샀어요? 아: 시장에서 _____를 샀어요.
	대화 수준에서 연습	치: 오늘 무엇을 타고 왔어요. 아: 오늘 버스를 타고 왔어요.
준거검사	준거를 달성하면 치료 종료	

3) 조음조절 프로그램법

조음조절 프로그램은 임상 현장의 언어치료 전문가, 부모, 유치원 교사, 특수교사 등이 활용하기 쉽도록 조음·음운장애 수준별 치료 프로그램으로 개발되었다(석동일, 2013). 이 프로그램은 운동학적 접근법에 속하는데 조음오류가 동일한 단어 위치에 있지 않은 아동에게 적합하다. 또한 단일음소 접근법으로 강력한 강화가 계속적으로 필요하다.

치료의 기본 단계는 단어, 구, 문장, 이야기, 읽기 및 대화 수준이다. 단어 수준에서는 총 130개 단어를 기본으로 하며, 구 수준에서는 어절 수에 따라 목표음소의 숫자가 다르게 포함되어 있고, 어두, 어중, 어말 중복에도 같은 비율로 음소가 포함되어 있다. 문장 수준에서는 한 세트에 6개의 문장을 산출하는데 목표음소를 어두, 어중, 어말, 중복으로 구별하였다. 문단 읽기에서는 문단의 길이를 총 5~8개의 문장으로 구성하고 목표음소의 위치는 고려하지 않는다. 이야기 수준에는 총 6개의 그림카드로 구성되어 있으며, 총 문장의 길이가 10문장 이상 나오도록 구성되었다. 읽기 및 대화 수준에서는 아동 수준에 따라 책을 선택하도록 하며 대화는 아동이 선호하는 주제를 선택하도록 한다.

이상에서 전통적 치료법, 짝자극 기법, 다중음소법, 피드백을 이용한 치료법, 행동수정 접근법, 조음조절 프로그램법 등의 음성적 치료법에 대해 살펴보았다. 우리가 수영을 하면서 수영하는 법을 배우는 것처럼, 여러분들이 임상 실습 및 임상 실제에서 치료를 수행하면서 더 많은 치료법을 배우고 익히게 되리라 믿는다.

▶ **학습정리**

☑ 음성적 치료 접근법은 청각 문제, 구강구조 및 기능이상, 신경학적 결함 등의 생리학적 차원이 원인이 되어 발음 문제를 나타내는 기질적 조음장애의 치료에 효과적이다.

☑ 음성적 치료 접근법은 기질적 조음장애뿐만 아니라 한두 음소에서만 제한된 조음오류를 나타내는 사례에도 효과적으로 적용할 수 있다.

☑ 음성적 치료 접근법에는 전통적 기법, 짝자극 기법, 다중음소법, 피드백을 이용한 접근법, 행동수정 접근법, 조음조절 프로그램법 등이 있다.

☑ 조음·음운치료를 위한 전통적 치료기법은 감각지각 훈련, 확립 훈련, 안정화 훈련, 전이 훈련, 유지 훈련 순으로 진행한다.

☑ 확립 훈련에는 모방법, 조음점 지시법, 점진적 접근법, 문맥활용법이 있다.

☑ 다중음소법은 한 회기에 여러 음소를 대상으로 치료하며, 피드백을 이용한 치료법은 잔존오류를 위한 치료에 유용하게 활용할 수 있다.

제9장

음운적 치료 접근법

박상희

음성적 치료기법이 음소의 운동적인 산출방법에 초점을 둔 기법이라면 음운적 치료기법은 인지·언어학에 기반을 둔 치료기법이다. 음운장애는 아동의 음소목록에는 있지만 그 사용이 부적절할 때 나타나는 현상으로 설명할 수 있다. 예를 들면, /ㅅ/를 어두 초성에서는 정조음하지만 조사가 붙어 연음이 되면서 어중초성에서 산출될 때, 오류가 나타난다면 이것은 마찰음 /ㅅ/를 산출할 수 있는 능력이 없는 것이 아니라 인지·언어학적인 문제로 접근할 수 있다. 이럴 때는 /ㅅ/의 조음음성학적 산출 훈련보다는 문맥적 훈련이 필요하다. 이러한 인지·언어학에 기반을 둔 음운적 치료방법에는 변별자질 접근법, 대조법, 상위음운 접근법, 주기법, 단어단위 접근법 등이 있다.

1. 변별자질 접근법

1) 변별자질 접근법의 개념

변별자질 접근법은 조음·음운 오류에 대해서 변별자질 분석을 실시하여 목표 자질을 선택하고 자질이 포함된 목표음소를 찾아 대조짝으로 지도하는 것이다. 따라서 치료의 단위는 음운(음소) 단위가 아닌 자질 단위로 하며, 같은 자질을 가진 다른 음운으로 일반화가 일어나서 치료의 효율성을 높일 수 있다는 전제에서 개발한 조음·음운장애 치료기법이다(석동일 외, 2014 재인용). 대조짝은 최소대조, 최대대조, 다중대립으로 만들 수 있다. 변별자질 접근법 중 최소대조를 활용하는 경우는 심한 오류가 있는 경우보다는 경도의 오류가 있을 때 더 효과적인 방법이고 최대대조는 심한 오류가 있을 때 더 효과적인 방법이며, 일관성이 없을 때는 다중대립으로 접근하는 것이 좋다. 어떠한 대조 방법을 하든 가장 중요한 것은 변별자질 분석을 하는 것이다. 변별자질 분석은 발화 샘플에서 오류가 있는 음소와 목표음소 간에 변별자질 분석을 통해서 이루어진다. 변별자질 분석에서는 대치오류에 대해서만 분석하므로 왜곡과 생략이 일어난 음소에 대해서는 변별자질 분석이 불가능하며 주로 대치오류가 있는 조음·음운 장애인에게 사용할 수 있다. Bauman-Waengler(2004)는 조음위치-방법-요약지(〈표 9-1〉)와 변별자질 분석표(〈표 9-2〉), 변별자질 분석 요약지(〈표 9-3〉)를 활용하여 변별자질 분석을 할 것을 제안하였다. 영어권에서는 조음방법, 조음위치, 유무성이 자음의 분류기준이 되므로 〈표 9-1〉에서 보는 바와 같이 음소의 대치현상에서 조음방법, 조음위치, 유무성 변화에서의 어떤 변화가 있었는지 분석하도록 되어 있다. 우리말에 이 표를 적용하여 분석한다면 조음방법, 조음위치, 발성유형으로 바꾸어 사용할 수 있을 것이다. 이를 근거로 대조법을 적용하여 훈련한다.

〈표 9-1〉 조음위치-방법-요약지

목표음	→	대치음	변화가 나타난 곳	특정 변화	오류의 수
	→		위치 방법 발성유형		
	→		위치 방법 발성유형		
	→		위치 방법 발성유형		
	→		위치 방법 발성유형		

변화

위치		방법		발성유형	
변화	발생 수	변화	발생 수	변화	발생 수

출처: Bauman-Waengler (2004).

〈표 9-2〉 변별자질 분석표

목표음 → 대치음 _____ → _____ 자질 변화		목표음 → 대치음 _____ → _____ 자질 변화		목표음 → 대치음 _____ → _____ 자질 변화	

출처: Bauman-Waengler (2004).

〈표 9-3〉 변별자질 분석 요약지

자질	자질 변화	영향 받은 음소의 수(예,)	자질 변화	영향 받은 음소의 수(예,)
공명성[sonorant]	+ → −		− → +	
자음성[consonaltal]				
모음성[vocalic]				
설정성[coronal]				
전방성[anterior]				
비음성[nasal]				
측음성[lateral]				
고설성[high]				
저설성[low]				
후설성[back]				
원순성[round]				
지속성[continuant]				
지연개방성 [delayed release]				
유성성[voiced]				
소음성, 조찰성 [strident]				
요약				

출처: Bauman-Waengler (2004).

2) 변별자질 접근법의 절차

　변별자질 분석을 통해 선택된 자질이 포함된 단어를 선정한 후에는 직접적인 치료를 실시한다. 치료는 단어검토, 변별 검사 및 훈련, 산출 훈련, 전이 훈련과 같이 총 4단계의 과정으로 실시한다. 단어검토는 선택한 어휘를 아동이 알고 있는지 알아보는 것이다. 예를 들어, '칼'과 '탈'이라는 단어를 선택하였다면 그 어휘의 개념을 알고 있는지 확인하는 것이다. '물건을 자를 때 쓰는 건 어떤 것인가요?', '얼굴에 쓰는 것은 어떤 것인가요?'와 같은 질문을 하여 정확하게 지적할 수 있는지 본다. 변별 검사 및 훈련은 단어를 직접적으로 들려주고 그 단어를 찾도록 훈련하는 것이다. 연속해서 7번 정반응이 나올 경우 변별하는 능력이 있다고 판단한다. 예를 들면, '칼'과 '탈' 그림을 제시하고 '칼을 짚어 보세요.', '탈을 짚어 보세요.'와 같은 요구를 한다. 변별 검사 및 훈련을 하는 동안에는 아동이 직접적으로 목표단어를 산출하지 않아도 된다. 그래서 변별 검사 및 훈련 단계를 수용 훈련으로 설명할 수 있다. 변별 훈련이라고 하면 청각장애에서는 같고 다름을 아는 것이다. 변별자질 기법에서 제시하고 있는 훈련은 청능훈련에서의 확인과정과 같아 혼돈스러울 수 있다. 따라서 변별자질 기법에서의 변별 검사 및 훈련은 목표단어를 듣고 목표단어를 찾을 수 있는 능력을 가지게 하는 것으로 이해하면 된다. 다음은 산출 훈련 단계로 목표자질이 포함된 단어를 직접적으로 산출하는 것이다. 이때 목표단어를 산출하지 못하면 전통적 기법의 조음점 지시법, 모방법, 감각운동법 등 목표음소를 산출할 수 있는 여러 기법을 함께 적용할 수 있다. 이 단계에서는 아동이 단어를 말하고 치료사가 아동이 말한 단어를 지적한다. 전이 단계는 산출이 잘 되어 있을 경우 언어학적 단위가 늘어나더라도 정조음할 수 있도록 훈련하는 것이다. 예를 들면, '칼'을 정조음하였으면, '큰 칼', '작은 칼'에서도 정조음할 수 있도록 훈련한다.

(1) 준비 단계
① 진단: 오류패턴의 규명(예: 치조음의 연구개음화)
② 체제 선택: 진단 결과에 기초하여 훈련시킬 자질의 계열 또는 범주(예: 파열음계열의 위치 자질 문제)
③ 자질 선택: 훈련시킬 자질(예: 조음위치의 전/후 자질)
④ 음짝 선택: 훈련시킬 자질과 자질 대조를 이루는 훈련된 음소짝(예: /ㅌ/-/ㅋ/,

/ㄷ/-/ㄱ/, /ㄲ/-/ㄸ/)

⑤ 단어짝 선택: 훈련시킬 단어짝(예: 탈-칼, 긴탈-긴칼, 둘-굴, 끄다-뜨다)

⑥ 단어카드 제작(그림카드)

(2) 실시 단계

〈표 9-4〉 변별자질 접근법의 단계

단계	설명
단어검토	선택한 단어짝 이해 여부 확인
수용 훈련	치료사가 무작위 두 단어 발음 후 아동이 지적하도록 함
발음 훈련	아동이 발음 후 치료사의 지적
전이 훈련	보다 긴 반응(구, 문장)과 가정 훈련

2. 대조법

1) 최소대조

변별자질 접근법의 기본 개념에서는 최소대조라 하면 두 음소 간에 차이 나는 자질의 수가 가장 적은 것을 말한다. 그러나 우리나라에서는 음절 구조는 동일하되 음소가 다른 경우에도 최소대조의 개념으로 사용하였다(정승화, 1999). 석동일 등(2013)에서도 단지 하나의 음의 속성만 달리하고 다른 음소적 속성은 같이하는 두 낱말의 짝으로 제시하고 있다. 그러나 최대대조의 개념과 함께 설명하기 위해서는 최소대조의 개념을 두 음짝의 자질의 수가 가장 적게 차이가 나는 것으로 설명되어야 한다. 따라서 자질의 수가 가장 적게 차이가 난다는 것은 유사성이 높다는 의미이므로 조음·음운 오류가 심하지 않은 대상자에게 사용할 수 있는 기법이다.

2) 최대대조

주요 부류 자질을 근거로 하여 주요 부류 자질을 가진 음소와 가지지 않은 음소의 짝을 선택하여 훈련한다(Bauman-Waengler, 2004). 주요 부류 자질은 자음성, 공명성, 성절성이므로 이것을 대조하여 훈련하는 것이다. 우리말에서는 자음에서 성절성을 가진 자음이 없으므로 자음성과 공명성을 대조하여 훈련할 수 있다. [+자음성]을 가진 파열음, 마찰음, 파찰음, 비음, 유음과 활음을 대조하여 훈련하거나, [+공명성] 자질을 가진 비음, 유음, 활음과 파열음, 마찰음, 파찰음을 대조하여 훈련하는 것이 최대대조이다(Bauman-Waengler, 2004). 변별자질의 차이가 큰 짝을 선택하여 훈련하므로 오류가 심한 아동에게도 실시할 수 있으며, 자질 확립이 이루어지면 일반화 효과가 나타나 전체적인 명료도를 향상시킬 수 있다.

3) 다중대립

아동의 오류가 비일관적일 때 사용할 수 있는 대조법이다. 아동이 /ㄷ/를 /ㄱ/, /ㄸ/, /ㄲ/로 산출한다면, 하나의 음소를 여러 음소로 대치하는 경우로 오류가 비일관적이어서 말의 명료도도 낮아지게 된다. 이럴 경우 목표음소에 대한 정확한 인식이 없으므로 하나의 음소를 여러 음소와 대조하여 목표음소의 특성을 정확하게 알게 하여 산출 훈련하는 것이 효과적이다. 다중대립을 사용할 경우 모방 수준에서는 70%의 정조음율을 나타내고, 구 수준의 자발화에서는 90%의 정조음율, 훈련되지 않은 단어에 대해서 자발화와 전이가 90% 정확도가 나타나게 되면 종결하게 된다(Bauman-Waengler, 2004).

3. 음운변동 분석 접근법

1) 음운변동 분석 접근법의 개념

아동의 조음·음운 오류에서 일정한 패턴을 파악할 수 있다면 음운변동 분석 접근법으로 치료한다. 음운변동 분석 접근법은 진단 시 음운변동 분석을 실시하여 그 오류패턴을 근거로 치료를 하게 되고, 40% 이상 오류패턴이 나타난 것은 우선적으로 지도하며 일찍 없어져야 하는 오류패턴이 남아 있다면 우선적으로 선택하여 치료한다. 음운변동 분석은 생략 및 첨가음운변동과 대치음운변동으로 분석하므로 왜곡오류가 있는 경우 이 접근법을 사용하기는 어렵다.

최근 음운변동 분석기준에 대해서는 두 가지로 제시할 수 있다. 일어난 현상을 현상 그대로 분석한 후 해석하는 방법과 해석이 첨가된 현상분석이라고 볼 수 있다. 일어난 현상을 그대로 모두 분석하는 것은 공식검사 중 한국어 표준 그림 조음음운 검사(KS-PAPT)가 제시하고 있는 방법이고, 해석이 첨가된 현상분석은 아동용 발음평가(APAC)와 우리말 조음음운평가2(U-TAP2)에서 제시하고 있는 방법이다. 이는 제7장에서 서술하였으니 참고하기 바란다.

2) 음운변동 분석법의 절차

오류패턴이 정해지게 되면 목표음소와 목표단어를 정하게 된다. 목표단어의 산출방법은 대조법, 감각운동법, 자극법, 조음점 지시법 등 아동이 목표음소와 단어를 산출할 수 있도록 여러 방법으로 실시한다.

3) 치료 사례

(1) 배경 정보
- 남자아이
- 3세 6개월경 설소대 수술
- 자발 및 모방에 위한 낱말 수준의 언어 표본 수집
- 25개의 낱말 중 60% 정도를 모방에 의하여 발음

(2) 자음 목록
- 어두 정확도 80%, 어중 정확도 96%
- 어중 /ㅆ, ㅅ, ㅉ/ 발음하지 못함
- 음운변동 분석 결과
  - 첨가 4%

－대치변동

　위치 변화: 경구개음의 전설음화 75%, 양순음화, 경구개음화, 연구개음화 4%

　방법 변화: 파열음화 30%

－동화: 파열음동화 28%, 비음동화 5%

－긴장도 변화: 이완음화 28%

－기식도 변화: 탈기식음화 23%

－모음편차 12%

(3) 조음·음운치료

• 장기목표

① 이중모음 습득하기

② 치조유음 /ㄹ/의 조음위치 및 방법 습득하기

③ 치조마찰음 /ㅅ/,/ㅆ/의 조음위치 및 방법의 습득과 치조마찰음의 [+소음성] 자질 습득하기

• 치료 진행 내용

－이중모음의 구성을 조음 음성학적으로 설명하고 실제 발음 유도

－아동의 발음을 녹음하여 들려주며 언어치료사의 소리와 비교함

－단어 훈련 후 바로 문장 읽기를 통해 안정을 시킨 후 /ㄹ/치료 실시

－/ㄹ/의 조음위치를 가리켜 주고 모델링을 보이며 조음음성학적 설명을 함

－실제 아동 발음 모습을 거울을 통해 보여 주자 아동 스스로 인식함

－위치별 대조짝 프로그램에 의해 치료

－2회기씩 6개월간 치료를 받고 조음정확도 100%

〈표 9-5〉 음운변동 분석 접근법에서 활용한 대조짝 예

구분		어두	어중	어말
*/ㄱ/-/ㄹ/	1음절			묵-물, 박-발, 벽-별, 복-볼, 북-불, 속-솔, 싹-쌀, 역-열, 적-절, 턱-털,
	2음절	가면-라면	박사-발사, 사기-사리, 식사-실사, 생기-생리, 적도-절도	성직-성질
*/ㄲ/-/ㄹ/	2음절		도끼-도리, 두께-두레, 이끼-이리, 조끼-조리	
*/ㄷ/-/ㄹ/	2음절	도마-로마	기도-기로, 마디-마리, 수도-수로	
*/ㅂ/-/ㄹ/	1음절			곱-골, 급-글, 납-날, 답-달, 삽-살, 십-실, 입-일, 집-질, 첩-철, 탑-탈
	2음절		나비-나리, 대변-대련, 마부-마루, 수박-수락, 함박-함락	
*/ㅋ/-/ㄹ/	2음절		에코-에로	
*/ㅌ/-/ㄹ/	2음절		부탁-부락	
*/ㅍ/-/ㄹ/	2음절	파면-라면	지피-지리, 진피-진리	

출처: 석동일 외(2000).

4. 주기법

1) 주기법의 개념

주기법은 다중음소법과 비슷하다. 다만 다중음소법은 한 치료시간에 여러 오류음을 동시에 치료하나 일반적으로 주기법에서는 한 치료시간에 하나의 음운 또는 음운 패턴을 치료한다. 이 주기법은 음운변동 분석 결과를 가지고 치료할 때 자주 사용되는 기법 중 하나이다(석동일 외, 2013). 주기법을 적용하기 위해서는 음운변동 분석을 실시하여야 한다. 주기법은 조음·음운 오류가 심한 아동에게 명료도 향상을 위해서

제안된 기법이다. Hodson과 Paden(1983)은 음운변동 분석을 실시하여 40% 이상의 오류가 있는 패턴을 우선적으로 선택하여 지도하기를 권고하였다. 치료 시 몇 가지 기본 원칙을 제시하였는데 다음과 같다(석동일 외, 2013 재인용).

- 한 주기는 기본적으로 오류 음운론적 패턴에 대해서 2~6시간 정도 연속적으로 훈련시킨다.
- 매주 대개 60분 정도를 치료한다(30분씩 치료할 경우 일주일에 두 번 치료한다.).
- '주기 1'이라 하면 음운론적 패턴의 여러 가지 중 첫 번째 목표가 되는 주기이다.
- 첫 주기에는 적어도 2시간을 투자한다.
- 일반적으로 3~6개의 패턴이나 음을 선택하여 치료한다.
- 첫 주기에서는 가급적 성공을 경험할 수 있는 음운이나 음운패턴을 선택한다.
- 두 번째 주기에서는 자극력이 있는 것을 선택하여 치료한다.
- 세 번째 주기에서는 대화에서 출현하지 않는 패턴을 찾아서 치료한다.
- 일반적으로 명료도를 향상시키기 위한 최대 주기 수는 5회 정도이다. 그러나 대부분의 아동들은 2~3주기가 요구된다.

위에서 보는 바와 같이 한 패턴에 대해서 최대 6시간 6개의 패턴으로 지도하게 되면 총 36시간이 필요하게 되고 일주일에 60분씩 치료를 하게 되면 총 36주의 시간이 필요하게 된다. 이는 약 9개월 정도의 시간 소요를 의미하는 것이다. 주기법은 학교 현장에서 적용하기 위해서 시작되어서 위 원리를 그대로 우리나라에 적용하기는 힘들므로 이 이론을 근거로 응용하여 치료 현장에서는 활용하면 된다. 주기법은 세션별 절차에 대해서도 명확하게 제시하고 있다(석동일 외, 2013).

〈표 9-6〉 주기법의 단계

1단계: 복습

• 먼저 각 세션의 시작점에서 지난주의 과업을 검사하면서 이전 세션의 단어카드를 복습한다.

2단계: 집중적인 청각적인 자극

• 목표음운 패턴이 있는 약 12단어를 치료사가 1분에서 2분 동안 청각 자극으로 제공한다. 이때 아동이 발화를 할 필요는 없다.

3단계: 목표단어 산출 연습하기

• 아동은 3~5개 목표단어의 그림을 큰 종이에 그리거나 색칠하거나 풀로 붙이면서 치료사의 모델에 따라 단어를 반복한다.

4단계: 경험 놀이를 이용한 발음 연습

• 낚시, 볼링과 같은 놀이를 하면서 치료사와 아동은 그림의 이름을 서로 바꿔서 말한다.
• 치료사는 아동이 목표 패턴을 성공하도록 시각, 촉각의 모델을 제시한다.
• 또한 패턴이 자연스럽게 나타나고 있는지 알아보기 위해서 대화로 끌어 들여 본다.

5단계: 자극력 검사

• 다음 세션의 목표를 선정하기 위해서 자극력 검사를 실시한다.
• 만약 /s/ 자음군을 다음 세션의 목표로 선정하고 싶으면 자극력 검사를 한 후, 자극력이 있을 때 실시한다.

6단계: 집중적인 청각적인 자극

• 2단계 활동을 반복한다.

7단계: 가정 프로그램

• 가정에서 매일 2분 이상 부모나 보조자가 2단계에서 들은 단어목록들을 읽고 아동에게 연습단어의 그림을 보고 명명하게 한다.

주기법에서 잊지 말아야 하는 내용이 자극모방력이다. 세션의 목표 선정이나 다음 주기의 목표 선정을 위해서 자극모방력이 있는 것을 선택하는 것이 중요하다. 위에서 보는 바와 같이 세션의 절차에서도 5단계에서 자극력 검사를 실시하여 다음 세션의 목표단어를 선정한다. 한 주기가 끝나고 다음 주기를 시작할 때도 오류패턴이나 음소를 정할 때 자극모방력이 있는 것을 선택한다.

5. 상위음운 접근법

1) 상위음운 접근법의 개념

음운인식을 기반으로 하여 아동의 상위음운 능력을 향상시킴으로써 조음·음운 능력의 개선을 보고자 접근하는 기법이다. 상위음운 능력(metaphonological skill) 또는 음운인식 능력(phonological awareness)은 언어의 음운 구조에 관해 사고하고 반영하는 능력이다(Howell & Dean, 1981; 석동일 외, 2013 재인용). 음운인식 능력에 대해서 백은아 등(2001)은 어음에 대한 의식적 자각이라고 하였고, 홍성인(2001)은 음운인식이라는 용어를 사용하면서 구어에서 사용되는 단어 속에 들어가는 여러 가지 소리의 단위와 유형들을 지각하고 아는 것이라고 하였으며, 박상희 등(2002)은 하나의 낱말에 대해서 분절할 수 있고, 또한 분절된 음을 다시 음소로 나눌 수 있으며, 음소를 합성하여 음절을 만들 수 있는 능력 또한 포함시킬 수 있다고 하였다. 즉, 음운인식 능력은 음절, 단어에 대한 추상적인 언어학적 지식이라고 하였다. 여러 연구자들이 말하고 있는 공통적인 사항은 단어, 음절, 음소 수준에서 우리말 자음을 붙이고 떼어내고 같고 다름을 아는 것이다. 음운인식 능력을 청각변별과 혼돈하는 경우가 있다. 청각변별은 말소리의 같고 다름을 아는 것에서 그친다면 음운인식은 같고 다름을 알아서 그 말소리를 분리할 수도 있고 합성할 수도 있는 그 이후의 능력까지를 말한다.

2) 상위음운 접근법의 절차

상위음운 접근법을 실시하는 것은 음운인식 능력을 향상시키는 것이다. 따라서 단어, 음절, 음소 수준에서 초성, 종성, 음절체, 운모를 합성, 변별, 탈락, 분절, 수세기 훈련을 실시한다. 특히, 음절 생략을 하는 아동의 경우는 수세기 훈련이 효과적일 수 있고, 초성이나 종성을 생략하는 경우에는 음소수세기 및 초성과 종성에 대한 변별 훈련이 효과적일 수 있다.

6. 의사소통 접근법

의사소통 중심법은 철저한 과제분석법인 전통적 기법의 문제점에서 탈피하여 보다 의사소통 상황으로 일반화가 용이한 기법이다. 일반적으로 아동중심법, 환경중심법, 즉시법, 요구–반응법으로 함께 사용할 수 있다. 의사소통 상황에서 자연스럽게 사용할 수 있도록 함으로써 단어 중심의 지도가 이루어지게 된다. 의사소통 중심법의 핵심은 의사소통 자극, 의사소통 반응, 의사소통 강화의 원리이다. 아동이 정조음을 하게 되면 의사소통 상황에서 자신의 요구를 정확하게 할 수 있게 되고, 그렇게 되면 청자는 정확하게 반응할 수 있게 되며 이로써 아동은 의사소통 상황에서 강화를 받게 되는 것이다. 예를 들면, /ㅅ/에 오류가 있는 아동이 친구에게 "저기에 있는 사탕 줄래?"라고 요구하였고, 아동의 친구가 정확하게 그 말을 알아듣고 아동에게 사탕을 준다면 아동은 의사소통 상황에서 깨어짐이 없어서 의사소통 상황에서의 좌절은 없을 것이다. 그런데 아동이 "저기에 있는 타탕 줄래?"라고 말하였다면 아동의 친구는 "뭐?"라고 되묻거나 그냥 쳐다보는 등의 아동의 말을 알아듣지 못하였다는 반응을 할 것이므로 의사소통 상황은 깨어지게 되어 있다. 따라서 이러한 부분을 강조한 조음음운치료 접근법이 의사소통 중심법이다.

의사소통 중심법은 과제 분석적이기보다는 스크립트나, 놀이 상황 등 구체적인 상황에서 지도할 수 있는 방법으로 일반화와 유지에서 보편적으로 사용할 수 있다. 그러나 음의 확립이나 음의 안정 단계에서도 사용할 수 있는데 아동이 오조음을 보이게 되면 의사소통 상황에서 지속적으로 지도하는 것이 아니라 다시 단어 수준에서 조음점 지시법, 감각운동법들을 활용하여 지도할 수 있다. 그래서 의사소통 중심법의 절차에서 전체–부분–전체라고 이야기한다.

7. 절충법

절충법은 하이브리드 기법을 우리말화한 것이라고 볼 수 있다. '콜라'처럼 '하이브리드'라는 용어는 이제 우리가 보편적으로 사용하고 있는 용어이다. 절충법은 기존에 개발된 조음·음운장애 치료기법의 한계점을 제시하며 다목적의 여러 기법이 함께 사용되는 것이 필요하다고 강조한다. 절충법에 대해서 아직까지 저서에 소개된 것은 많지 않지만, 석동일 등(2013)이 절충법에 대한 내용을 제시하고 있다. 국외 서적에서는 Ruscello(2008)의 책에서 확인할 수 있다. 이 절에서는 절충법에 대한 『조음음운장애 치료』(석동일 외, 2013)의 내용을 소개하고자 한다. Rvachew(2005)는 표상-기반 접근법(representation-based approach) 측면에서 3단계로 되어 있는 하이브리드 접근법을 개발하였다. 첫 단계는 음소지각과 산출 훈련 단계이다. 언어장애인들은 음운지식 사이에 불일치 증상으로 음소지각과 산출오류를 나타낸다고 보았다(Rvachew, 1994; Rvachew et al., 1999; 석동일 외, 2013 재인용). 이 단계에서는 표적음의 자극반응도(stimulability)를 이용하여 훈련한다(Miccio, 2005; 석동일 외, 2013 재인용). Ruscello(2008)는 다양한 문맥의 음절 및 단어 수준에서 표적음을 정확히 80~90% 모방할 수 있으면 이 단계의 목표가 달성되었다고 보았다. 이 단계에서는 필요에 따라 말소리 자극법, 조음점 지시법, 말소리 형성법과 같은 방법을 이용할수 있다(Secord, 1981). 두 번째 단계에서는 최소대조짝에 의한 음소 수준 치료를 하였으며, 첫 번째 단계가 충분이 이루어진다면 이 두 번째 단계는 많은 시간을 요하지 않는다고 하였다. 세 번째 단계는 문장과 대화를 통해 학습된 음성을 전이시키는 내용으로 되어 있다. 결국 이 접근법은 음성적 치료와 음운적 치료를 대표적인 기법으로 보고, 두 기법을 연합한 하이브리드 접근법으로 볼 수 있다(석동일, 2008b; 석동일 외, 2013).

다음으로 Bowen과 Cupples(2004)는 상호협력 치료 접근법(collaborative treatment approach)을 하이브리드 접근법이라고 보았다. 이 접근법은 표상-기반 접근법에 비해 보다 광범위한 기준에 의한 것으로 볼 수 있으며 가족교육, 음운인식 훈련, 음성산출 훈련, 최소짝 대조와 집중적 청각 훈련, 가정연습을 상호협력 차원에서 접근한 하이브리드 접근법이다(석동일, 2009). 이 접근법의 핵심은 음운장애 치료과정에 양육자가 직접적으로 개입하여야 한다는 것이며, 훈련 단계에 대해 연구자들은 다음과 같이 제시하고 있다. 첫째는 가족교육 단계이다. Bowen과 Cupples(1999)는 조음·음운장애 치료에서 박식한 양육자의 역할이 중요하다는 것을 강조하였고, 음운습득의 발달적 견지에서 조음·음운장애의 정의, 평가와 치료과정에 대한 지식, 부모가 자주하는 질문 항목, 중재기법에 대한 내용 등이 충분히 교육되어야 한다고 보았다. 아울러 부모와 치료사의 연대가 필요하며, 치료사가 행하는 치료기법이 가정에 보내어져서 부모에 의해 가정치료가 이루어져야 함을 강조하였다. 둘째는 음운인식 훈련 단계이다. Justice와 Schuele(2004)는 자기 모니터링 기술과 다양한 음운인식 과업을 통한 기술들이 조음·음운장애 아동들의 문제를 해결하는 데 기여한다고 하였다. 아울러 음운인식 과업은 조음·음운장애 아동, 임상가, 양육자에게 언어적인 자기 성찰의 기회를 제공해 준다고 하였다. 음운인식 과업으로 상위 음성적 활동(metaphonetic activities), 음소 서기소 관계(phoneme grapheme relationships), 초성 확인(onset phoneme segmentation matching), 각운과 두운 인식(rhyme and alliteration awareness), 문맥에서 단어 인식 향상(improving the awareness of words in context), 음소분석과 합성 (phonemic analysis and synthesis) 등의 과제를 제시하고 있다. 셋째는 음성산출 훈련 단계이다. Bowen과 Cupples(1999, 2004)는 일부 조음·음운장애 아동들은 음성산출 훈련이 필요하다고 하였다. 중증 아동의 경우, 초기에 음성산출 훈련이 이루어지면 한정된 음성산출의 확장에 도움을 줄 수 있다는 것을 발견하였다. 넷째는 다양한 예시 훈련 단계이며, 이 단계에서는 최소 대조짝과 음성산출의 청각적인 지각 자극을 결합하여 중재한다. 최소 대조짝은 그림 자극을 통해 아동이 자발적으로 수행 가능할 때까지 모델을 제시하여 연습한다. 다섯째는 가정연습 단계이다. 이 단계에서는 치료사가 행하는 전체 프로그램을 가정에서 부모가 적용할 수 있도록 하며, 가족교육, 상위언어 훈련, 음성산출 훈련, 다양한 예시 훈련, 숙제 등의 내용으로 구성된다(석동일 외, 2013 재인용). 상호협력치료의 단계는 〈표 9-7〉에 제시하였다.

〈표 9-7〉 상호협력치료의 단계

단계	내용
1	가족교육-양육자의 역할 중요
2	음운인식 훈련-자기 모니터링 기술과 다양한 음운인식 과제 연습
3	음성산출 훈련-음성산출 확장에 도움이 됨
4	최소대조짝의 음성산출과 집중적 청각 훈련-다양한 예시에서 훈련
5	가정연습-가족교육, 상위 언어 훈련, 숙제 등을 이용

이상의 내용에서 보면 절충법은 치료의 관점의 획일화보다는 다양성을 강조한다는 것을 알 수 있고, 치료의 경험에서도 알 수 있는 내용들의 집성체라고 할 수 있다.

8. 하위 유형 분석에 의한 치료

〈표 9-8〉 Dodd의 하위 유형 분석에 따른 치료법

단위	조음장애	음운지연	일관적인 장애	비일관적인 장애
말소리	✓		×	×
음운대조	×	✓	✓	×
전체단어			×	✓
전체언어		✓	×	×
치료기법	음성적 접근법	음운대조 전체언어 상위음론적 치료 주기법	음운대조 상위음론적 치료 주기법	핵심 어휘

✓: 해당 단위로 치료했을 때 성공적이었다는 자료 있음
×: 해당 단위로 치료했을 때 성공적이지 않다는 자료 있음

출처: 하승희 역(2016).

〈표 9-8〉에서 보는 바와 같이 Dodd는 하위 유형에 따른 치료법을 소개하였다(하승희, 2016). 이 중 핵심어휘 중재에 관한 내용을 살펴보고자 한다. 핵심어휘 중재는 말실행 증상이 없이 단어를 비일관적으로 산출하는 비일관적인 조음·음운장애에 대해서 일관된 단어산출을 목표로 가지고 지도하는 방법이다. 대상자가 나타내는 오류음소를 바르게 발음하도록 훈련하기 위해 핵심어휘를 이용하는 치료방법이다. 핵심어휘법은 제5장에 제시되어 있는 Dodd의 분류에 근거할 때 40% 이상의 변이성을 갖는 비일관적인 음운장애 아동을 대상에게 효과적인 치료법이다. 비일관적인 말소리장애는 단어를 다른 문맥뿐만 아니라 같은 문맥 내 동일한 단어 내에서도 다르게 산출하는 특징이 있다. 산출할 때마다 같은 단어를 다르게 산출하기 때문에 명료도가 낮게 나타난다(Dodd et al., 2006). 말소리의 비일관성 검사는 국내 검사에서는 U-TAP2에서 할 수 있고 국외 검사는 DEAP(diagnostic Evaluation of Articulation and Phonoloty)에서 할 수 있다. DEAP 검사에서는 40% 이상의 점수를 받은 아동을 비일관적인 말소리장애를 가지고 있다고 판단하는데 검사방법은 25개의 그림을 보여 주고 이름대기를 3번 실시한다. 3번의 검사에서 모두 일관되게 산출했으면 0점, 3번의 검사 중 한 번 이상 다르게 산출했으면 1점을 받고 전체 단어에 대해서 백분율로 계

산한다. 공식 검사 이외에 비공식 검사로는 단어단위 분석에서 단어단위 변화율로 계산할 수 있다(제6장 참조). 분석을 할 때 비일관적이라는 것은 정조음과는 무관하다. 오류가 나타내더라도 일관적일 경우도 있다. 예를 들어, '사탕'이라는 단어를 '타탕, 타당, 타당'이라고 하였다면 정조음은 아니지만 일관적인 측면에서는 일관되게 산출하였으므로 DEAP 채점 기준에서는 0점이다.

비일관성 오류는 불안정한 음운 체계를 가지고 있다는 것을 의미하고, 이것은 음소 선택 및 배열 단계에서 이루어지는 음운계획 단계에서의 결함을 반영한다고 가정한다. 이들이 나타내는 불규칙적인 조음·음운장애는 아동기 말실행증과는 다르다. 아동기 말실행증과 구별하기 위해서 구강 운동능력 검사와 음운평가를 같이 실시하여야 한다. 말실행증과 비일관적인 조음·음운장애 특징은 〈표 9-9〉에 제시하였다.

〈표 9-9〉 말실행증과 비일관적 조음·음운장애 특징

CAS	비일관적인 말소리장애
• 비일관적인 오류 • 언어적 단위가 증가할수록 오류가 증가함 • 음의 연결이 잘 안 됨 • 모방에서 보다 자발어에서 더 정확하고 모방에서 오류가 더 심함 • 일반적으로 구강운동에 어려움이 있음 • 모색행동, silent posturing이 나타남 • 음소의 연장 및 반복이 나타남 • 말속도와 DDK 비율이 느림	• 비일관적인 오류 • 언어적 단위가 증가할수록 오류가 증가함 • 음에 대한 오류보다 잘못된 음소 선택을 함 • 자발에서보다 모방에서 더 정확함 • 구강 운동의 제한적인 면도 정상적인 범위 안에 있음 • 모색행동, silent posturing이 나타나지 않음 • 음소의 연장 및 반복이 나타나지 않음 • 말속도와 DDK 비율이 정상

출처: Core Vocabulary Intervention, Dodd et al. (2006). 재인용.

핵심 어휘중재는 단단어와 자발어에서 일관적인 산출을 목표로 하며 치료의 시작은 단단어에서 시작하여 나중에는 연결발화에서 음운집합체를 중재한다. 최종적으로는 모델링 없이 음운론적 계획에 대한 정보를 제공하고 스스로 말하게 하는 것이다. 오류패턴을 목표로 하지는 않으며 일관성 있게 말하는 것을 목표로 하므로 목표어휘는 대상자에게 고빈도이고 기능적으로 강력한 어휘를 선택해야 한다. 즉, 고빈도 어휘를 일관성 있게 말하는 것을 목표로 하므로 기능적인 낱말의 음운 계획 결함을 지도하는 것이다.

중재의 일반적인 원리는 일주일에 두 번씩 30분 동안 약 8주간 매일 보호자의 도움을 통해서 매일 연습하도록 한다. 약 70개의 기능적으로 강력한 단어를 선택하는데 어휘를 선정하기 위해서 부모에게 어휘목록을 받아야 한다. 처음에 고빈도이고 기능적으로 강력한 단어가 많이 나오지 않을 수 있다. 그럴 경우 부모상담을 여러번 실시하여 어휘목록을 정리해야 한다. 부모상담을 통해서 획득한 어휘로 지도하므로 이 과정이 굉장히 중요하다. 어휘에 대해서 최소 50개 어휘목록을 선정해야 한다고 제시하는 관련 논문도 있다(Dodd et al., 2006). 매주 연결된 발화에서 최대 10개의 발음을 가장 잘 산출하는 방법을 배운다. 이때 가장 잘 산출한다는 것은 정조음이 아니라 일관된 산출이라는 것을 잊어서는 안 된다. 치료하지 않은 단어목록에 대해서는 일반화를 측정한다.

　구체적인 중재방법은 주 2회 30분씩 지도하는 것을 권고하며, 치료는 개별치료로 실시한다. 일관성 있는 산출 지도를 위해서 그룹치료를 하지 않는다. 치료는 언어재활사가 하지만, 부모와 선생님도 같이 치료에 참여할 수 있으며 모니터링에는 같이 참여하여야 한다. 치료기간은 6~8주 정도이다. 일관성 있는 산출을 유도하기 위해서는 반복연습이 중요하며 매일 목표낱말을 연습하도록 한다. Elbert 등(1991)은 30분간 100개의 반응을 산출해야 하고 일반적으로 30분간 150~170개 어휘산출은 어렵지 않다고 보았다. 오류가 일어나면 아동에게 치료 목적, 오류 특성, 오류수정 방법에 대해서 아동에게 명확하게 설명해 주어야 한다. 즉, 조음음성학적인 설명을 통해서 산출에 대한 설명이 필요하다는 것이다. 예를 들면, /ㄱ/를 산출하기 위해서 혀의 뒷부분이 연구개에 올라가야 한다는 설명을 정확하게 해 주는 것이다. 일관적인 산출에 대한 모니터링이 필요하며, 두 번째 회기 끝날 때 아동에게 지난주에 치료의 초점이었던 목표어휘 세트를 세 번 산출하게 하여 유지하고 있는지 확인한다. 일반화 검사도 치료와 함께 실시하는데 치료하지 않은 낱말 10개로 검사를 이용하여 실시하고 15일 후 치료 회기에서 치료하지 않은 낱말을 세 번씩 산출하도록 하여 확인한다. 불규칙적 오류를 나타내는 아동에게 사용하는 치료절차는 〈표 9-10〉과 같다(김영태 외, 2012).

〈표 9-10〉 핵심 어휘중재법을 이용한 치료의 예

아동 상태	같은 단어를 여러 번 발음하게 할 때 10번 중 4번 이상은 서로 다른 오류 상태를 나타내는 변이성 40% 이상
치료방법	1. 가족, 친구, 이름, 학교, 도서관, 상점, 화장실, 기능어(부탁해요, 죄송해요, 감사해요, 도와주세요.), 음식, 놀이 등 활용도가 높은 50개 단어목록을 선택한다. 2. 매주 50개 낱말 중 10개씩 선택하여 지속적으로 훈련한다. 오류에 대해 설명하고 발음에 대한 정보를 제공하여 정확한 발음보다 같은 형태의 오류를 나타내도록 하는 데 목표를 둔다. 3. 일관성 있는 단어는 제외시키며 불규칙적으로 발음하는 단어를 지속적으로 훈련한다.

▶ 학습정리

☑ 음운적 치료는 음소의 운동적인 산출방법이 아니라 인지언어학에 기반을 둔 치료기법이다.

☑ 음운적 접근을 위해서는 음운론적 분석에 기초를 근거로 치료방법을 설정하여야 하며, 변별자질 분석 및 발화의 일관성 및 비일관성 분석이 이루어져야 한다.

☑ 음운적 치료기법에는 변별자질 접근법, 대조법, 음운변동 분석 접근법, 주기법, 상위음운 접근법, 의사소통 접근법, 절충법, 핵심어휘 중재법이 있다.

☑ 음운적 치료를 하더라도 음성적 치료기법을 사용할 수 없는 것은 아니라는 것을 잊지 말아야 한다.

제10장 특정장애군 치료

권미지

우리는 제5장에서 조음·음운장애 분류 및 원인에 대해 살펴보았다. 조음·음운장애는 구조적(organic)이거나 기능적(functional) 원인으로 발생한다. 특정장애군 치료에서는 이와 관련된 원인으로 발생하는 아동기 말실행증, 발달성 마비말장애, 구조적 문제로 인한 조음장애, 청각장애, 다문화가정 아동의 개념과 특성을 살펴보고, 치료방법에 대해 간략히 살펴보고자 한다.

1. 아동기 말실행증

1) 개념

아동기 말실행증(Childhood Apraxia of Speech: CAS)은 신경학적 문제로 언어습득의 초기 단계 동안 말산출 관련 근육의 마비나 약증 없이 산출을 위한 자발적인 움직임에 어려움을 보인다. ASHA(American Speech Language Hearing Association)에서 "아동기 말실행증은 말소리와 음절, 단어들을 말할 때 문제를 가지는 말운동장애이다. 이것은 근육의 약화나 마비로 인한 것이 아니라 입술, 턱, 혀 등을 움직이기 위한 뇌의 계획(planning)에서의 문제이다. 아동은 말하기를 원하지만 뇌의 문제로 낱말을 말할 때 필요한 근육의 협응에 어려움을 나타낸다."고 정의하였다(ASHA, 2013). 아동기 말실행증 아동은 수용언어는 정상이지만 표현언어가 평균보다 낮은 경향이 있으며, 쓰기나 읽기 학습에 어려움을 겪을 수 있다. 말산출을 계획하고 프로그래밍하는 데 일차적인 문제가 있으며 조음산출의 정확성과 일관성에 오류를 나타내게 된다.

2) 특성

아동기 말실행증 아동의 특성은 자음과 모음 목록이 매우 제한적이며 일관적이지 않다. 또한 조음위치를 찾거나 탐색하는 모색행동(groping)이 관찰되기도 한다. 교호운동(DDK) 과제에서 어려움을 보이며 음절의 구조가 복잡하고 언어학적 단위가 길어질수록 말산출에 어려움을 나타낸다. 운율, 특히 강세에 문제를 보이기도 한다. 낱말 따라말하기에서 일관적이지 않은 오류가 나타나기도 한다. ASHA(2007)에서 주장하는 아동기 말실행증의 14가지 핵심 특징을 〈표 10-1〉에 제시하였다.

〈표 10-1〉 아동기 말실행증의 14가지 핵심 특징

번호	핵심 특징 내용
1	비구어 구강운동 모방과제 중 2가지 연속 동작 모방능력 저하
2	교호운동(DDK) 과제 수행 중 근육 움직임의 협응 낮음
3	실제 막대사탕 핥기 상황과 가상으로 막대사탕 핥는 흉내를 비교할 때 가상 상황에서의 표현능력 저하
4	말을 할 때 적절한 억양, 운율, 쉼의 초분절적 요소를 활용하지 못함
5	모색행동
6	비일관적인 조음오류
7	빈번한 생략오류
8	잦은 모음오류
9	따라말하기 상황에서 낱말과 구 모방의 어려움
10	수용언어보다 표현언어가 지체됨
11	또래와 비교할 때 제한된 모음과 자음목록
12	발화 길이가 증가함에 따라 조음오류 횟수 증가
13	발화를 할 때 초분절적인 오류가 나타남
14	발화를 할 때 단순한 음절 사용

3) 치료

아동기 말실행증은 치료 진전이 느리며, 운동학습의 치료법을 따른다. 의사소통 상호작용에서의 치료를 진행하는 데 완벽한 조음산출이 아니라 명료도 향상을 목표로 세우는 것이 바람직하다. 이에 의사소통 과정을 촉진시켜 줄 수 있는 단어를 우선 치료목표로 정하게 된다. 즉, 개별음소의 산출에 초점을 두는 것이 아니라 기능적인 어휘산출 기술을 우선 습득시키는 것이 바람직하다. 언어의 복잡성 수준을 고려하여 초기에는 작은 단위부터 시작하여 복잡하고 어려운 단위로 치료를 진행한다. 또한 짧은 시간에 자주 집중치료를 진행하는 것이 더욱 효과적이다.

통합 자극법(integral stimulation)은 언어만으로 촉진이 되지 않을 때에는 다양한 감각을 사용하는 것이다. 또한 통합 자극법은 촉각 운동감각의 촉진, 리듬 멜로디의 촉진, 제스처 단서 등을 포함한다. 언어재활사는 조음산출 위치와 산출방법, 턱 운동의 정도, 얼굴 근육의 움직임, 음절의 지속시간에 대한 촉각적 단서 등을 제공하는 구강근육 음성 촉진법(Prompts for Restructuring Oral Muscular Phonetic Targets: PROMPT)을 사용할 수 있다. 또한 멜로디 억양기법(Melodic Intonation Therapy: MIT)을 사용하기도 한다.

아동기 말실행증의 치료목표를 세우기 전에 공식검사 및 비공식 연결발화 등을 통하여 대상자의 자극모방력, 조음능력 등에 대해 평가한다. 또한 대상자의 전반적인 자세 및 보행자세, 얼굴, 입술, 치아, 혀, 경구개, 연구개 등의 운동기술을 평가한다. 입술의 움직임(세기, 폐쇄), 혀의 힘(돌출, 수축력, 움직임), /아/음소 산출 시 연구개의 움직임, 교대운동 등 말산출을 위한 중요한 조음 기관의 운동능력을 평가한다. 이때 SMST를 활용하여 평가할 수 있다.

아동기 말실행증의 조음·음운과 관련된 장기목표와 치료목표 및 중재활동을 서술하였다(〈표 10-2〉).

〈표 10-2〉 아동기 말실행증 아동의 치료목표와 중재활동

장기목표
1. 구강근육 음성 촉진법을 사용한다. 2. 멜로디 억양기법을 사용한다.

치료목표와 중재활동	
1-1. 운동 감각적인 단서와 신체의 고유감각 수용기의 단서들을 사용한다.	① 치료사가 대상자의 얼굴과 목에 손가락을 위치시킴으로써 목표음소의 조음위치뿐만 아니라 조음방법, 턱을 벌리는 정도나 입술 오므리기, 기류 조절과 단서를 제시한다. ② 조음 기관의 움직임들을 촉진시키기 위해 광범위한 훈련과 연습을 실시한다.

2-1. 멜로디 억양기법을 실시한다.	① 손으로 가볍게 두드리며 리듬 맞추기를 따라 하는 것으로 시작하여, 치료사와 함께 허밍하기, 점차 치료사의 모델을 줄여 나가기로 진행한다. ② 이 과정이 확립되면 의미 있는 말을 첨가한다. ③ 치료사의 단서와 손으로 두드리기를 점차 소거시키며, 대상자의 반응은 따라 하기보다는 질문에 대답하는 것으로 유도한다.

　아동기 말실행증을 다른 운동구어 장애와 마찬가지로 지속적인 연습과 동반장애에 관한 충분한 이해와 치료 계획이 동시에 이루어져야 한다. 아동기 말실행증 치료 방법의 초점은 의사소통 효율성과 자연스러움을 극대화시키고, 말산출을 위한 운동 프로그래밍을 재수립하는 것이다. 이러한 목적을 이루기 위한 아동기 말실행증의 치료는 연속적인 발화를 위해 필요한 조음 기관 운동을 프로그래밍하는 능력을 신장시키는 데 초점을 맞추어 진행한다.

2. 발달성 마비말장애

1) 개념

　아동기 말실행증이 운동 계획에서의 어려움이라면, 발달성 마비말장애는 운동실행 단계에서 문제를 가진다. 발달성 마비말장애는 중추 및 말초신경계의 손상 정도와 부위에 따라 말산출 특성이 다양하게 나타난다. 이러한 근육 통제능력의 손상에 의하여 경직, 이완, 마비, 약화 등이 나타날 수 있으며, 근육의 조절 문제와 수의적인 운동에서 불협응 문제 등을 가지게 된다. 또한 조음 문제뿐 아니라 언어연쇄작용에서의 호흡, 발성, 공명, 운율 등의 시스템 문제를 나타낸다.

2) 특성

　발달성 마비말장애 대상자의 손상 부위에 따라 하위 유형이 다양하게 나타나며 하위 유형별 호흡, 발성, 조음, 공명 특성이 다르다. 대표적으로 조음 특성은 모음의 왜곡된 산출과 약하고 부정확한 조음이다. 또한 호흡에서의 불안정으로 인한 숨소리 섞인 음성, 시끄럽거나 숨소리 섞인 흡입이 나타나는 경우도 있다. 과도하게 거칠거나 긴장된 음성, 떨리는 음성, 단조로운 음성 등이 나타날 수 있으며, 음성의 강도도 고르지 못할 수 있다. 아동기 말실행증과 발달성 마비말장애의 특성을 비교한 부분은 제5장에서 서술되어 있으므로 참고하기 바란다.

3) 치료

발달성 마비말장애 대상자들은 정확한 조음산출의 목표가 아니라, 기능적 의사소통 상황에서의 명료도 산출을 높이는 치료가 바람직하다. 또한 손상의 정도에 따라서 손상이 심한 경우 대상자의 신체 기능에 맞추어 보완대체의사소통을 사용하기도 한다. 손상 부위나 정도에 따라 다양한 산출에 문제를 나타내므로 이에 대한 정확한 인지를 하여 치료적 접근을 하여야 한다.

우선 발달성 마비말장애 대상자를 치료를 할 때 적절한 신체 자세를 살펴보아야 한다. 우리가 안정된 발성을 하기 위해서는 우선 목 가누기 등의 상체가 바르게 자리를 잡아야 하는데 발달성 마비말장애 대상자의 경우 그렇지 못한 경우들이 있다. 이때에 물리치료사 등의 조언을 통해 바른 신체 자세 확립에 도움을 받을 수 있다. 흉곽의 기능을 향상시키고 성문하압을 높이기 위해 호흡에 대한 중재도 필요하다. 발성 단계에서는 밀기접근법, 하품한숨접근법, 챈팅(chanting) 등의 음성장애 촉진기법들을 활용하여 치료의 효과를 높일 수 있다. 연인두기능부전에 의한 과다비성이 나타날 수 있으며, 이때 지속양압기(Continuous Positive Airway Pressure: CPAP) 등의 기기를 활용할 수 있다. 이 기기는 외부에서 비강으로 공기압을 보내주어, 연인두의 근육재활 기능을 촉진시킬 수 있다. 또한 구강-감각운동 프로그램(oral-sensory motor program)을 활용하여 마비말장애 대상자들의 조음과 관련된 입술, 혀, 볼, 턱 등의 근육훈련을 실시할 수 있다(Burditt, 1971). 특히, 턱의 움직임을 안정화시키기 위해 바이트 블록(bite block)을 사용할 수 있다([그림 10-1]). 바이트 블록의 크기를 점진적으로 증가시켜 턱의 운동범위를 증가시키거나, 바이트 블록을 물게 하여 턱의 힘을 기르는 훈련으로 활용할 수 있다. 구강-감각운동 프로그램에서의 입술과 혀 운동 예시 몇 가지를 [그림 10-2]에 소개한다.

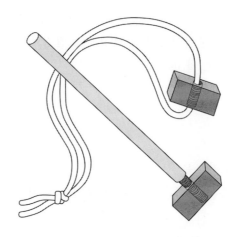

[그림 10-1] 바이트 블록(bite block)

입술 감각-운동
저항(Press vs Push):
중심 압력
입술의 중심에 손가락으로
    압력을 준다.
손가락으로 입술을 누르고,
    입술은 앞으로 내민다.

유지 ___ 초
반복 ___ 회
하루에 ___ 회 실시

입술 감각-운동
저항(Press vs Push):
분리된 압력
입술에 검지와 엄지의
    압력을 준다.
입을 벌리려고 하는
    동안 손은 계속
    진행한다.

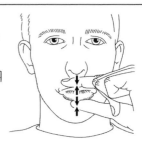

유지 ___ 초
반복 ___ 회
하루에 ___ 회 실시

혀 운동
돌출부: 가운데 스트레칭

최대한 혀를 앞으로 민다.
혀의 끝 포인트를 유지한다.
혀끝의 스트레칭을
    느낀다.

유지 ___ 초
반복 ___ 회
하루에 ___ 회 실시

혀 운동
좌우 기능 분화

혀를 밀고
    오른쪽 왼쪽의
    입 코너 쪽으로
    혀를 유지시키고
    혀의 스트레칭을 느낀다.

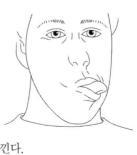

유지 ___ 초
반복 ___ 회
하루에 ___ 회 실시

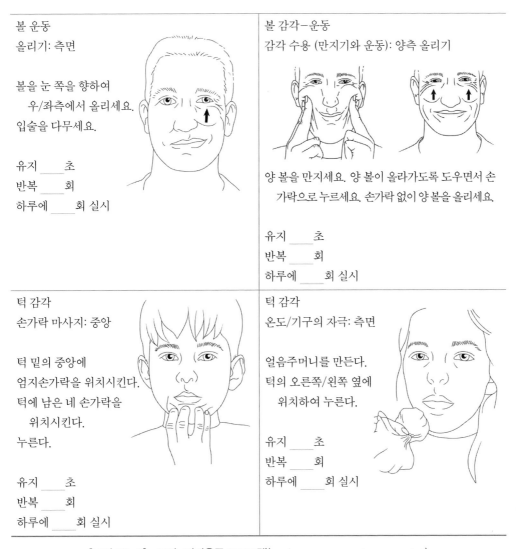

볼 운동
올리기: 측면

볼을 눈 쪽을 향하여
　우/좌측에서 올리세요.
입술을 다무세요.

유지 ＿＿＿ 초
반복 ＿＿＿ 회
하루에 ＿＿＿ 회 실시

볼 감각-운동
감각 수용 (만지기와 운동): 양측 올리기

양 볼을 만지세요. 양 볼이 올라가도록 도우면서 손
　가락으로 누르세요. 손가락 없이 양 볼을 올리세요.

유지 ＿＿＿ 초
반복 ＿＿＿ 회
하루에 ＿＿＿ 회 실시

턱 감각
손가락 마사지: 중앙

턱 밑의 중앙에
엄지손가락을 위치시킨다.
턱에 남은 네 손가락을
　위치시킨다.
누른다.

유지 ＿＿＿ 초
반복 ＿＿＿ 회
하루에 ＿＿＿ 회 실시

턱 감각
온도/기구의 자극: 측면

얼음주머니를 만든다.
턱의 오른쪽/왼쪽 옆에
　위치하여 누른다.

유지 ＿＿＿ 초
반복 ＿＿＿ 회
하루에 ＿＿＿ 회 실시

[그림 10-2] 구강-감각운동 프로그램(oral-sensory motor program)

　　발달성 마비말장애 아동들의 조음·음운과 관련된 치료는 박혜성(2016)을 참고하여
장기목표와 치료적 중재를 〈표 10-3〉에 서술하였다. 발달성 마비말장애의 치료는 구
강-안면-머리-목 기능 증진을 위한 기법과, 발성과 말명료도 증진을 위한 방법과
의사소통 증진과 자극을 위한 방법 등으로 치료목표와 대상자에 따른 수준을 다양하
게 살펴볼 수 있다.

〈표 10-3〉 발달성 마비말장애 대상자의 치료목표와 중재활동

장기목표
1. 호흡 기능을 개선시킨다.
2. 구강안면 근육의 적절한 긴장을 유지한다.
3. 말명료도를 증진시킨다.

치료목표와 중재활동	
1-1. 최상의 호흡을 위한 신체적 지원을 확립한다.	① 편안한 호흡을 유지할 수 있는 자세를 잡기 위해 의자, 휠체어 등의 체간 유지와 신체 균형을 살펴본다. 이때 물리치료를 병행하고 있다면, 물리치료사와 팀을 이루어도 좋다.
2-1. 다양한 구강 훈련 프로그램을 실시한다.	① 입술과 볼 기능 증진을 위한 프로그램을 실시한다. ② 혀의 저항력을 증진시키기 위한 프로그램을 실시한다. ③ 턱을 자유롭게 움직일 수 있다.
3-1. 다양한 기법을 활용하여 말명료도를 향상시킨다.	① 구개거상기(palatal lift)를 사용하여 과대비성을 줄인다. ② 거울이나 시각적 피드백을 활용하여 입을 과도하게 벌리면서 개모음으로 시작하는 구나 문장을 따라말한다. ③ 단어의 특정 음소들의 산출방법과 위치에 따라 명료도를 개선시킨다.

발달성 마비말장애는 근본적으로 신경계의 손상이 있으므로 조음 기관의 근육마비나 운동성 저하가 나타나 직접적인 자음이나 모음 훈련을 통한 구어 향상을 도모하는 것은 어려운 일이다. 발달성 마비말장애의 조음치료는 전통적인 조음위치와 조음방법뿐만 아니라, 명료도 측면도 고려되어야 하며 조음 기관 훈련을 병행하기도 한다.

3. 구조적 문제로 인한 조음장애

1) 개념

구조적 문제로 인한 조음장애는 발달기에 절치(앞니) 결손부터 교합의 문제를 가지는 경우와 구개열과 같이 복합적인 문제를 가지는 경우로 대표된다. 절치의 결손인 경우에는 마찰음 /ㅅ/의 오류가 생기게 된다. 치아가 없는 사이로 기류가 과하게 빠지면서 발음의 오류를 보이게 된다. 정상교합이 아닌 하악이 돌출되어 있는 제3형 부정교합의 경우를 생각해 보자. 하악을 앞으로 움직여서 '안녕하세요'를 말하게 되면

혀의 위치가 달라지게 되어 전반적인 발음의 명료도가 낮아지는 것을 바로 느낄 수 있다. 구개열은 선천성 두개안면기형으로 임신 초기 좌우 뇌의 결합 단계에서 입술 혹은 구개 부분에 접합에 이상이 생겨 해부학적 결함을 가지게 되는 경우를 말한다. 이와 같은 구조적 문제는 결과적으로 말소리 산출에 문제를 가져온다. 여기서는 구조적 문제로 인한 조음장애로 대표되는 구개열에 대해 좀 더 자세히 살펴보도록 한다.

구개열의 유형은 순열, 구개열, 점막하 구개열로 구분된다. 첫째, 순열은 1차성 구개열이라고 하며, 좌·우측 입술과 구개돌기 융합이 이루어지는 과정에서 생기는 파열이다. 둘째, 구개열은 절치공 뒷부분 구개의 파열로 2차성 구개열이라고도 한다. 절치공 앞쪽의 1차 구개 및 절치공 뒤쪽의 경구개 모두에 파열이 있는 경우를 1차성 및 2차성 구개열이라 한다. 기준에 따라 편측 및 양측, 완전 및 불완전, 1차성 및 2차성 구개열로 나눈다. 셋째, 점막하 구개열은 구개 밑에 있는 구조에 영향을 미치는 선천성 결함으로 구강 측 표면의 구조는 온전하다. 그러나 내부에 파열이 있어 연구개 근육에 영향을 미치고, 경구개의 뼈 구조에도 결함이 있다.

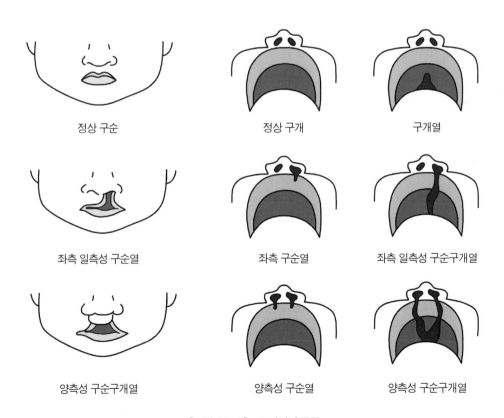

정상 구순   정상 구개   구개열

좌측 일측성 구순열   좌측 구순열   좌측 일측성 구순구개열

양측성 구순구개열   양측성 구순열   양측성 구순구개열

[그림 10-3] 구개열의 종류

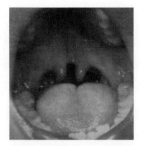
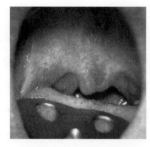
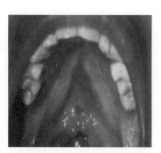

이분구개수와 투명대 보임   덜 뚜렷하지만 확실히 구분됨   연구개 근육이 확연히 분리됨

[그림 10-4] 점막하 구개열의 특성

출처: 표화영, 한진순(2016).

점막하 구개열을 진단하기 위해 손으로 촉진하였을 때 틈이 느껴지거나, 펜라이트로 구개를 비춰 보았을 때 선홍색이 아닌 남빛의 선이 보이며, 이중목젖, 절흔(notch) 형성 등을 확인해 볼 수 있다.

구개열은 다양한 전문 분야 팀의 종합적이고 일관적인 관리가 출생 시부터 성장 종료 시기까지 필요하다. 성공적인 일차 수술 후에도 언어에 문제를 가지는 경우들이 많이 보고되고 있다.

2) 특성

구개열 아동들은 또래에 비해 옹알이의 산출 양이 적고 더 낮은 수준의 옹알이를 산출하며, 제한된 수의 자음만을 산출하는 것으로 나타났다(한진순, 심현섭, 2004). 구개열 문제로 인한 조음장애 아동들에게서 흔히 나타날 수 있는 오류는 발달적·필연적·보상적 오류가 있다. 첫째, 발달적 오류는 말 그대로 조음·음운 발달 중에 정상적으로 관찰되는 차이를 말한다. 이는 구조적 결함과 관련되어 있지 않은 경우가 많다. 둘째, 필연적 오류는 구강 구조의 차이에 기인하여 필연적으로 나타나는 오류를 말한다(〈표 10-4〉). 구강 구조의 수술적 처치를 통하여 조음·음운에 개선을 가져올 수 있다. 셋째, 보상적 오류는 구강 구조의 결함으로 인하여 목표음소 발음을 대치하여 발음할 때 나타난다(제5장 〈표 5-3〉 보상조음 형태 참조). 언어치료 시 주로 보상적 오류 부분에 대한 접근이 이루어진다고 볼 수 있다.

〈표 10-4〉 필연적 오류

필연적 오류	특성
구강 자음의 비성화	• 심각한 VPI나 커다란 구비강 천공을 동반한 상태에서 유성파열음을 산출할 때 이 구강음들은 동족 비음으로 대치되는 경우가 많음
자음약화 혹은 생략	• 기류가 연인두 밸브를 통해 빠져나가면 자음산출을 위해 구강 내에서 형성되는 기류량 감소 → 자음의 강도와 압력 약화 및 생략 • 비누출 양과 구강기류 간에 역관계 성립 → 비누출이 많이 일어날수록 산출되는 자음 약화
짧은 발화 길이와 목소리 크기 변화	• 코를 통해 공기가 새어나오면 기류량 확보가 어려워짐 → 말을 하는 동안 기류량을 확보하기 위해 숨을 자주 쉼 → 발화 길이가 짧아지고 발화 시 목소리 크기가 고르지 못하게 됨
코 찡그림	• 연인두 폐쇄를 이루기 위해 지나친 노력을 기울이다가 근육이 과한 반응을 나타냄 • 연인두 기능이 개선되면 근육 수축이 저절로 사라짐

출처: 표화영, 한진순(2016).

　구개열 아동의 가장 흔한 말소리 문제는 연인두 기능부전(Velopharyngeal Insufficiency: VPI)이다. 구개열 아동들은 과다비성, 비누출, 비강 난기류, 왜곡 등은 필연적으로 나타나는 말소리 오류이다. 연인두 기능부전에 기인한 비강 누출 및 구강내압 형성 곤란으로 모음 및 자음은 비음화되어 왜곡된다. 이러한 것을 보상하기 위하여 일반 조음방식과는 다른 방식으로 조음하게 되는데 이를 보상조음이라고 한다. 보상적 오류는 성문파열음, 비강마찰음, 연구개마찰음, 인두마찰음, 인두파열음, 경구개파열음이 나타난다. 예를 들어, 연구개파열음/ㄱ, ㄲ, ㅋ/를 조음할 때 성대에 강하게 힘을 주었다가 급격히 배출하는 성문파열음으로 대치하며, 설근과 인두벽을 강하게 폐쇄하였다가 개방하여 산출하는 인두파열음을 내기도 한다. 또한 치조마찰음/ㅅ/의 경우도 인두에 긴장을 주어 조음하는 인두마찰음으로 대치하기도 한다.

3) 치료

　연인두기능부전 개선을 위한 근육훈련으로 비언어훈련이 필요하다. 최근 기기를 활용한 바이오피드백 및 직접치료를 선호하고 있다. Nasometer와 CPAP을 활용하는 언어재활이 도움이 될 수 있다. Nasometer를 통하여 시각화된 그래프를 보고 실시간으로 비성도를 확인할 수 있고 적절하게 발화를 조절할 수 있다. CPAP를 이용할 때에는 코에 마스크를 착용하고 비강으로 공기압을 전달하여 비인강폐쇄기능에 관여하는 근육들, 특히 구개범거근을 강화하는 훈련을 할 수 있다(양지형, 2005).

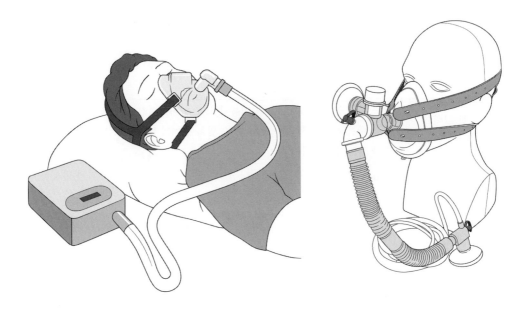

[그림 10-5]   CPAP 양압기

목표음소(보상조음으로 대치되는 음소)를 선정한 후 대상자에게 현재의 문제점을 인식시켜 음소변별이 가능하도록 지도한다. 보상조음을 제거하기 위한 성대이완 방법으로 /h/를 주로 이용한다. 먼저 /h/ 산출을 지도한 후, /h/+V 구조로 개방음절 산출하기를 연습한다.

/h/를 사용하여 단모음, 이중모음 순으로 산출한다. 이후 낮은 구강내압을 요하는 양순비음, 치조비음 순으로 모음과 연결하여 산출 훈련을 하고, 고압력 자음은 일반적으로 보상조음 위치와 거리가 먼 양순, 치조부터 시작하여 경구개, 연구개로 진행한다. 이때 대상자의 자극반응도에 따라 목표음소를 선택할 수 있다.

파열음의 보상조음 시에 파열음을 속삭이듯 길게 말하고, 이어 성문마찰음 /h/를 연장 조음한 뒤, 모음의 발성이 뒤따라오게 하는 형식을 취하며, 차츰 성문마찰음 /h/의 연장 조음 길이를 줄여 가며 완성한다(양지형, 2005).

구개열 아동들의 조음·음운과 관련된 장기목표를 다음에 서술하였다. 또한 치료목표와 중재활동을 〈표 10-5〉에서 살펴보자.

〈표 10-5〉 구개열 대상자의 치료목표와 치료활동

장기목표
1. 언어재활사는 다른 전문가들과 상호 협력한다. 2. 보상적 오류를 확인하고, 오류를 개선시킨다. 3. 구강과 비강의 분리호흡을 통해 구강음 발화에 힘쓴다.

치료목표와 중재활동	
1-1. 부모, 구개파열 팀 전문가와 협력하고 의사소통 성공을 강화한다.	① 발달 단계, 의료기록, 현재 의료 상태, 교육 상황, 다른 전문적 중재들, 의사소통 능력, 사회적 및 가족의 걱정에 대한 정보를 수집한다. ② 구개파열 팀(소아과, 성형외과, 구강악안면외과, 치과 교정전문의, 소아치과 전문의, 이비인후과의, 언어재활사, 사회복지사, 임상심리사, 청각사, 교사 등)으로부터 진행 중인 대상자의 정보를 수집한다. ③ 부모와 언어재활사, 구개파열 팀이 함께 협력한다.
2-1. 성문파열음과 인두마찰음 등의 보상조음을 소거시킨다.	① 성문파열음과 인두 마찰음의 조음점을 촉각, 청각, 시각적 신호 등을 이용하여 정확한 조음위치를 사용하도록 지도한다. ② 성문파열음과 인두마찰음의 사용에서 대상자가 그 차이를 시각화하도록 돕기 위하여 Speech Viewer 등을 사용한다.
3-1. 연인두폐쇄로 정확한 구강음을 발화하고 구강기류를 확립한다.	① 대상자가 자신의 구강과 비강 산출음을 관찰할 수 있도록 돕기 위한 시각적 도구(예: 나조메타, 바이오피드백 기술 등)를 사용한다. ② 대상자의 앞니 중앙에 빨대를 놓고 /s/ 음을 할 때 빨대를 통과하여 공기가 나가도록 요구한다.

　구개열은 여러 가지의 복합적인 문제를 수반하고 있기 때문에 팀 중재를 통한 의료적인 처치가 이루어진 후에도 많은 문제가 나타날 수 있다. 특히, 연인두 기능부전으로 인하여 과비성뿐만이 아니라 성문파열음, 인두파열음, 비강마찰음 등의 보상조음 오류와 말명료도가 저하되는 등의 조음 및 음운장애가 다양하게 발생하기도 한다. 따라서 부모교육을 통한 조기 접근과 구개열 유형에 따른 발음의 특성을 고려하여 적절한 언어치료가 이루어져야 할 것이다.

4. 청각장애

1) 개념

청각장애 아동은 청력손실로 인해 조음·음운장애가 발생할 수 있다. 청각장애를 이해하기 위해 청력손실에 대한 이해가 선행되어야 한다. 청각장애는 청력손실 정도, 청력형, 손실 시기, 손실 원인 그리고 착용 보조기에 따라 조음·음운 능력이 다르다. 따라서 이러한 변인들은 청각장애 아동의 조음치료 계획을 세우는 데 중요하게 고려되어야 한다.

최근 보장구의 발달로 보청기 및 인공와우 시술이 청각장애 아동들에게 도움이 되고 있으며, 최근에는 양이 인공와우 수술을 받은 대상자들이 늘고 있는 추세이다. 언어 발달 및 조음·음운 산출에 있어서 중요한 부분은 청력손실 시기인데, 청력손실 시기는 선천성과 후천성으로 나눌 수 있으며, 후천성은 2~5세 기준으로 언어습득 전과 언어습득 후로 구분된다.

언어치료 예후로 보았을 때, 후천성이 선천성에 비해 예후가 좋은 편이며, 언어습득 후 청력손실인 경우 언어 발달 및 조음산출에 있어서 진전도가 빠른 편이다. 또한 적절한 보장구의 사용이 언어치료에 도움이 되며, 청각장애인들은 매일의 일상생활에서 보장구의 도움이 필요하다. 따라서 언어재활사는 치료시간 도입부에 착용 보조기가 제대로 작동되고 있는지 살펴보아야 하며, Ling 6사운드 평가를 통하여 매 시간 듣기에 대한 선행을 살펴보고 치료에 임하여야 한다.

2) 특성

청각장애 아동의 말명료도와 자음과 모음의 특성을 살펴보면, 낮은 말명료도는 청력손실로 인한 분절적 및 초분절적인 차원의 문제로 발생된다. 또한 청각장애 아동의 모음산출 특성은 중립모음화 경향이 있다는 점이다. 혀가 입안의 중앙에 위치하며 다양한 모음산출 시 조금씩만 움직임으로 이러한 산출 특성이 나타난다. 상대적으로 모음삼각도 모서리에 위치하는 /a, i, u/의 경우, 고모음인 /i/는 고주파수 청력손실인 경우가 많으므로 산출에도 어려움을 가지는 경우가 많다. 청각장애인들에게 가장 편하게 산출할 수 있는 모음은 /a/이다. 상대적으로 어려운 이중모음의 경우 단모음으로 지각되는 경우들이 많다. 또한 건청아동에 비해 모음을 상대적으로 길게 산출하는 특성이 있다.

청각장애 아동의 자음산출 특성은 유성음과 무성음의 혼동이 나타나며, 다양한 자음의 생략 및 대치 현상이 있고 자음군의 자음생략이 존재한다는 점이다. 또한 과대비성이나 불안정한 강세 패턴, 왜곡된 공명과 부족한 호흡 조절을 포함하는 운율자질에도 문제가 나타난다.

청각장애 아동은 청력손실 정도에 따라 다양한 말 특성을 나타내는데 경도나 중도 청력손실을 가진 아동은 고도나 심도 청각장애 아동에 비해 일반적으로 명료하지만 정확하지 않게 들리는 왜곡 형태가 주를 이룬다. 또한 종성생략의 오류나 청력손실에 따라 들리지 않는 말소리는 대치 또는 생략되어 발화한다. 고도나 심도 청각장애 아동은 음성의 질의 문제를 동반하여 모음의 비음화 현상이 나타난다. 호흡조절에 문제가 있으며 느리며 운율상의 문제가 나타난다. 부정확한 음도, 강도, 과도한 후두 긴장 등의 초분절적 오류를 동반한다. 모음의 중립모음화, 단모음의 이중모음화, 모음의 비음화 등의 모음 특성과 다양한 자음의 발달적 및 비전형적인 오류들이 다양하게 나타난다. 주요 자음의 오류 특성으로는 종성자음의 생략, 어두어중 초성의 자음생략, 첨가, 후설음화, 부정확한 자음 등의 문제를 동반한다.

3) 치료

청각장애 아동의 조음치료에 있어서 중요한 부분은 청능훈련에 대한 전제에서 출발하며, 스스로 모니터링 및 피드백할 수 있어야 한다. 청능 수준에 따라 차이가 있겠지만 듣기만으로 적절한 보상이 이루어지지 않을 때에는 시각에 대한 노출도 고려해야 하고 독화, 수어 등의 방법 등이 병행되기도 한다.

청각장애 아동의 듣지 못하기 때문에 상대적으로 시각능력이 발달하게 된다. 따라서 초기 조음치료에서도 언어재활사의 입을 보여 주며 조음위치 및 방법에 대한 이해를 돕기도 한다. 다만, 이때 주의하여야 할 점은 시각 자극에 너무 의존하지 않도록 점차 소거시키는 방법을 도입하여 한다. 또한 조음 관련 해부 및 그림을 사용하여 적절한 조음위치 및 방법에 대한 설명을 해 줄 수 있다. 언어재활사는 청각장애 아동의 잔존청력을 고려하여 조음치료 계획을 수립하여야 한다. 또한 치료 시 자음과 모음의 음향학적 지식을 이해하고 언어학적인 맥락을 제공하여야 한다.

청각장애 아동들의 자음산출과 관련된 음성적 및 음운적 조음·음운 장기목표를 〈표 10-6〉에 서술하였다. 또한 치료목표와 중재활동을 세부적으로 살펴본다.

〈표 10-6〉 청각장애 아동의 조음·음운 치료목표와 중재활동

장기목표
1. 가시도를 고려하여 자음의 음성적 연습을 실시한다.
2. 모음을 조합하여 자음을 반복 연습한다.
3. 최소대립쌍 자질을 이용하여 음운적 연습을 실시한다.

치료목표와 중재활동	
1-1. 가시도가 높은 자음을 먼저 연습한다.	① 가시도가 높은 양순, 치조음부터 연습한 후, 경구개, 연구개음 순으로 자음의 음성적 연습을 실시한다.
2-1. 같은 모음, 다양한 모음을 조합하여 자음을 연습한다.	① /바, 바, 바/와 같이 같은 모음을 산출하여 목표음을 연습한다. ② /비, 바, 보/ 등과 같이 다른 모음을 조합한 형태에서 목표음을 연습한다.
3-1. 최소대립쌍을 이용하여 목표음을 연습한다.	① /마-바/, /사-다/ 등과 같이 조음방법 자질이 다른 쌍을 이용하여 음운적 연습을 한다. ② /바-다/, /사-하/ 등과 같이 조음위치 자질이 다른 쌍을 이용하여 음운적 연습을 한다.

청각장애 아동의 조음치료에서 잔존청력의 활용을 숙지하여야 한다. 청각장애 아동의 청력 수준에 따라 듣기 환경을 고려하여 조음치료를 계획하고, 분절 및 초분절적 요소들도 함께 살펴보아야 한다. 모음 및 자음 치료 시 음성적·음운적 치료를 함께 고려하여 다양한 조음·음운 치료법들을 활용하여 말명료도를 개선하여야 한다.

5. 다문화가정 아동

1) 개념

다문화가족이란 「다문화가족 지원법」(2020)에 의하면 「재한외국인 처우 기본법」 제2조 제3호의 결혼이민자와 「국적법」 제2조부터 제4조까지의 규정에 따라 대한민국 국적을 취득한 자와 「국적법」 제3조 및 제4조에 따라 대한민국 국적을 취득한 자와 같이 대한민국 국적을 취득한 자로 이루어진 가족의 어느 하나에 해당하는 가족을 말한다.

　2019년 12월 통계에 따르면 대한민국 내 총인구의 4.9%가 다문화가정을 이루고 있으며, 인구 전체에서 비율이 5%가 넘으면 다문화사회로 분류하는 통상 학계에 비춰볼 때 한국은 2020년부터 다문화사회로 진입할 가능성이 매우 높다. 최근 취학 전 아동 및 취학 아동들 중에도 다문화가정 아동들을 흔하게 볼 수 있으며, 한국으로 이주해 오는 여성의 비율은 증가하고 있다. 언어습득에서의 주 양육자의 영향을 고려할 때 외국인 여성의 높은 비율은 자녀에게 긍정적인 영향만을 줄 수는 없다. 또한 부모의 유학으로 인하여 외국에서 생활을 하다가 국내로 들어오는 경우도 문화적 충돌을 겪으며 자녀의 언어 발달에도 영향을 미치게 된다. 이렇게 다양한 문화적 언어장애가 발생될 가능성이 증가되며 언어치료 분야에서도 관심을 가지고 접근을 하여야 한다.

2) 특성

　다문화가정 아동의 국내외 연구를 살펴보면, 3세 6개월~3세 11개월 26명의 아동의 아동용발음평가를 실시하여 자음정확도와 음운변동 분석을 실시한 결과, 다문화가정 아동이 정상 발달 아동에 비해 자음정확도가 낮고 음운변동의 오류가 많은 것을 볼 수 있었다. 다문화가정 아동들이 가장 많이 보였던 음운변동은 대상자 중 46%가 파찰음·마찰음의 파열음화로 나타났다(류현주 외, 2008). 다문화가정 아동들의 경우 정상 발달 아동의 조음 발달 패턴과 유사하지만 초기에 오류가 많이 발생하고(황혜신, 황혜정, 2000) 단일 언어 가정과 달리 이중언어 환경에 노출되어 초기에 조음 발달이 느리게 진행되는 데에 따른 결과로 보았다(류현주 외, 2008)

　권미지(2012)는 다문화가정 아동들과 비다문화가정 아동들의 변별자질적 특성에 대해 살펴본 결과, 자음의 변별자질에서 조음위치 자질과 후두자질에 대한 선행학습이 초기 조음·음운 목표로 적당할 것으로 사료되었다. 또한 모음의 변별자질 분석 결과 혀의 위치, 방법, 입술 모양에 대한 전반적인 특성지도가 필요함을 시사하였다.

　Perez(1994)는 1개 이상의 언어를 습득하는 화자들에게 있어서 한 언어의 음운이 다른 언어의 음운에도 많은 영향을 주는 것으로 보인다고 하였다. 그 원인에 대한 설명으로는, 첫째, 각 언어의 특정 음소와 변이음이 서로 같지 않다. 둘째, 언어 간에 음소 분배의 차이가 있다(Cheng, 1993). 셋째, 언어에 따라 자음의 조음위치가 다를 수 있음을 설명하였다.

한국의 다문화가정 아동들은 주로 국제결혼 가정의 아동들이 주를 이루며, 이러한 경우, 주로 다문화 어머니의 한국어 능력이 영유아기 아동들의 언어 발달에 영향을 미칠 수 있다. 따라서 주 양육자가 어머니인 경우 그들의 언어 및 조음 특성도 살펴보아야 한다. 또한 다문화가정 아동들의 언어 환경에 영향을 미치는 다양한 변인들에 대해서도 언어재활사는 관심을 가져야 한다.

연구들을 종합적으로 살펴보면, 다문화가정 아동은 평음과 격음, 유무성의 혼란, 모음오류 등에 혼란을 보이는 경우들이 자주 보고된다. 또한 주 양육자의 언어에 따라 일본어권의 경우 받침발음에 어려움, 중국어권 경우 억양의 오류 등이 나타나며, 언어 간 간섭 등으로 인해 음운상의 문제가 자주 나타난다. 또한 발음이 부정확한 외국인 어머니의 영향으로 발음에 있어서 자음정확도 및 말명료도가 낮은 경향이 있으므로 다문화가정 아동들이 나타내는 부정확한 발음의 경우, 정확한 발음 들려주는 주변의 언어적 환경이 조성되어야 한다.

3) 치료

문화적 · 언어적으로 다양한 인구의 증가는 언어재활사가 모국어 외에 다양한 언어를 사용하는 화자들을 대할 기회가 많아진다는 것을 의미한다(Bernthal et al., 2009). 앞으로의 다문화 시대를 대비하여 언어재활사는 다양하게 언어를 사용하는 아동들을 평가하고 진단 및 치료 진행을 위해서 다양한 언어에 대한 지식과 민감성이 필요하겠다.

국내의 다문화가정 아동들에 대한 연구는 조음정확도, 음운변동, 조음 · 음운 특성에 대한 연구들이 주를 이루고 있다. 앞으로의 시대 흐름을 볼 때, 조음 · 음운 전문가는 다문화가정 아동들의 조음 · 음운평가와 중재에 있어서 정확한 진단을 시행하기 위해서는 각 언어권에 따른 조음 · 음운에 대한 특성을 숙지하고 접하여야 한다. 또한 최근에 보고되고 있는 연구들을 통하여 지속적으로 관심을 가지고 임상 현장에서 응용하여야 한다. 다문화가정 아동의 중재에 있어서는 혼합법(절충법, hybrid approach)을 통하여 여러 기법을 혼용하여 치료에 접근할 수 있다(석동일 외, 2013).

다문화가정 아동의 조음 · 음운과 관련된 장기목표를 〈표 10-7〉에 서술하였다. 또한 치료목표와 중재활동을 세부적으로 살펴본다.

〈표 10-7〉 다문화가정 아동의 조음장애 치료목표와 중재활동

장기목표
1. 오류음소에 영향을 줄 수 있는 다양한 변인과 오류음소를 파악한다.
2. 다양한 접근법을 이용하여 명료도를 향상시킨다.

치료목표와 중재활동	
1-1. 다문화가정의 다양한 변인을 조사한다.	① 다문화가정의 경우, 부모의 출신 국적, 조부모 양육, 부모의 언어능력 수준, 아동의 언어 발달 정도 등에 대한 다양한 변인에 대하여 조사한다.
1-2. 오류음소를 파악한다.	① 조음·음운 진단 검사 및 자발화 샘플 수집을 통하여, 아동의 오류음소를 파악한다. ② 오류음소의 패턴이 있는지 파악한다. ③ 오류음소에 영향을 미칠 수 있는 요인이 있는지 파악한다(부모의 발음, 언어의 교차현상 등).
2. 변별자질이 다른 음소들로 확립 훈련을 실시한다.	① 아동의 오류음소와 대조짝이 다른 음소를 정하여 변별할 수 있는지 파악한다. 변별이 되지 않을 때에는 변별 훈련부터 실시한다. ② 오류음소는 전통적 기법의 조음지시법, 음소배치법, 자극법 등을 연합하여 치료에 적절히 활용한다. 음소 촉진을 위하여 짝자극 기법 등을 병행하여 치료하는 절충법(hybrid approach)을 활용할 수 있다.

　　다문화가정 아동들의 발음에 있어서 조음정확도, 음운변동, 말명료도에 대한 전반적인 진단평가를 바탕으로 공식적인 표준화된 조음음운검사를 실시하되, 비공식 검사 및 자발발화에 대한 수집을 통해 전반적인 진단을 할 필요가 있겠다. 또한 다문화가정 아동의 조음·음운평가와 중재에 있어서 언어재활사는 각 언어권에 따른 조음·음운에 대한 특성을 정확히 인식하고 접하여야 한다. 다문화가정 아동의 조음치료는 개발되어 있는 조음·음운 기법들을 각 대상의 특성에 맞추어 하이브리드 접근법을 통하여 중재할 필요가 있다.

▶ **학습정리**

☑ 아동기 말실행증의 치료는 운동학습법을 따르며, 구강근육 음성 촉진법 등을 사용하여 말산출을 위한 운동 프로그래밍을 재수립하는 것이다.

☑ 발달성 마비말장애의 치료는 기능적 의사소통 상황에서의 명료도 산출을 높이는 치료가 바람직하며 구강-감각운동 프로그램 등을 사용하여 조음과 관련된 입술, 혀, 턱 등의 근육 훈련을 병행하기도

한다.

☑ 구조적 문제로 인한 조음장애 치료는 의료적인 처치 등을 바탕으로 팀 접근이 이루어져야 하며 보상 조음을 제거하기 위해 다양한 치료법을 활용하여야 한다.

☑ 청각장애 아동의 조음치료는 청능훈련에 대한 전제에서 출발하여야 하며 청력 수준에 따라 듣기 환경을 고려하여 분절 및 초분절적인 요소들을 함께 살펴보아야 한다.

☑ 다문화가정 아동의 조음치료는 각 언어권의 조음·음운에 대한 특성을 파악하여 하이브리드 접근법을 적용할 수 있다.

김유경

제11장 조음·음운장애 치료 사례

앞서 조음·음운장애를 진단하고 치료하기 위한 여러 지식을 배웠다. 이 장에서는 앞서 배운 지식을 기반으로 특정 사례를 통해 진단·평가를 실시하고, 치료목표를 수립하여 치료를 실행하는 과정을 보다 구체적으로 살펴보고자 한다. 조음·음운장애는 원인, 연령, 증상 등에 따라 진단·평가 내용과 치료 접근법이 다르다. 모든 사례를 음성적 치료와 음운적 치료 대상자로 이분할 수 없지만, 음성적 치료와 음운적 치료의 대표 사례로 조음·음운치료를 제공하는 언어재활사의 임상에 도움을 주고자 한다. 음성적 치료는 특정음 조음오류 아동, 경도 청각장애로 인한 조음오류 아동을 대표 사례로 제시하였으며, 음운적 치료는 지연된 음운오류 패턴을 보이는 아동을 보이는 아동을 대표 사례로 제시하였다. 이 장의 각 사례는 특정 접근법으로 치료 전략과 활동을 제시하였지만, 임상 현장에서는 대상자의 반응과 진전에 따라 음성적 치료와 음운적 치료를 병행하는 경우도 많다.

1. 음성적 치료 사례

1) 사례 1: 특정음 조음오류 아동

(1) 배경정보

이 아동은 7세 4개월 남아로 /ㄹ/의 발음오류를 주 호소로 본 기관을 방문하였다. 어머니의 보고에 따르면 아동은 출생 전후 특이 사항이 없으며, 12개월경 초어 '엄마'를 산출하였다고 한다. 아동은 발음 외 또래 아동과 차이를 보이는 발달적 문제는 없다고 한다. 아동은 자신의 발음 문제를 인식하고 있으며, 또래에게 발음으로 인해 놀림을 받은 경험이 있다고 한다. 아동은 친숙하지 않은 사람과 대화하거나 발표 상황에서 입을 작게 벌리며 자신감 없는 목소리로 말하는 모습을 보인다고 한다. 현재 아동은 초등학교 1학년에 재학 중이고, 담임교사로부터 조용한 편이며 읽기와 쓰기능력은 또래와 유사하다고 평가받았다고 한다.

(2) 관찰된 아동의 조음오류

- /ㄹ/ 외 음소는 정조음하며, /ㄹ/는 초성과 종성 모두에서 오류를 보임.
- /ㄹ/를 산출할 때 조음 기관 특히 혀를 과장되게 움직이며 왜곡오류를 보임.
- /ㄹ/의 왜곡은 혀의 설단이 치조에 닿지 않고 후설 부위가 거상되어 발음하는 산출임.

(3) 진단·평가

아동은 후기 발달 음소인 /ㄹ/만 왜곡오류를 보이며, 구어 및 문어, 인지, 운동 발달이 또래와 유사한 것으로 보고되었다. 언어 문제를 확인하기 위해 전반적인 언어 평가를 실시할 수도 있으나 부모의 보고 및 관찰에서 언어 문제가 없는 것으로 선별되면 생략할 수 있다. 단, 추후 구어 및 문어 발달에 문제가 의심스럽다면 구어 및 문어 평가를 실시할 것을 권한다. 언어평가는 REVT, 구문의미이해력, LSSC, BASA-읽기/쓰기, KOLRA 등 연령에 맞는 표준화된 검사를 사용하면 된다. 필자는 언어 문제를 선별할 수 없을 때 REVT의 표현어휘 검사를 우선적으로 실시하여 빠르게 언어 문제의 유무를 확인하는 편이다.

평가과정에서 조음오류와 관련된 기질적 문제가 확인되지 않는다면 명확한 원인을 알 수 없는 기능적 조음·음운장애일 수 있다. 이 경우 제5장에 제시된 여러 관련 요인들을 상담, 관찰, 비공식적 검사들로 살펴볼 필요가 있다. 또한 /ㄹ/ 조음치료의 필요성과 예후 판단, 치료의 시작 수준 등을 결정하기 위해 자극반응도, 문맥검사, 의사소통 태도 등의 평가가 필요하다. 이 아동에게 실시한 검사와 그 결과는 〈표 11-1〉과 같다.

〈표 11-1〉 특정음 조음오류 아동에게 실시한 진단 · 평가 검사 및 결과 요약

실시한 검사	검사 결과	목적 및 대체 검사
REVT	50~60%ile 해당되어 언어 문제없음.	☑ 언어 문제 확인 ☑ LSSC로 대체할 수 있으며 구문의미이해력검사 등 실시 가능. 읽기 · 쓰기 문제는 KOLRA, BASA 등으로 검사
SMST	구강 조음 기관의 구조에 특이사항 없음. 혀를 위로 올려 치경에 붙이기를 모방하지 못하였으나 거울을 보면서 3회 중 1회 수행함. /퍼터커/교대운동 검사는 수행하지 못함.	☑ 구강 조음 기관의 기질적 문제 선별 ☑ OSMSE로 대체할 수 있음.
KS-PAPT	자음정확도 92.6%, 유음의 자음정확도는 0%로 초성과 종성 모두에서 오류를 보임. 오류 형태는 왜곡(활음화, 혓등을 올려 설측음으로 산출 등)과 생략으로 나타남.	☑ 단어 수준 조음능력 평가 ☑ U-TAP2, APAC 등의 단어 수준 검사로 대체할 수 있음.
U-TAP2	문장 수준 검사를 실시한 결과, 개정자음정확도 97%로 나타났으나 /ㄹ/의 정조음은 나타나지 않음. 문맥검사 결과 /ㅣ, ㅡ, ㅜ/ 앞 초성에서 생략, 그 외 위치에서 왜곡오류를 보임.	☑ 문장 수준 조음능력 평가 ☑ APAC나 말샘플 분석으로 대체할 수 있음.
말명료도 검사	주의해서 들으면 대체로 이해할 수 있는 정도의 말명료도를 보임.	☑ 일상 발화에서의 조음능력 평가
자극반응도검사	초성 /ㄹ/의 자극반응도는 없음. 종성 /ㄹ/는 조음점에 대한 촉각 자극 제시 후 거울을 보여 주었을 때 느린 속도로 /ㅔ/ 뒤에서 정조음 할 수 있음.	☑ /ㄹ/의 정조음을 유도할 수 있는 자극 및 문맥 확인 ☑ 비공식 평가로 필요에 따라 검사 자극을 변경할 수 있음.
문맥검사	/ㄹ/를 CV, VC에서 따라말하기로 검사한 결과, 정조음산출 문맥 없음. /ㄴ, ㅜ, ㅏ/ 뒤 종성에서 혓몸을 거상하여 설측음을 산출하여 정조음과 유사하게 지각되나 설단을 올려 발음하지 않음.	

(4) 장 · 단기 목표

이 아동은 기능적 조음 · 음운장애로 Dodd 등(2005/2016)의 증상에 따른 분류 유형 중 '조음장애'에 해당된다. 아동은 문장 수준에서 /ㄹ/를 정확하게 산출할 수 있어야 하는 연령이며, 발음으로 인한 부정적 의사소통 태도가 보고되므로 주 2회 이상의 조음치료가 권고된다. 이 아동은 음성적 치료법이 적절하며, 잠재적 원인인 음운 조정

의 문제를 고려하여 치료과정에서 목표음의 음성학적 특성 지각능력, 조음 기관의 운동 능력, 잘못된 조음 습관 등을 확인하며 조음치료를 진행해야 한다. 음성적 치료법은 특정 하나를 선택할 수도 있지만 치료 단계에 적절하게 혼용할 수도 있다. 예를 들어, 전통적 치료법으로 무의미 음절 수준에서 치료를 시작하여, 단어 수준에서는 짝자극 기법으로, 문장 수준은 다시 전통적 치료법으로, 대화 수준은 의사소통 접근법으로 조음치료를 할 수 있다.

/ㄹ/는 발달 순서, 즉 조음운동의 난이도에 따라 설측음 치료 후 탄설음을 치료한다. 따라서 종성/ㄹ/, /ㄹ-ㄹ/연쇄, 어두초성/ㄹ/, 어중초성/ㄹ/ 순으로 수직적 목표를 수립하여 치료를 진행한다. 단, 언어학적 단위, 음운복잡성, 문맥, 목표음소의 수 등에 따라 목표음의 난이도가 다를 수 있기 때문에 이러한 요인들을 고려하여 하위의 회기 목표들을 수립한 후 치료활동을 계획해야 한다. 일반적으로 회기 목표는 회기치료 결과에 기반하여 고려할 요인들을 판단하고 위계화한다.

이 아동의 장·단기 목표는 전통적 치료법에 따라 다음과 같이 수립하였다. 제시한 단기목표는 수직적으로 수립한 것이지만 대상자에 따라 언어학적 단위가 미치는 영향은 다를 수 있기 때문에 단기목표를 수정하거나 순서를 변경해야 할 수도 있다. 그리고 회기 목표의 준거는 대상자의 반응에 따라 달라질 수 있으므로 아래 예시에 제시하지 않았다.

장기목표 1. 아동은 대화 상황에서 /ㄹ/를 정조음할 수 있다.

단기목표

1-1. 아동은 무의미 음절 따라말하기에서 어말종성 /ㄹ/를 90% 이상 정조음할 수 있다.

음절 수, 음절 구조, 선행모음, 후행자음, 음절을 구성하는 말소리 등을 조절하여 대상자의 목표음 산출에 영향을 미치는 요인들을 반영한 회기 목표를 위계적으로 계획한다. 초기 치료는 목표음의 확립을 위한 회기 목표가 수립되어야 하며 감각지각 훈련, 비구어 운동, 조음점 지시법, 문맥활용법 등을 반영할 수 있다.
예 1) VC에서 모음 /ㅏ, ㅓ, ㅔ/ 뒤의 종성 /ㄹ/ 정조음 (예 알, 얼, 엘)
예 2) CVC에서 종성 /ㄹ/ 정조음 (예 날, 널, 넬)
예 3) VVC, VCVC, CVVC에서 어말종성/ㄹ/ 정조음 (예 아알, 아날, 바알)
이상의 회기 목표는 단기목표의 하위로 설정된 것이지만 모든 무의미 음절이 단어보다 쉽다고 할 수 없다. 따라서 아동의 반응에 따라 1-1의 회기 목표와 1-2의 회기 목표 간 위계를 판단하여 치료를 계획할 필요가 있으며, 위계에 따라 한 회기에 1-1와 1-2의 목표가 함께 반영될 수도 있다.

1-2. 아동은 무의미 음절 따라말하기에서 어중종성 /ㄹ/를 90% 이상 정조음할 수 있다.

> 음절 수, 음절 구조, 선행모음, 후행자음, 음절을 구성하는 말소리 등을 조절한 회기 목표의 예는 다음과 같다.
> 예 1) 반복음절 구조에서 어중종성 /ㄹ/ 정조음 (예 엘ㅣ엘ㅣ엘)
> 예 2) (C)VCCV(C)에서 양순파열음, 치조파열음 앞의 어중종성 /ㄹ/ 정조음 (예 엘베, 올타)
> 예 3) (C)VCCV(C)에서 마찰음, 파찰음 앞의 어중종성 /ㄹ/ 정조음 (예 일씨, 알짜)
> 예 4) 3음절에서 어중종성/ㄹ/ 정조음 (예 바빌피, 바불피)
> 　무의미 음절 수준의 하위 회기 목표는 음절 구조가 복잡하면 단어 수준보다 어려울 수 있으며, 발달기 아동은 의미 있는 단어로 훈련하는 것이 보다 효율적일 수 있다. 따라서 단순한 음절 구조에서 목표음을 확립시킨 후 단어 수준으로 진행할 것을 권한다. 또한 복잡한 음절 구조의 무의미 음절산출 훈련은 자동화 훈련으로 종결 전 단계에 실시해야 할 필요도 있다.

1-3. 아동은 단어 수준에서 종성/ㄹ/를 90% 이상 정조음할 수 있다.

> 목표단어의 음운복잡성, 어휘 친숙도 등에 따라 다음과 같이 회기 목표를 수립할 수 있다. 이 단계는 목표음의 확립과 안정화를 위한 회기 목표가 수립되어야 한다. 짝자극 기법으로 이 단계의 치료를 계획한다면 예 3과 같은 회기 목표를 수립할 수도 있다.
> 예 1) 일음절 단어 및 반복음절 단어에서 /ㄹ/ 정조음 (예 알, 발, 덜덜, 뻘뻘)
> 예 2) 이음절 이상 단어에서 /ㄹ/ 정조음 (예 달다, 빨대, 발바닥)
> 예 3) 핵심단어와 훈련단어를 짝지서 산출하기에서 훈련단어의 어말종성 /ㄹ/ 정조음
> 　초기에는 무의미 음절 단계에서 훈련한 문맥이 있는 단어들을 목표로 한다. 단어를 선정할 때는 아동이 이해할 수 있는 단어로 선정하며, 명사 외 서술어, 조사나 어미로 인해 목표음이 포함된 어절 등도 적극적으로 고려한다. 또한 이 단계의 후반에는 단어의 음소배열을 바꾸어 무의미 음절로 산출 훈련을 할 수도 있다.

1-4. 아동은 /ㄹ-ㄹ/연쇄가 있는 단어에서 /ㄹ/를 90% 이상 정조음할 수 있다.

> 필요하다면 /ㄹ-ㄹ/ 연쇄가 있는 단순한 음절 구조의 무의미 음절에서 훈련한 후 단어에서 훈련한다. /ㄹ-ㄹ/ 연쇄가 포함된 단어의 음운복잡성, 어휘 친숙도 등을 고려하여 회기 목표를 수립할 수 있다. 전 단계에서 종성을 산출할 수 있으므로, 초기에는 어중초성 /ㄹ/의 확립에 중점을 둔다.
> 예 1) /ㄹ-ㄹ/ 연쇄가 있는 무의미 음절에서 /ㄹ/ 정조음 (예 알라, 일리, 울라)
> 예 2) /ㄹ-ㄹ/ 연쇄가 있는 유의미 2음절 단어에서 /ㄹ/ 정조음 (예 걸레, 얼룩, 발라, 멀리)
> 예 3) /ㄹ-ㄹ/ 연쇄가 있는 삼음절 이상의 무의미 음절이나 유의미 단어에서 /ㄹ/ 정조음 (예 애벌레, 초콜릿, 놀랐다, 덜렁이, 할래말래)

1-5. 아동은 단어 수준에서 어두초성 /ㄹ/를 90% 이상 정조음할 수 있다.

> 설측음과 탄설음은 음성학적 차이가 큰 소리지만, /ㄹ-ㄹ/ 연쇄의 어중초성으로 탄설음을 유도하여 확립할 수도 있고, 무의미 음절로 어두초성 /ㄹ/를 확립시킬 수도 있다. 아동의 자극반응도에 따라 다음의 회기 목표들을 수립할 수 있다.

예 1) /ㄹ-ㄹ/ 연쇄가 있는 무의미 음절에서 음절경계를 넣어 말할 때 어중초성 /ㄹ/ 정조음 (예 알라, 얼l라)

예 2) CV 구조에서 어두초성 /ㄹ/ 정조음 (예 라, 레, 리)

예 3) 다양한 무의미 음절에서 어두초성 /ㄹ/ 정조음 (예 랑, 렌, 랍비, 룽푸)

예 4) 단어에서 어두초성 /ㄹ/ 정조음 (예 라면, 로봇, 리본)

 어두초성 /ㄹ/가 포함된 단어는 찾기 어렵다. 따라서 무의미 음절이나 외래어, 고유명사 등을 적극적으로 고려할 필요가 있다.

1-6. 아동은 단어 수준에서 어중초성 /ㄹ/를 90% 이상 정조음할 수 있다.

 목표단어의 음운복잡성, 친숙도, /ㄹ/의 수 등에 따라 다음과 같이 회기 목표를 수립할 수 있다.

예 1) /ㄹ/가 하나인 단어에서 어중초성 /ㄹ/ 정조음 (예 머리, 놀이터, 할아버지)

예 2) /ㄹ/가 둘 이상인 단어에서 탄설음으로 실현되는 /ㄹ/ 정조음 (예 달나라, 줄다리기)

 /ㄹ/가 둘 이상 포함된 한 단어는 찾기 어렵지만, 조사나 어미로 'ㄹ'가 있는 어절을 찾는다면 보다 쉽게 찾을 수 있다. 예를 들어, 조사 '을/를'(머리를), '랑'(말이랑), '로'(빨대로), 어미 '-러'(부르러), '-려고'(읽으려고) 등이 있다. 이 단계는 단어 수준이지만 전이 활동으로써 어절 수준에서 목표음을 훈련할 수 있으며, 이러한 훈련은 언어학적 단위 일반화를 높일 수 있다.

1-7. 아동은 문장 수준에서 /ㄹ/를 90% 이상 정조음할 수 있다.

 문장의 복잡성, 친숙도, 목표음의 수 등에 따라 다음과 같이 회기 목표를 수립할 수 있다. 또한 이 단계는 문장 수준에서 /ㄹ/ 안정화 훈련이 중요하다. 안정화 훈련을 위해 다양한 말하기 상황(큰 목소리, 속삭이는 소리, 느리게 또는 빠르게 말하기 등)에서 문장을 산출할 수 있도록 계획한다.

예 1) 운반구에 목표단어를 넣어 말할 때 /ㄹ/ 정조음

예 2) 문장 따라말하기에서 /ㄹ/ 정조음

예 3) 그림 보고 문장 말하기에서 /ㄹ/ 정조음

예 4) 목소리의 크기와 질을 변화시켜 가며 문장 말하기에서 /ㄹ/ 정조음

1-8. 아동은 대화 수준에서 /ㄹ/를 90% 이상 정조음할 수 있다.

 대화 수준의 발화는 아동의 일상발화로의 일반화를 목적으로 비구조화된 상황에서 이루어진다. 따라서 치료사의 발화 유도가 중요하며, 일반적으로 다음과 같이 회기 목표를 수립할 수 있다.

예 1) 역할놀이 상황에서 /ㄹ/ 정조음

예 2) 특정 주제로 대화하기에서 /ㄹ/ 정조음

예 3) 이야기 다시말하기, 설명하기에서 /ㄹ/ 정조음

 이 단계는 아동의 표현 언어능력 내에서 조음이 연습되기 때문에 아동의 언어능력에 대한 구체적인 이해가 선행되어야 한다. 또한 이 단계는 치료 종결을 위해 아동 스스로 조음오류를 인식하고 수정할 수 있는 능력을 향상시켜야 한다. 따라서 다음의 목표 또한 필요할 수 있다.

예 4) 부적 연습 상황에서 /ㄹ/ 90% 이상 정조음

예 5) 대화 상황에서 /ㄹ/ 오류 스스로 수정하여 90% 이상 정조음

(5) 치료 활동의 예

다음은 종성 /ㄹ/의 확립과 안정화 훈련의 일부를 계획한 활동의 예이다. 제시한 치료 활동의 순서는 아동에 따라 한 회기에 제공하기 어려울 수도 있고 위계적이지 않을 수 있다. 단어 수준에서 /ㄹ/ 확립 훈련은 짝자극 기법으로 계획하였으며, 그 외 치료방법은 전통적 기법을 기반으로 계획하였다.

무의미 음절 수준, 확립: 전통적 기법 + 조음점 지시법

회기 목표 : 치료사가 청각, 시각, 촉각 자극을 제시하였을 때 'VC'에서 /ㄹ/를 90% 이상 정조음할 수 있다.

---

1. 조음 기관과 조음운동 이해하기

• 아동의 정면에 앉아 아동에게 치료사의 입과 혀가 잘 보이는지 확인한다.

• 아동에게 구개도 혹은 구강 기관을 설명할 수 있는 그림이나 모형을 제시한다.

  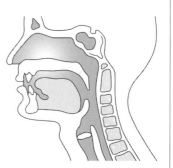

• 아동에게 치료사와 아동의 조음 기관, 그림 혹은 모형으로 입술, 혀끝, 입천장 등 조음 기관의 이름을 제시하고 이해 여부를 확인한다. 정확한 이해를 돕기 위해 그림, 영상, 설압자 등을 사용한다.

예 설압자로 혀 끝을 지적한다.

　　설압자를 댄 곳에 혀를 올려 본다.

　　치료사의 혀 운동을 보고 모형의 혀를 움직여 본다(혹은 구개도에 그림 그리기).

　　아동의 혀 운동을 보고 모형의 혀를 움직여 본다(혹은 구개도에 그림 그리기).

• /ㄹ/ 조음운동 인지시키기: 아동은 혓등을 올려 후설화하여 발음하므로, /ㄹ/을 산출하기 위한 혀의 움직임과 운동을 구체적으로 설명해 준다.

2. 'VC' 모방 산출하기

*[엘]은 사전 평가에서 자극반응도가 있는 음절임.

• 아동에게 [엘]을 제시하고 구체적인 조음방법, 조음위치를 치료사의 조음 기관 또는 구개도 등을 사용하여 설명한다.

• 아동에게 [엘]을 들려줄 때, 알파벳 L, 한글 '엘' 글자를 함께 제시한다.

• 아동에게 청·시각적으로 [엘]을 들려준 뒤 모방하게 한다.

→ 정조음: 구체적으로 아동의 조음행동(혀끝을 정확한 곳에 붙여서)과 결과('엘'을 정확하게 발음했어)를 말해 주며 사회적 강화를 제공한다(토큰강화 적용 가능). 10번 중 9번 이상 정조음할 수 있도록 활동을 반복한다. 수행력이 준거에 도달할 경우 선행 자극을 소거하고 상징이나 글자를 제시하여 산출시킨다.

→ 오조음 1차: 정확한 발음을 청각적으로 들려주고 손이나 교구로 조음점과 혀의 움직임을 시각적으로 다시 인지시키거나 조음 과정을 느리게 보여 주며 설첨이 치조에 닿는 것을 보여 준다. 필요에 따라 아동에게 거울을 제시한 뒤 [엘]을 모방하게 한다.

→ 오조음 2차: 위 선행 자극으로 정조음이 안 될 경우, 설압자로 설첨이 닿는 치조 부분에 촉각적 자극을 제시해 준 뒤 [엘]을 모방하게 한다. 이때 치조 부분에 요플레, 잼, 초코시럽 등을 묻혀 촉각 자극을 지속시키기고 아동의 협조를 높일 수 있다.

→ 반복 훈련: 선행 자극 제시로 정조음을 할 경우 점진적으로 촉구 자극의 수와 강도를 감소시켜 [엘] 모방산출 훈련을 실시한다. 자연스런 청·시각 자극 제시 상황에서 [엘]을 10번 중 9번 이상 정조음할 때까지 활동을 반복한다. 아동의 정조음에 대해서는 지속적으로 운동 과정 및 결과 피드백과 사회적 강화를 제공한다.

• 아동이 연속 5회 이상 [엘]을 정조음하면, 모음을 바꾸어 [얼, 알, 일, 을, 울, 올]을 모방하게 한다. 아동이 보다 쉽게 정조음하는 모음문맥을 우선적으로 훈련하며 10번 중 9번 이상 정조음할 수 있도록 위와 같은 방법으로 반복한다.

*아동이 반복활동에 협조하지 않을 수 있으므로, 보드게임, 토큰강화 등을 사용하여 목표행동을 유도한다.

3. 모음 바꾸어 'VC' 모방 산출하기

• 앞 활동에서 높은 정반응률을 보인 모음 문맥의 음절들을 우선적으로 선택하여 모방으로 정조음한다.

例 엘-알-얼

- 다양한 모음의 'VC' 음절을 제시하여 모방으로 정조음한다.
- 단모음의 정확도가 높아지면 이중모음을 추가한다.

> * 아동은 무의미한 음절 반복을 흥미로워 하지 않는다. 따라서 연습한 소리가 의미 있는 말소리임을 인식시켜 치료 동기를 높일 수 있다. 또한 이러한 활동은 향후 단어 수준에서 목표음을 인식하는 데 도움이 된다.

4. 유의미 단어에서 목표 음절만 산출하기

- 앞 활동에서 높은 정반응률을 보인 음절이 포함된 단어나 어절을 제시하여 목표음절의 위치를 인식시킨 뒤, 목표음절을 모방으로 정조음한다.
- '100층짜리 집' 동화책을 제시하여 엘리베이터를 타고 원하는 층으로 가 보자고 한다.

例 SLP: 여기 '엘~리베이터'가 있어. '엘리베이터'에 '엘'이 있지?

　　너 '엘'을 잘 따라 말할 수 있으니 아까처럼 선생님을 따라 '엘'을 말해 줘요.

　　따라 해 봐요. 엘~

　　아동: 엘~

　　SLP: 리베이터 타고 몇 층 갈까요?

　　아동: 100층

　　_____ (100층의 그림을 구경한다.)

　　SLP: 이제 몇 층으로 갈까요?

　　아동: 50층

　　SLP: 따라 해 봐요. 엘~

　　아동: 엘~

　　SLP: 리베이터가 5층으로 갑니다.

　　_____ (50층의 그림을 구경한다.)

- 오반응 시 선행 자극을 조절하여 정조음을 유도하며, 아동의 정조음에 대한 사회적 강화는 발화의 흐름이 깨어지지 않게 비구어적 행동(엄지 올리기)으로 한다.

> * 이 단계는 확립 단계로 아동은 /ㄹ/를 의식적으로 노력하여 산출하여야 한다. 따라서 느린 속도로 아동이 자신의 조음 기관의 움직임을 인식하며 목표산출을 하게 한다.

단어 수준, 확립: 짝자극 기법

회기 목표 : 핵심단어와 훈련단어를 짝지어 산출할 때 훈련단어의 종성/ㄹ/를 90% 이상 정조음할 수 있다.

1. 핵심단어 '벌' 산출하기

* '벌'은 이전 치료 회기에서 정반응률이 높은 단어임.

• 아동에게 꽃밭 그림을 제시한 뒤, '벌' 그림을 하나씩 제시할 때마다 [벌]을 말하게 한다.

→ 정조음: 사회적 강화를 제공하고 '벌' 그림을 꽃밭에 붙이도록 한다.

→ 오조음: 아동의 운동 오류를 모방해 주고, 조음운동을 청·시각적으로 강조하여 [벌]을 제시해 준 뒤 모방하게 한다. 점진적으로 선행 자극을 소거시킨다.

• 아동이 벌 그림을 보고 10회 중 9회 이상 [벌]을 정조음할 때까지 반복한다.

2. 핵심단어와 훈련단어 짝지어 산출하기

*훈련단어는 이름대기에서 3번 중 2번 이상 오조음하는 단어 10개로 한다.

• 치료사는 핵심단어 '벌'과 훈련단어 10개가 (오른쪽) 그림과 같이 배치된 그림판을 제시한다.

	길	발
말		활
풀	🐝	팔
칼		달
	절	실

• '벌'을 훈련단어 옆으로 이동시켜 핵심단어와 훈련단어를 짝지어 (예 벌-말) 말하게 한다. 이때 훈련단어에서 목표음을 정확하게 산출할 수 있게 핵심단어와 훈련단어의 끝소리가 청각적으로 같음을 인식시키거나, 글자의 종성 /ㄹ/에 시각적 단서(색깔, 동그라미 등)를 주어도 좋다.

• 이와 같은 방법으로 핵심단어와 훈련단어 세트를 구성하여 다른 단어들도 훈련한다.

* 이 활동은 확립 단계로 단어를 산출할 때 아동이 조음운동을 인식하며 의식적으로 목표음을 산출할 수 있도록 해야 한다.

단어 수준, 안정화: 전통적 기법

회기 목표: 2음절 단어에서 어말종성 /ㄹ/를 쉽고 빠르게 90% 이상 정조음할 수 있다.

1. 한 단어 반복 말하기

- 치료사가 제시한 단어를 연속하여 3번 빠르게 발음하게 한다.

  예 동물 동물 동물

- 20개의 단어를 제시하여 위와 같이 반복하게 하며, 아동의 협조를 유도하기 위해 활동성 강화를 사용한다(예 3번 연속 발음하면 보드게임 카드를 1장 주어 20장을 모으면 카드게임을 한다.)

- 오반응: 아동의 오조음을 알려 준 뒤 속도를 조절하여 3회 연속 정조음하게 한다.

2. 여러 단어 빠르게 말하기

- 아동에게 30개의 단어카드(그림 + 글자)를 제시한 뒤 표현 어휘를 점검한다. 아동이 표현하지 못하는 단어는 의미를 설명하고 모방시킨다.

- 아동에게 30개의 카드 중 3개를 고르게 한 뒤, 책상 가장자리에 카드를 나열하게 한다. 아동에게 빠른 박자로 카드를 명명한 뒤 카드 멀리 날리기를 하게 한다. 이때 치료사는 아동이 속도를 조절할 수 있게 손가락으로 박자를 넣어 줄 수 있다.

  예 선물, 신발, 연필

- 이와 같은 방법으로 30개의 단어를 빠르게 말하게 한다.

- 오반응: 아동의 오조음을 알려 준 뒤 속도를 조절하여 정조음하게 한다.

3. 쓰면서 단어 말하기

- 아동에게 20개의 목표단어가 배치된 종이를 제시한 뒤, 형광펜을 준다.

- 치료사가 설명하는 단어를 찾아서 형광펜으로 따라 쓰면서 말하게 한다.

  예 SLP: 옛날에 화살을 쏠 때 사용하는 무기

  아동: 활

  SLP: 찾아보자~ 여기 있네. 형광펜으로 따라 쓰면서 '활, 활……'이라고 말해 보자.

  아동: (글씨를 따라 쓰면서) 활, 활

- 이와 같은 방법으로 20개의 단어를 말하게 한다.

  → 오반응: 아동의 오조음을 알려 준 뒤 스스로의 발음을 피드백하며 정조음하게 한다.

2) 사례 2: 청각장애로 인한 조음오류 아동

(1) 배경정보

이 아동은 4세 6개월 남아로, 청각장애로 인한 말-언어 문제를 주 호소로 기관을 방문하였다. 어머니의 보고에 따르면 아동은 신생아 청각선별검사에서 진단검사가 권고되어 5개월경 ○○ 대학병원에서 청각장애를 진단받았다고 한다. 진단 후 보청기를 착용하고 1년간 청능재활을 받았으나 보청기 효과가 적다고 판단되어, 16개월경 오른쪽 귀에 인공와우 이식수술을 받았다. 현재 인공와우 착용 귀의 평균 보청청력은 40dBHL이며, 보청기 착용 중인 왼쪽 귀의 보청청력은 70dBHL이라고 한다. 아동은 신생아기에 설소대 절제술을 받았으며 그 외 조음 기관의 특이 사항은 보고되지 않았다. 아동은 친숙한 대화는 가능하나 청각 자극만으로 새로운 정보를 이해하는 데 어려움을 보인다고 한다. 아동은 문장 수준으로 구어 의사소통을 할 수 있으나, 명료도가 낮아 의사소통 깨어짐이 빈번하며 의사소통이 깨어질 때는 몸짓과 단단어로 의사소통을 재시도하는 편이라고 한다. 현재 아동은 일반 어린이집 5세반에 다니고 있으며, 담임교사의 보고에 따르면 아동은 또래 아이들과 신체활동 놀이를 즐기며 언어 외 학습활동에는 어려움을 보이지 않는다고 한다.

(2) 관찰된 아동의 조음오류

- 연구개음 /ㄱ, ㅇ/을 생략 또는 /ㄱ/는 /ㄷ/로, /ㅇ/은 /ㄴ/로 대치함.
- 치경마찰음 /ㅅ, ㅆ/, 경구개파찰음 /ㅈ, ㅊ, ㅉ/를 치경파열음으로 대치하거나 치경파열음과 유사한 소리로 왜곡함. [+소음성]을 전혀 만들어 내지 못함.
- 유음 /ㄹ/를 비음/ㄴ/로 대치 혹은 생략함.
- 발화할 때 하악을 움직이지 않아 구강을 작게 사용하여 말명료도가 낮음.

(3) 진단·평가

아동은 청력손실로 인해 다양한 음소에 오류가 있으며, 언어 발달 지연을 동반하고 있다. 아동의 조음오류는 일차적으로 청력손실에 의한 것이기 때문에 조음치료를 위해서는 청력에 대한 이해와 말지각 평가가 중요하다. 뿐만 아니라 아동은 청력손실로 언어 발달 또한 지연되기 때문에 현재의 조음오류를 청력손실만으로 해석하기 어렵다. 따라서 이 아동의 진단·평가는 말지각, 언어 그리고 조음·음운을 포괄적으로 평가해야 한다.

언어평가는 아동의 생활연령과 현재 수준을 고려한 공식 또는 비공식 도구로 하고, 말지각 평가는 KNISE-DASP(국립특수교육원, 2011)와 같은 공식이나 다른 여러 비공식 도구들로 하면 된다. 이때 조음오류와 관련된 말지각 능력은 음소의 변별 및 확인과 관련되므로 음소단위의 말지각 평가를 세밀하게 할 필요가 있다. 아동의 청력 정보는 부모를 통해 수집할 수도 있으나 전문가 간 문서화된 소통을 권하며, 기본적으로 보청 청력, 매핑 및 피팅 상태, 보조기 유형 등을 알아둘 필요가 있다. 또한 목표음의 선정, 예후 판단, 치료의 시작 수준 등을 결정하기 위해 자극반응도, 문맥검사, 의사소통 태도 등의 평가가 필요하다. 이 아동에게 실시한 검사와 그 결과는 〈표 11-2〉과 같다.

〈표 11-2〉 청각장애로 인한 조음오류 아동에게 실시한 진단 · 평가 검사 및 결과 요약

실시한 검사	검사 결과	목적 및 대체 검사
PRES	수용언어 등가연령은 36개월(1%ile 이하), 표현언어 등가연령은 30개월(1%ile 이하)로 나타남.	
REVT	수용 어휘능력 등가연령 3세 0~5개월(10~20%ile), 표현 어휘능력 등가연령 3세 6~11개월(10~20%ile)로 나타남.	☑ 언어능력 평가
언어 샘플 분석	70발화 분석 결과 MLU-m 3.2, 조사 '-이/가' 5회, '-도' 1회, '-야' 2회, 과거형 어미 '-았/었' 5회, 종결어미 '-요, -어' 총 10회 표현함.	
Ling 6음 검사	Ling의 6음 확인 100%로 나타남.	
단어 확인 검사	폐쇄형 일음절 단어 확인 100% 수행력 보임. 개방형 일음절 단어 확인 60% 수행력 보임.	
최소대립쌍 단어 변별 검사	최소대립쌍으로 단어 확인 검사 결과, 초성 /ㅅ, ㅆ, ㅈ, ㅊ, ㄸ, ㅌ/ 간, 종성 /ㄴ, ㅇ/ 간, 종성 /ㄷ, ㄱ/ 간 오류를 보이나, 두 단어의 변별은 90% 가능하였다.	☑ 말지각 능력 평가 ☑ KNISE-DASP, EARS-K, 기타 비공식 말지각 검사로 대체할 수 있음.
문장 확인 및 이해 검사	3개의 핵심단어로 구성된 문장 듣기에서 90%의 수행력을 보임. 4개의 핵심단어로 구성된 문장 듣기에서는 60% 수행력을 보임. 개방형 문장 확인검사에서 조사 및 어미 듣기 어려움.	

SMST	구강 조음 기관의 구조에 특이 사항 없음. 구강 조음 기관의 기능 검사와 교대운동검사는 수행하지 못함.	☑ 구강 조음 기관의 기질적 문제 선별 ☑ OSMSE로 대체할 수 있음.
U-TAP2	단어 수준 자음정확도 50%로 나타남. 초성 연구개음 생략 또는 전방화, 종성 연구개음 생략 또는 전방화, 파찰음과 치경마찰음의 파열음화, 유음 생략 또는 비음화 나타남.	☑ 단어 수준 조음능력 평가 ☑ KS-PAPT, APAC 등의 단어 수준 검사로 대체할 수 있음.
말명료도 검사	친숙한 주제나 대화 맥락이 충분한 경우 이해할 수 있음.	☑ 일상 발화에서의 조음능력 평가
자극반응도 및 문맥검사	연구개음, 유음, 파찰음은 자극반응도를 보이지 않음. /ㅅ/는 /ㅣ/ 앞에서 소음성을 강조해서 들려주었을 때 정조음할 수 있음.	☑ 정조음을 유도할 수 있는 자극 및 문맥 확인 ☑ 비공식 평가로 필요에 따라 검사 자극을 변경할 수 있음.

(4) 장·단기 목표

이 아동은 청각장애로 인한 기질적 조음·음운장애이며, 언어 발달 지연을 동반하고 있다. 아동은 생활연령에 비해 말지각, 언어, 조음 발달 모두 또래에 비해 지연되므로 말-언어능력 향상을 위한 청능훈련과 언어치료가 권고된다. 장·단기 목표 수립에 앞서, 아동은 여러 음소 부류에 오류가 있기 때문에 음소 발달 순서, 생활연령, 언어 능력, 말지각 능력, 말명료도의 기여도 등을 고려하여 우선적으로 목표음소를 선정해야 한다.

아동은 생활연령 및 언어연령을 고려할 때 초성 /ㄱ, ㄲ, ㅋ/는 정조음할 수 있어야 한다. 연구개음은 다른 오류음소보다 발달 순서가 빠르고 말명료도에 미치는 영향이 크다. 또한 아동은 말지각 평가에서 초성 연구개음의 확인에 어려움을 보이지 않았다. 즉, 연구개음은 말지각과 문제와 관련되지 않기 때문에 자연 발달을 기대하기 어려우므로 조음치료가 필요하다. 아동의 연구개음 오류는 생략 또는 전방화이며, 자극반응도는 없는 것으로 확인되었다. 따라서 연구개음은 음성적 치료법으로 시작하는 것이 적절하다. 단, 연구개음 생략이 사라지면서 전방화로 바뀌거나 기존 전방화 단어들의 오류가 지속될 경우에는 음운적 치료법을 고려할 필요도 있다. 한편 아동이 보이는 경구개파찰음, 치경마찰음 또한 정확한 산출이 증가되어야 하므로 지속적인 관찰이 필요하며, 이 오류음들은 말지각 문제와 관련되므로 청능훈련과 통합할 필요가 있다.

　따라서 연구개음을 목표음으로 한 장 · 단기 목표를 다음과 같이 수립하였다. 단기 목표는 전통적 치료법에 따라 수직적으로 수립한 것이지만 사례 1에서 제시한 바와 같이 대상자에 따라 하위 목표들의 위계는 다를 수 있다. 또한 아동은 연구개음 부류에 오류를 보이지만 /ㄱ/를 우선적으로 치료하면 /ㄲ, ㅋ/로 일반화가 기대될 수 있으므로, 일반화 검사 후 목표를 설정하고자 여기에는 제시하지 않았다. 필자는 훈련하는 언어학적 단위가 바뀔 때마다 /ㄲ, ㅋ/ 일반화 검사를 하고 일반화를 촉진시킬 것을 권한다.

장기목표 1. 아동은 대화 상황에서 /ㄱ/를 정조음할 수 있다.

단기목표

1-1. 아동은 무의미 음절 따라말하기에서 초성 /ㄱ/를 90% 이상 정조음할 수 있다.

> 　회기 목표는 관련 요인들을 고려하여 다음과 같이 위계적으로 계획할 수 있다. 이 단계는 확립 훈련을 중심으로 한다. 임상 현장에서는 무의미 음절의 안정화 훈련을 단어 수준에서 /ㄱ/ 확립 후에 실시하기도 한다.
> 예 1) CV에서 모음 /ㅏ, ㅣ, ㅜ/ 와 결합하여 초성 /ㄱ/ 정조음 (예 가, 기, 구)
> 예 2) CVC에서 어두초성 /ㄱ/ 정조음 (예 감, 딤, 굼)
> 예 3) 반복음절 또는 CVCV에서 초성 /ㄱ/ 정조음 (예 가가, 가나, 가다)
> 예 4) VCV에서 어중초성 /ㄱ/ 정조음 (예 아가, 어거, 우구)
> 　필자는 이 단계에서 음운 복잡성이 비슷한 의미 단어(예 아기)가 있다면 말소리의 의미를 인식시키면서 훈련을 한다.

1-2. 아동은 단어 수준에서 /ㄱ/를 90% 이상 정조음할 수 있다.

> 　회기 목표는 관련 요인들을 고려하여 다음과 같이 위계적으로 계획할 수 있다. 이 단계는 목표음의 확립과 안정화를 위한 회기 목표가 수립되어야 한다.
> 예 1) 일음절 단어에서 초성 /ㄱ/ 정조음 (예 가, 게/개, 감)
> 예 2) 이음절 이상 단어에서 어두초성 /ㄱ/ 정조음 (예 개미, 구두, 거미)
> 예 3) 이음절 이상 단어에서 어중초성 /ㄱ/ 정조음 (예 아기)
> 예 4) 초성 /ㄱ/가 두 개 이상인 단어에서 /ㄱ/ 정조음 (예 가게, 고기, 고구마)
> 　훈련 단어는 목표음소 /ㄱ/를 제외한 다른 음소들이 아동의 음소목록에 있는 것으로 가능한 선정한다. 또한 필자는 단어 수준의 안정화 단계에서 자질 일반화, 위치 일반화를 평가하여 일반화가 되었다면 /ㅇ, ㄲ, ㅋ/ 혹은 종성 /ㄱ/의 무의미 음절과 단어 수준 훈련을 병행하기도 한다.

1-3. 아동은 문장 수준에서 /ㄱ/를 90% 이상 정조음할 수 있다.

> 회기 목표는 관련 요인들을 고려하여 다음과 같이 위계적으로 계획할 수 있다. 이 단계는 문장 수준에서 /ㄱ/ 안정화 훈련이 중요하다. 단, 아동의 표현언어 능력을 고려하여 문장을 구성한다.
> 예 1) 운반구에 목표단어를 넣어 말할 때 초성 /ㄱ/ 정조음
> 예 2) 문장 따라말하기에서 초성 /ㄱ/ 정조음
> 예 3) 그림 보고 문장 말하기에서 초성 /ㄱ/ 정조음
> 예 4) 목소리의 크기와 질을 변화시켜 가며 문장 말하기에서 초성 /ㄱ/ 정조음
> 필자는 일반화 여부에 따라 이 단계에서 모든 연구개음 /ㅋ, ㄲ, ㅇ/를 목표음으로 하여 문장 수준에서 치료하기도 한다.

1-4. 아동은 구조화된 놀이 상황에서 대화할 때 /ㄱ/를 90% 이상 정조음할 수 있다.

> 아동이 일상발화 수준에서 /ㄱ/를 정조음할 수 있도록 다음과 같이 회기 목표를 계획할 수 있다. 이 단계 또한 아동의 표현언어 능력을 고려한 발화 유도가 중요하다. 아동이 다양한 문장 구성 및 사용에 어려움을 보인다면 이 단계는 언어 발달 치료와 병행하여 별도의 목표를 수립하지 않을 수도 있다.
> 예 1) 상징놀이 상황에서 /ㄱ/ 정조음
> 예 2) 역할놀이 상황에서 /ㄱ/ 정조음
> 또한 이 단계는 아동 스스로 조음오류를 인식하고 수정할 수 있는 능력을 향상시켜야 하기 때문의 다음의 목표 또한 필요할 수 있다.
> 예 3) 치료사가 /ㄱ/ 오류를 피드백하였을 때 /ㄱ/를 스스로 수정하여 정조음

청각장애 아동의 오류음 치료 방법에 대한 임상적 판단

언어발달장애를 동반한 청각장애 아동의 조음오류는 말지각 능력과 언어능력 모두에 영향을 받는다. 따라서 조음치료 방법을 선정할 때 조음오류의 주된 원인이 무엇인지를 살펴보아야 한다. 조음오류의 원인은 오류음소의 부류에 따라 다를 수도 있으므로 여러 평가 결과들을 해석하여 조음치료 방법을 판단하여야 한다. 조음오류가 말지각 문제와 관련되어 있는지에 따라 다음과 같이 조음치료 방법을 결정할 것을 권한다.

◆ 말지각 문제와 관련된 오류음의 치료 방법
첫째, 청능훈련이 필요한 경우
아동의 청능 발달이 오류음을 변별하거나 확인하는 수준까지 도달하지 못하여 나타난 조음오류라면, 우선적으로 분석적 청능훈련이 필요하다. 조음 훈련은 오류음의 음향

적 특성에 대한 청지각 능력 향상과 함께 이루어져야 효율적이다. 예를 들어, 이 아동은 /ㅅ, ㅆ, ㅈ, ㅊ, ㅌ, ㄸ/ 간 음소 변별을 어려워한다. 그러나 인공와우 이식 아동은 이러한 음소 간 변별 및 확인이 가능하다고 보고되므로 청능훈련을 통해 음소확인 능력을 향상시켜 조음오류를 소거해야 한다.

둘째, 청각 보조기 조정 및 대체 감각 자극 사용

아동이 오류음을 보청청력으로 들을 수 없기 때문이라면, 조음오류는 청각 자극만으로 온전하게 음소를 듣지 못해 필연적으로 발생한 것이다. 우선적으로는 아동의 청각 보조기가 말소리를 듣기 위해 최적의 상태인지를 확인하여 필요하다면 보조기 효과를 극대화할 수 있는 조절을 한다. 보조기가 최적화되어 있음에도 불구하고 지속적으로 오류음의 변별과 확인에 어려움을 보인다면, 청각 외 시각, 근감각 자극을 적극적으로 사용한 음성적 치료법으로 조음치료를 계획한다. 예를 들어, 고음점경형의 고도 청력손실이 있는 청각장애 아동이 치조마찰을 탐지할 수 없다면 청각 자극이 아닌 시각 자극, 근감각 자극, 촉각 자극 등으로 치조마찰음을 확립시켜야 한다.

◆ 말지각 문제와 관련되지 않는 오류음의 치료 방법

첫째, 음성적 조음치료가 적절한 경우

아동이 오류음의 변별과 확인에 어려움을 보이지 않음에도 불구하고 일관된 오조음을 보인다면, 특정 조음운동을 습득하지 못한 경우라 볼 수 있다. 이 경우 특정 말소리의 산출방법을 가르치는 음성적 조음치료를 우선적으로 한다. 단, 이를 온전히 말지각의 문제가 아니라고 볼 수는 없다. 즉, 음소 간 구별은 할 수 있지만 음향적 특징이 온전하게 들리지 않아 정확한 산출을 만들지 못할 수도 있다. 따라서 음향적 특징을 강조한 음소 듣기 훈련을 조음치료와 병행할 것을 권한다. 예를 들어, 아동이 '이/기', '모/목', '또/똥'을 정확하게 변별할 수 있음에도 불구하고 연구개음을 모두 생략한다면 음성적 치료법으로 연구개음을 확립시킨다.

둘째, 음운적 조음치료가 적절한 경우

아동의 조음오류가 발달적 음운변동들이며 표현언어 연령과 유사하다면 언어 문제와 관련되었다고 볼 수 있다. 따라서 언어 발달 치료와 맞추어 조음 및 음운 발달을 촉진시킬 수 있는 음운적 치료를 권한다.

(5) 치료 활동

다음은 무의미 음절, 단어, 문장 수준의 초성 /ㄱ/ 조음치료 활동의 예이다. 이 아동은 조음 치료뿐 아니라 청능훈련, 언어 발달 치료 모두가 요구되므로 각 회기의 치료는 20분을 넘지 않도록 계획하였다.

무의미 음절 수준, 확립

회기 목표 : 조음점 지시법으로 /ㄱ/를 유도하였을 때 80% 이상 정조음할 수 있다.

---

1. 조음점 지시법으로 /ㄱ/ 산출하기

• 아동의 정면에 앉아 치료사의 입 안이 잘 보이는지 확인한 뒤, [가]를 말해 주고 모방하게 한다.

→ 오조음 1차: /ㄱ/를 산출하기 위한 혀의 움직임과 운동을 구체적으로 설명한 뒤 산출 모델([가])을 제시하고 다시 모방시킨다. 이때 그림, 모형 등을 사용할 수 있다.

→ 오조음 2차: 청·시각 자극으로 /ㄱ/를 모방하지 못하면, 후행 모음을 바꾸어 모방하게 한다([가, 구, 기, 게] 등). 이때 연구개음을 강조하며 혀 운동을 청시각적으로 설명해 준다. 아동이 특정 모음 앞에서 /ㄱ/를 산출할 경우, 해당 모음 문맥에서 /ㄱ/를 연속적으로 정조음할 수 있도록 반복 산출시키며 조음 결과(정확하게 발음했어)와 과정(혀 뒤가 움직였어)을 피드백 해 준다.

→ 오조음 3차: 어떠한 모음 문맥에서도 /ㄱ/를 모방하지 못하면, 다음의 조음점 지시법으로 /ㄱ/를 유도한다.

> 방법 1 치료사는 아동이 고개를 뒤로 젖히게 한 후 엄지손가락으로 턱 아래 혀뿌리 쪽을 밀어 올려 주면서 [가]를 모방하게 한다. 아동의 말소리 산출에 맞추어 밀어 올린 엄지손가락을 떼어 준다. 이때 아동의 턱이 개방되도록 턱의 움직임도 함께 촉구한다.
>
> 방법 2 설압자로 아동 혀의 전설 부위를 뒤쪽으로 밀어 후설 부위가 거상되도록 한 뒤 '가'를 산출하게 한다. 아동의 말소리 산출에 맞추어 설압자를 빼 주어야 한다. 설압자를 아파하거나 거부하는 경우 숟가락이나 막대사탕을 이용하는 것도 좋고, 판매되고 있는 연구개 설압자도 편리하다.
>
> 방법 3 위 방법으로 /ㄱ/가 산출되지 않는 경우 중력의 도움을 받는다. 누운 자세 혹은 고개를 뒤로 젖힌 자세에서 '방법 2'를 실시한다.

- 앞과 같은 방법으로 다양한 자극과 단서로 /ㄱ/를 출현시킨 뒤, /ㄱ/가 정조음되는 상황을 반복하여 /ㄱ/를 정조음할 기회를 증가시킨다. 정조음 빈도가 증가하면 점차적으로 촉구를 줄여 무의미 음절 따라말하기에서 /ㄱ/를 정조음하게 한다.
- 도움이 될 수 있는 /ㄱ/ 산출 촉구 활동
  - 가글링
  - 무거운 물건을 들기 위해 힘쓰는 소리내기
  - 똥을 눌 때 힘을 주는 소리

> * 이 단계에서는 정확한 산출이 아닌 아동의 조음 노력에 강화를 제공하여야 한다. 즉, 조음 결과에 대한 피드백을 제시하되 동기 유발을 위해 아동이 목표행동을 시도 만큼 강화를 제공하여 반복 훈련을 유도한다. 반복행동을 유도할 수 있는 놀이로 퍼즐, 도미노, 총 쏘기 등이 좋다. 예를 들어, 총알을 1개씩 주고 나서 10개의 총알이 모이면 총 쏘기 놀이를 한다.
> * 무의미 음절 단계지만 의미 있는 언어와 연결하여 활동을 계획하면 보다 좋다. 예를 들어, '가'를 모방시킬 때, 아동에게 여러 동물을 한 마리씩 보여 주며 아동에게 무섭지 않으면 '집'을 가리키며 [가], 무서우면 '우리'를 가리키며 [가]라고 말하게 한다.

단어 수준, 확립

회기 목표 : 치료사가 제시한 그림 자료를 보고 20개의 단어를 말할 때 /ㄱ/를 90% 이상 정조음할 수 있다.

---

1. 그림 자료 보고 단어 말하기

- 아동에게 그림 자료를 제시하며 훈련 단어(2음절)의 표현을 확인하며 정확한 모델로 들려준다. 아동이 표현하지 못하는 단어는 이해 정도에 따라 표현을 연습하거나 단어를 교체한다.

> [훈련 단어]
>
> 가방, 가위, 가지, 감자, 개미, 거미, 거울, 거지, 고래, 고추, 공원, 교회, 구두, 구름, 구슬, 귀신, 그네, 기차, 김밥, 김치

- 아동에게 그림 자료를 하나씩 제시한 뒤, 단어를 말할 때 /ㄱ/를 정확하게 발음하도록 지시한다. 이때 아동이 정확한 발음의 의미를 이해할 수 있도록 단어에서 목표음이 포함된 음절만을 정확한 모델로 들려준다.

  예 SLP: ('개미' 그림을 보여 줌)

  '개미'지요. '개미'의 '개'에 /ㄱ/가 있어요.

  '개'를 말할 때는 지난 시간에 했던 것처럼 혀의 뒷부분만 올라가는 거예요.

  이제 말해 봅시다. 뭐지요?

  아동: 개미

  SLP: 잘 했어요.

  → 오조음: 훈련 단어에서 목표음이 포함된 음절을 모방시킨 뒤([개]), 조음 속도를 느리게 한 산출 모델([개~~미])을 제시하여 모방하게 한다. 이때 아동이 음절 경계([개|미])를 두지 않도록 지도하여야 하며, 이 과정에서 지속적으로 오조음을 보인다면 무의미 음절 단계의 치료가 더 요구된다고 할 수 있다.

- 위와 같은 방법으로 20개의 훈련단어로 최소 100회 이상의 산출 훈련을 유도한다. 초반에는 단어 내 /ㄱ/의 인식과 산출 방법을 구체적으로 제시하나 반복 훈련으로 인해 정조음이 지속되면 선행 자극을 소거시켜 이름대기에서 /ㄱ/를 정조음하게 한다. 단, 확립 단계이기 때문에 아동이 의식적으로 /ㄱ/를 산출할 수 있도록 피드백을 제공한다.

  * 이 단계에서는 단어를 말할 때 목표음소 /ㄱ/를 정확히 산출한 경우 강화를 제공해야 한다. 또한 치료사는 가능한 많은 반복적인 산출을 이끌어야 하기 때문에 아동이 선호하는 놀이 강화를 잘 선택해야 한다. 정조음한 단어 수만큼 강화물을 제공하거나, 메모리 게임, 벽돌 깨기 등과 같은 보드게임으로 단어 말하기의 흥미를 유도할 수 있다.

  * 단어를 구성하고 있는 음소들이 목표음을 제외하면 모두 정조음할 수 있는 음소로 구성하면 좋다. 그러나 이 아동은 음소목록이 제한적이기 때문에 오류음소가 없는 훈련 단어를 찾는 것이 어렵다. 따라서 훈련 단어에 현재 오류를 보이는 음소가 포함될 경우가 많은데, 이 경우 목표음 이외의 조음오류는 피드백하지 않는다.

문장 수준, 확립

회기 목표 : 치료사가 제시한 틀 문장으로 목표단어 10개를 말할 때 /ㄱ/를 90% 이상 정조음할 수 있다.

---

1. 뽑기 놀이로 문장 말하기

• 아동에게 목표단어의 그림을 보여 주고 말하게 한다. 아동이 어휘오류를 보이면 목표단어를 명명해 준 뒤 모방하게 한다. 아동이 산출한 목표단어를 뽑기 통에 넣는다.

• 아동에게 뽑기 통에서 목표단어를 하나씩 뽑은 뒤, 좋아하는 것이 나오면 목표단어를 넣어 "_____ 나 해요."라고 말하고, 싫어하는 것이 나오면 "_____ 안 해요."라고 말하게 한다.

목표단어 : 공, 김, 감, 게, 거미, 구두, 기차, 가방, 김치, 공책

틀 문장: _____ 나 해요. (좋아하는 것)

_____ 안 해요. (싫어하는 것)

예 1) 아동이 '공'을 뽑은 다음 '좋아하는 것'이라고 반응하면,

"공 나 해요."라고 말하고 아동 쪽에 있는 바구니에 넣게 한다.

예 2) 아동이 '거미'를 뽑은 다음 '싫어하는 것'이라고 반응하면,

"거미 안 해요."라고 말하고 치료사에게 주게 한다.

→ 오조음: 아동에게 목표단어를 들려주고 문장으로 다시 산출하게 한다. 일반적으로 단어 수준에서 정확하게 산출할 수 있는 단어는 문장 수준에서 속도 조절로 정조음할 수 있다. 지속적으로 오반응하거나 단어 수준에서 오조음을 보인다면 문장 수준이 적절하지 않을 수 있다.

*운반구의 길이를 길게 하거나 문장 내 목표단어의 위치, 목표단어의 조음 난이도 등으로 이 단계의 난이도를 조정할 수 있다.

*아동의 언어 발달 수준을 고려하여 조사 '-가', '-하고' 등과 같은 문법 표지의 /ㄱ/를 문장 수준에서 훈련할 필요도 있다.

예 가족 인형을 주고 마트 놀이를 한다. 마트 놀이를 할 때 "○○가 ○○하고 마트 가요.", "○○가 -사요."라고 말하게 한다.

대화 수준, 안정화

회기 목표: 놀이 상황에서 대화할 때 /ㄱ/를 연속 3회기 동안 90% 이상 정조음할 수 있다.

1. 물건 고치기 상징놀이

• 아동이 자발적으로 /ㄱ/가 포함된 단어를 문장 수준으로 말하게 유도한다.

예 아동과 함께 고장 난 물건 고치기 놀이를 한다. 여러 종류의 사물 사진 또는 그림(기차, 비행기, 장난감, 시계, 전화기, 게임기, 세탁기, 냉장고, 가스레인지, 변기)을 보여 준다. 아동과 치료사가 번갈아 가며 상상하여 고장 난 부분을 말하고 발생된 문제나 해결 방안을 말하게 한다.

예

치료사: 이 기차 고장 났어. 엔진이 과열되었나 봐. 기차 수리 전문가 불러야겠다.

아 동: 이 기차 바퀴 빠져서 고장 났어.

치료사: 이 기차를 어떻게 고치지?

아 동: 바퀴 끼워서 고치면 돼요.

2. 점토 놀이

• 아동과 함께 자유롭게 점토 놀이를 하면서 자발화를 유도한다. 단, 치료사는 놀이 과정에서 목표음소가 가능한 많이 유도되도록 놀이 활동, 대화 주제 등을 구체적으로 계획한다. 읽기가 능숙한 학령기 아동은 읽기과제로 훈련할 수도 있다. 치료사는 아동에게 대화할 때, /ㄱ/를 정확하게 말해야 한다고 설명하고 아동과 놀이를 한다.

예

치료사: 선생님과 떡볶이 만들기 요리 놀이해요. 그런데 요리하는 동안 /ㄱ/가 들어가는 말을 또박또박 정확하게 말해야 해요. 무엇부터 만들까요?

아 동: 점토로 떡을 만들어요. 길게 길게 밀어요.

치료사: 떡볶이 떡이 너무 길어요. 가위로 잘라요. 어떻게 자를까요?

아 동: 이만큼.

치료사: 너무 작아요. 이 크기로 자를까요?

*이 단계는 아동의 언어 발달 수준에 적합한 문장을 유도해야 한다. 대화가 어려운 언어 발달 수준이라면 따라말하기로 훈련한 후 문장 및 대화 산출 능력에 맞추어 목

표음소의 정조음을 지속적으로 평가하고 훈련한다.

3. 자기 모니터링 능력 향상 훈련

• 아동이 대화 상황에서 /ㄱ/를 의식적으로 정확히 조음하도록 시각적 단서를 사용할 수
도 있다. 예를 들어, 'ㄱ' 글자를 써서 아동이 잘 보이는 곳에 붙여 둘 수 있다. 점차적
으로 청·시각적 촉구를 소거시켜 아동 스스로 /ㄱ/를 정확히 조음하도록 이끈다. 아동
은 이 단계에서 자기 모니터링을 할 수 있어야 한다. 치료사는 자기 모니터링을 가르치기
위해 위계적으로 단계를 조절해야 할 필요가 있다.

　– 외부 모니터링: 청·시각 단서 제시 → 시각 단서만 제시

　　청·시각 단서: 아동이 /ㄱ/를 오조음하면 손을 들고 "○○(아동의 오조음 모방)라고
　　말했어요. 정확하게 다시 말해 볼까요."라고 피드백을 제공하여 수정하게 한다.

　　시각 단서: 아동이 /ㄱ/를 오조음하면 손을 들어 표시해 준다.

　– 내부 모니터링: 수정 → 예견

　수정: 치료사의 피드백 없이 대화 상황에서 오조음을 했을 경우 스스로 교정하게 한다.
　"이제 선생님이 표시해 주지 않아도 틀리게 말하면 반드시 고쳐서 바르게 말하세요."라
　고 말하고 아동이 이를 수행하면, 아동의 행동을 말해 주고 사회적 강화를 제공한다.
　예견: 스스로 오류를 범할 가능성이 높은 단어를 예견하여 오조음을 방지하게 한다.

4. 자동화 및 반대 연습

• 이 단계에서 /ㄱ/ 산출에 대한 자동화 연습을 할 수도 있다.

　–/ㄱ/가 포함된 다양한 무의미 음절을 빠르게 말하게 한다.

예 감 곤 갱 겁 국 곧 긍

• 반대 연습을 할 수도 있다.

　–예를 들어, 단어 수준으로 공/옹, 감/암, 구두/우두 등을 번갈아 말하게 한다.

　–예를 들어, 문장 수준으로 "공은 맞고, 옹은 아니야."라고 말하게 한다.

2. 음운적 치료 사례

1) 사례 3: 기능적 조음 · 음운장애 아동-여러 발달적 음운변동을 보이는 아동

(1) 배경정보 및 현행 수준

이 아동은 5세 남아로, 발음이 부정확하다는 것을 주 호소로 본 기관을 방문하였다. 어머니의 보고에 따르면 아동은 출생 전 · 중 · 후 특이 사항이 없으며, 아동의 신체 및 운동 발달, 인지 발달은 또래와 유사하다고 한다. 아동은 13개월경 초어를 산출하였으며 현재 3~4어문으로 표현하나 말명료도가 낮아 친숙한 사람도 아동의 말을 이해하는 데 어려움이 있다고 한다. 아동은 자신의 말을 상대방이 알아듣지 못할 때 화를 내거나 의사 전달을 포기한다고 한다. 아동은 가정 내 일상생활에서 말을 이해하는 데 어려움이 없으나, 유치원의 담임교사 보고에 따르면 교사의 언어적 지시를 이해하지 못해 다시 설명해 줘야 하는 일이 빈번하다고 한다. 또한 아동은 유치원에서 교사와 또래에게 의도적으로 말을 하지 않으려는 것 같다고 보고되었다.

(2) 관찰된 아동의 조음오류

- 어두초성에서 /ㅂ/, /ㄷ/를 정조음하지만 어중초성에서 왜곡을 보이며, 종성에서는 생략함. 음절 수준에서 종성 /ㅂ/는 청시각적 촉구에 의해 모방으로 정조음할 수 있음.
- 종성에서 /ㅁ, ㄴ, ㅇ/을 비일관적으로 생략함. 어중종성에서는 대부분 생략함.
- 어두초성에서 /ㄱ/를 정조음하기도 하나 문맥에 따라 왜곡, 대치를 보임. 종성 /ㄱ/는 생략하며 자극반응도가 없음.
- 격음 /ㅍ/, /ㅌ/, /ㅋ/는 평음 또는 경음으로 대치함.
- 치조마찰음과 경구개파찰음은 파열음으로 대치함. /ㅅ/는 /ㅣ, ㅟ/ 앞에서 정조음함.
- 유음은 치조비음으로 대치 또는 생략함.
- 아동의 주된 오류패턴은 종성생략, 유음의 초성생략, 비음화, 탈기식음화, 파열음화, 연구개음의 전방화 등으로 나타남.

(3) 진단 · 평가

아동은 조음 기관의 기질적 문제가 확인되지 않으며 생활연령보다 어린 연령대에서 보이는 여러 발달적 음운변동들을 보이고 있다. 아동의 말명료도는 매우 낮으며, 유치원 담임교사로부터 언어 이해의 어려움이 보고되었다. 현재의 조음 및 음운 오류가 아동의 언어 발달 문제와 관련될 수도 있으므로 제5장을 참고하여 여러 관련 요인들을 상담, 관찰, 직접평가로 살펴볼 필요가 있다. 또한 아동은 여러 음소를 오조음하며 여러 음소가 공통된 오류 형태를 보이는 경우가 많으므로 음운변동 분석이 필요하다. 이 아동에게 실시한 검사와 그 결과는 〈표 11-3〉과 같다.

〈표 11-3〉 여러 발달적 음운변동을 보이는 아동에게 실시한 진단 · 평가 검사 및 결과 요약

실시한 검사	검사 결과	목적 및 대체 검사
PRES	수용언어 19%ile, 표현언어 14%ile로 나타나 정상 발달로 확인됨	☑ 언어능력 평가
REVT	수용 어휘능력은 30~40%ile로 정상 발달, 표현 어휘능력은 10~20%ile로 약간 지체에 해당됨.	☑ 어휘능력 평가
SMST	구강 조음 기관의 구조에 특이 사항 없음. /퍼터커/ 일련 운동을 모방하지 못함.	☑ 구강 조음 기관의 기질적 문제 선별 ☑ OSMSE로 대체할 수 있음.
U-TAP2	단어 수준 자음정확도 54%, 모음정확도 100%로 나타남. 음운변동 분석 결과 어중종성생략 81%, 어말종성생략 67%, 유음생략 38%, 유음의 비음화 63%, 치경마찰음의 파열음화 83%, 파찰음의 파열음화 92%, 연구개음의 전방화 83%, 격음의 경음화 83%, 비달적 변동 4회 나타남.	☑ 조음 · 음운 능력 평가
말명료도 검사	대체로 이해할 수 없는 정도의 말명료도를 보임.	☑ 일상 발화에서의 조음능력 평가
자극반응도 검사	종성 /ㅁ, ㅂ/가 포함된 일음절을 청시각적으로 제시 후 모방시켰을 때 50% 정도 종성을 정조음할 수 있음.	☑ 오류음의 정조음을 유도할 수 있는 자극 확인

이 사례는 오류음소가 여러 개이며 오류음소들이 공통된 형태를 보이고 있다. 치료사는 어떤 음소 또는 어떤 오류패턴을 목표로 설정해야 할지 고민해 봐야 한다.

◆ 발달상 적절성을 고려한 목표음소 선정

아동의 생활연령 5세를 고려해 볼 때, 아동이 오류를 보이는 여러 음소들 중 /ㅅ/와 /ㄹ/는 다른 오류음에 비해 늦게 발달하는 음소이기 때문에 우선순위에서 제외한다. 그리고 여러 오류패턴들 중 보다 일찍 사라지는 오류패턴을 소거를 목표로 한 목표음소를 우선 선정한다.

◆ 말명료도를 보다 높일 수 있는 목표음소 선정

아동은 여러 음소의 오류와 높은 음운변동률로 말명료도가 낮다. 아동이 보이는 주된 오류패턴의 소거는 말명료도 향상에 많은 기여를 할 것이다. 오류 형태 중 대치보다 생략이 말명료도를 보다 낮추기 때문에, 이 아동은 어중초성생략과 종성생략을 감소시키기 위한 목표음소를 우선적으로 선정한다.

◆ 자극반응도를 고려한 목표음소 선정

아동은 말명료도가 낮으며, 대부분의 오류음은 자극반응도가 없다. 아동의 말 말명료도를 향상시키고 모방법으로 조음치료를 제공하기 위해서는 자극반응도가 있는 오류음을 우선적으로 치료하되, 오류음들의 자극반응도 향상 또한 목표로 해야 한다.

(4) 조음치료 목표 및 활동

이 아동은 기능적 조음·음운장애로 Dodd 등(2005)의 증상에 따른 분류 유형 중 '음운지연'에 해당된다. 아동이 나타내는 발달적 음운변동은 또래 기준 음운변동률 이하로 감소 또는 소거되어야 한다. 또한 아동은 발음으로 인해 부정적 의사소통 태도가 보고되므로 주 2회 이상의 조음치료가 시급히 권고된다. 이 아동은 지연된 형태의 음운 발달을 보이므로 음운적 치료가 적절하다. 음운적 치료는 수직적 접근법으로 계획할 수도 있고, 말명료도 향상을 목표로 하여 주기적 접근법으로 계획할 수도 있다. 따라서 이 아동의 조음·음운치료를 두 접근법 모두로 계획하여 각각 제시하였다.

① 주기적 접근법에 따른 조음치료

■ 당·단기 목표

이 아동은 말명료도가 낮으며, 오류음의 자극반응도 또한 거의 없으므로 전반적인 말명료도를 향상을 위해 〈표 11-4〉와 같이 주기법으로 치료를 계획하였다. 한 주기는 6주로 하였으며, 총 3개의 주기를 계획하였다. 한 주기당 3개의 음운변동을 목표로 하였으며, 매주 한 음소를 목표음소로 하였다. 주기법에 대한 보다 자세한 사항은 제9장에 제시되어 있다.

〈표 11-4〉 사례 아동의 주기법 치료 계획의 예

주기	주차	목표오류 패턴	목표음소	목표단어*
1주기	1주	어말종성생략	/ㅂ/	밥, 탑, 집, 숲, 십
	2주		/ㄷ/	옷, 붓, 밭, 셋, 못
	3주	연구개음 전방화	/ㄱ/	가, 고, 개/게, 귀, 고모
	4주		/ㄲ/	까, 꺼, 끼워, 깨워, 끌어
	5주	어중종성생략	/ㅁ/	맴맴, 삼촌, 김치, 침대, 컴퓨터
	6주		/ㄴ/	단단, 만두, 팬티, 반지, 한다
2주기	7주	어말종성생략	/ㅂ/	앞, 컵, 지갑, 손톱, 눈썹
	8주		/ㄷ/	빗, 다섯, 버섯, 씨앗, 차렷
	9주	연구개음 전방화	/ㄱ/	김, 감, 곰, 개미, 고기
	10주		/ㄲ/	껌, 꿈, 꼬리, 배꼽, 어깨
	11주	격음의 경음화	/ㅍ/	파, 아파, 푸, 포도, 패
	12주		/ㅌ/	타, 토, 티, 투, 태워
3주기	13주	어중종성생략	/ㅂ/	옆집, 밥솥, 없다, 집게, 답답(해)
	14주		/ㅁ/	남자, 냄비, 멈춰, 잠자, 심심(해)
	15주	연구개음 전방화	/ㄱ/	거미, 구두, 가다, 길다, 개다
	16주		/ㅇ/	멍멍, 형, 공, 비행기, 안녕
	17주	파찰음의 파열음화	/ㅈ/	지지, 자자, 지워, 주워, 재밌다
	18주		/ㅉ/	째, 찌찌, 짜워, 쯧쯧, 찢어

* 목표단어는 매 회기 자극력 검사로 선정한다. 즉, 다음 회기 목표단어는 이전 회기의 자극력 검사에서 자극반응도가 좋게 나타난 단어들로 선정하기 때문에 변경될 수 있다.

■ 치료 활동

한 회기는 9장에서 제시한 것처럼 Hodson과 Paden(1983; 석동일 외, 2013에서 재인용)의 제안에 따라 7단계로 계획하였다. 2주기의 7주 차(어말종성 /ㅂ/ 생략 소거)의 회기를 계획하였으며, 한 회기는 30분으로 하였다.

주기법은 오류패턴의 소거가 목표이기 때문에 아동이 목표음소를 오조음하였더라도 목표 음운변동이 나타나지 않았다면 목표를 달성한 것으로 본다. 즉, 아동이 '앞'을 [암]으로 산출하였다면 /ㅂ/를 /ㅁ/로 오조음하였지만 어말종성을 생략하지 않았으므로 목표를 달성한 것으로 본다.

1단계: 이전 회기 훈련 단어 복습

이전 회기 훈련 단어(단단, 만두, 팬티, 반지, 한다)를 산출하게 한 뒤, 어중종성을 생략하지 않으면 강화를 제공한다.

아동이 오조음하면 청·시각적 자극 제시, 조음속도를 느리게 한 모델 제시, 목표음소 위치에서 동작 단서 주기 등으로 촉구하여 훈련 단어를 모방시킨다.

2단계: 집중적인 청각 자극 제시

아동에게 구슬 끼우기 장난감을 제공한 뒤, 구슬을 끼우면서 치료사의 말을 들을 것을 지시한다. 치료사는 아동에게 회기의 목표에 맞는 12단어(입, 옆, 녘, 톱, 답, 겁, 칩, 합, 삽, 장갑, 눈곱, 발톱)를 1~2분 동안 청각적으로 제시한다.

3단계: 목표단어 산출 연습하기

- 목표단어: 앞[압], 컵[컵], 지갑[지갑], 손톱[손톱], 눈썹[눈썹]
- 목표단어를 나타내는 그림카드를 하나씩 제시해 준 뒤 목표단어를 듣고 카드를 찾게 한다. 카드를 찾으면 명명하거나 모방하게 한다.

4단계: 경험 놀이를 이용한 발음 연습

- 아동과 가위바위보를 하면서 발자국을 따라 이긴 사람이 한 발자국씩 앞으로 이동하기 놀이를 한다. 이동할 때마다 [압]을 말하게 한다.
- 아동과 컵 쌓기를 하면서 [컵]을 말하면서 컵을 쌓게 한다. 컵이 높이 쌓일수록 '컵'을 산출하는 횟수를 증가시킨다.
- 레고 집 꾸미기 블록들이 담긴 5개의 상자에 목표단어들을 올려두고 아동에게 목표단어(앞, 컵, 지갑, 손톱, 눈썹)를 산출하게 한다. 아동이 어말종성을 생략하지 않고 산출하면 블록을 가져가서 집 만들기 재료를 수집하게 한다.
- 아동과 함께 목표단어를 나타내는 그림을 메모지에 그리면서 산출 훈련을 한다. 메모지를 4등분으로 찢은 후 입 큰 개구리 인형에게 나눈 종잇 조각을 먹이면서 목표단어를 산출하게 한다.
* 훈련 동안 아동이 목표음소를 오조음하면 청·시각적 자극 제시, 조음 속도를 느리게 한 모델 제시, 목표음소 위치에서 동작 단서 주기 등으로 촉구하여 훈련 단어의 어말종성을 생략하지 않게 한다.

5단계: 자극력 검사

다음 회기의 목표단어를 선정하기 위해 자극력 검사를 실시한다.

아동의 어휘력, 음소목록, 모방력, 그리고 음소의 조음·음운적 특성 등을 고려하여 아동이 상대적으로 자극반응도가 있을 것으로 기대되는 단어를 5개 이상 제시하여 검사한다.

예 맛, 빗, 숯, 닻, 다섯, 버섯, 씨앗, 차렷

자극반응도가 있는 단어 5개를 다음 회기 목표단어로 선정한다.

6단계: 집중적인 청각적인 자극

2단계 활동을 반복한다. 이때 구슬 끼우기 외 종이접기, 그림 색칠하기, 스티커 붙이기 등 정적인 놀이를 아동에게 선택하게 하여 놀이를 변경할 수 있다.

7단계: 가정 프로그램

보호자가 가정에서 매일 2단계의 단어목록들을 아동에게 들려주고, 이번 회기에 산출 연습한 단어들을 그림 보고 명명하기로 연습할 것을 안내한다.

② 수직적 접근법에 따른 조음치료

■ 장·단기 목표

이 아동의 장·단기 목표는 음운변동 접근법에 따라 다음과 같이 수립하였다. 아동이 보이는 여러 발달적 오류패턴 중 음운변동률이 높으며, 보다 초기에 사라지는 음운변동인 종성생략을 목표로 하였다. 목표음소는 초성에서 정조음되지만 종성에서 정확도가 낮은 음소인 /ㅂ/로 하였다. 다른 오류음소 또한 치료가 요구되지만, /ㅂ/를 목표음소로 한 장·단기 목표만을 제시하였다. 음운변동 접근법은 동일한 오류패턴을 보였던 다른 음소의 정조음을 증가시킬 수 있다. 따라서 치료를 진행하는 동안 종성 생략으로 오조음된 음소들의 정조음 또한 면밀하게 살펴봐야 한다.

장기목표 1. 아동은 대화 상황에서 종성/ㅂ/를 정조음할 수 있다.

단기목표

1-1. 아동은 단어짝을 따라 말할 때 종성 /ㅂ/가 포함된 단어를 90% 이상 정조음할 수 있다.

이 단계는 확립 훈련을 중심으로 하며, 유의미 단어짝으로 구성된 최소 대립쌍으로 훈련을 계획한다. 필자는 유의미 단어로 최소 대립쌍을 찾는 것이 어려울 때 무의미 단어짝으로도 산출 훈련을 한다.

📵 1) 일음절 단어짝에서 종성 /ㅂ/ 정조음 (📵 앞/아, 입/이, 넵/네, 탑/타, 집/지)
📵 2) 다음절 단어짝에서 어말종성 /ㅂ/ 정조음 (📵 시합/시하, 손톱/손토, 발톱/발토, 눈썹/눈써)
📵 3) 다음절 단어짝에서 어중종성 /ㅂ/ 정조음 (📵 잡다/자다, 맵다/메다, 입다/이다)

1-2. 아동은 시각 자극을 보고 단어짝을 말할 때 종성/ㅂ/가 포함된 단어를 90% 이상 정조음할 수 있다.

1-1의 '📵 2'가 이 단계의 '📵 1'보다 어려울 수도 있다. 이 경우 1-1, 1-2를 통합하여 목표를 변경할 것을 제안한다. 이 단계는 목표음의 안정화 훈련을 중심으로 한다.

📵 1) 일음절 단어짝에서 종성 /ㅂ/ 정조음 (📵 앞, 입, 넵, 탑, 집)

예 2) 다음절 단어짝에서 어말종성 /ㅂ/ 정조음 (예 시합, 손톱, 발톱, 눈썹)
예 3) 다음절 단어짝에서 어중종성 /ㅂ/ 정조음 (예 잡다, 맵다, 입다, 없다)

1-3. 아동은 치료사가 제시한 단어짝을 문장에 넣어 말할 때 종성/ㅂ/가 포함된 단어를 90% 이상 정조음
할 수 있다.

이 단계는 구와 문장 수준에서 목표음의 안정화 훈련을 중심으로 한다. 문장은 아동의 표현언어 능력을 고려
하여 구성해야 한다. 필자는 유의미 대조짝이 적은 경우에는 목표음소가 포함된 단어로만 산출 훈련을 한다.

예 1) 운반구에 목표단어를 넣어 말할 때 종성 /ㅂ/ 정조음
예 2) 문장 따라말하기에서 종성 /ㅂ/ 정조음
예 3) 그림 보고 문장 말하기에서 종성 /ㅂ/ 정조음
예 4) 목소리의 크기와 질을 변화시켜 가며 문장 말하기에서 종성 /ㅂ/ 정조음

1-4. 아동은 구조화된 놀이 상황에서 종성 /ㅂ/가 포함된 단어를 90% 이상 정조음할 수 있다.

아동이 일상발화 수준에서 종성 /ㅂ/를 정조음할 수 있도록 다음과 같이 회기 목표를 계획할 수 있다.
이 단계 또한 아동의 표현언어 능력을 고려한 발화 유도가 중요하다.

예 1) 상징놀이 상황에서 /ㅂ/ 정조음
예 2) 역할놀이 상황에서 /ㅂ/ 정조음

또한 이 단계는 다른 음소의 종성생략을 확인하여 다른 목표음소로 종성생략을 훈련할 수도 있다.

■ **치료 활동**

다음은 위 치료목표 중 종성/ㅂ/의 확립과 안정화 훈련의 일부 활동을 계획한 예이
다. 음운적 치료법 또한 음성적 치료법과 동일하게 아동의 협조를 위해 놀이를 반영
하여야 하며, 필요하다면 목표음소의 유도를 위해 무의미 음절 수준에서 훈련하거나
조음점 지시법을 할 수 있다. 단, 음운적 치료법은 확립 단계에서 대조짝 훈련이 계획
되어야 한다. 활동성 강화는 아동마다 다르며, 앞서 음성적 치료법에서도 제시하였으
므로 여기에는 훈련 자극을 중심으로 제시하였다.

단어 수준, 확립: 대조짝 변별 및 모방 산출
1-1. 아동은 단어짝을 따라 말할 때 종성/ㅂ/가 포함된 단어를 90% 이상 정조음할 수 있다.

1. 목표단어 친숙화 및 청지각 훈련
• 이 단계는 첫 세션에 실시하는 것이 좋으며, 필요하지 않는 경우는 생략한다.

- 친숙화: 목표단어에 해당하는 시각 자극(그림 카드)을 제시하면서 의미를 설명해 준다.
  - 예 앞-아: '앞'(눈에서 정면을 향하는 화살표 그림)은 똑바로 보이는 쪽이야.
    - '아'(입을 벌리며 손가락으로 입을 가리키는 그림)는 먹고 싶을 때 하는 소리야.
- 각 목표단어에 해당하는 그림 카드를 보여 주며 단어의 발음을 들려준다. 이때 대조짝 단어를 번갈아 가며 들려주며 종성/ㅂ/의 유무를 말해 준다. 청각적 변별이 어려울 경우 시각적으로 입 모양의 폐쇄를 강조하여 보여 주며 종성/ㅂ/의 유무를 인식시킨다.
  - 예 입/이: '입'은 끝에 [읍] 소리가 있어요. 입술을 꽉 다물고 끝나요.
    - '이'는 끝에 소리가 없어요. 입술을 다물지 않아요.
- 청지각: 대조짝의 그림 카드를 한 쌍씩 제시해 주고 한 단어를 들려주고 찾게 한다.
  - 예 앞 / 아 - [압]을 청각적으로 들려준다.
  - → 정반응: 아동이 바르게 카드를 찾으면 "잘했어요. '앞'에는 끝에 [pˀ(읍)] 소리가 있어요."라고 말해 준다. 연속하여 5회 이상 정반응할 때까지 반복한다.
  - → 오반응: 단어쌍을 한 번 더 들려준 뒤, 청·시각적 자극을 제시하여 들은 단어를 찾게 한다. 지속적으로 오반응하면 단어쌍을 제시할 때 동작 단서를 함께 제시해 주면서 들을 단어를 찾게 한다.

2. 대조짝 단어 따라말하기

- 5쌍의 대조짝 단어들의 그림 카드를 제시해 주며 모방하여 정조음하게 한다.
  - 예 목표단어: 앞-아, 입-이, 넵-네, 탑-타, 집-지
  - → 정반응: 사회적 강화와 함께 끝소리의 산출이 정확하였음을 피드백해 준다.
  - → 오반응: 아동이 종성 /ㅂ/가 포함된 단어를 모방하는 데 어려움을 보인다면 조음점 지시법을 사용하여 정확한 산출을 유도한다. 촉구의 양과 강도를 점진적으로 감소시켜 청각 자극만으로 정조음하게 한다.

단어 수준, 안정화

1-2. 아동은 시각 자극을 보고 단어짝을 말할 때 종성/ㅂ/가 포함된 단어를 90% 이상 정조음할 수 있다.

1. 그림카드 보고 단어 말하기

- 5쌍의 대조짝 단어들의 그림 카드를 한 쌍씩 보여 주면서 "뭐지요?" 혹은 "뭐해요?"라고 질문하여 목표단어를 자발적으로 산출하게 한다.

  예 앞-아, 입-이, 넵-네, 탑-타, 집-지

  → 정반응: 사회적 강화와 함께 끝소리의 산출이 정확하였음을 피드백해 준다. 반복횟수 증가, 산출속도 증가, 음성 강도 변화, 음도 변화 등을 통해 다양한 상황에서 대조짝을 산출하게 한다.

  → 오반응: 오조음 시 조음속도를 조절하고 조음에 대한 피드백을 제시한 후 재시도를 요구한다.

- * 다른 세트의 대조짝 단어들을 사용하여 적어도 50번의 연속된 시도에서 90% 이상 정조음할 때까지 연습한다.

문장 수준, 확립

1-3. 아동은 치료사가 제시한 단어짝을 문장에 넣어 말할 때 종성/ㅂ/가 포함된 단어를 90% 이상 정조음할 수 있다.

---

1. 문장으로 말해요

- 한 쌍의 대조짝 단어들의 그림 카드를 조작하여 문장 수준에서 목표단어들을 조음하게 한다. 아동이 문장 수준으로 산출할 수 있게 운반 문장을 글자 또는 그림 단서로 제시해 준 뒤, 모델을 보여 준다.

  예 운반 문장: _____ 아니고, _____ 이에요.

  입-이 → __입__ 아니고, __이__ 이에요.

- 다른 대조짝 단어들의 산출 문장

  예

  '아' 쪽으로 가지 말고 '앞' 쪽으로 가세요. / 이것은 '아'가 아니고 '앞'이에요.

  '납' 담지 말고 '나' 담으세요. / 이것은 '나'가 아니고 '납'이에요.

  '탑' 붙이지 말고 '타' 붙이세요. / 이것은 '탑'이 아니고 '타'이에요.

  '잡다' 하지 말고, '자다' 하세요. / 이것은 '자다'가 아니고 '잡다'이에요.

  '맵다' 하지 말고, '매다' 하세요. / 이것은 '매다'가 아니고 '맵다'이에요.

* 문장 수준에서는 조사로 인해 종성이 연음되는 것에 주의해야 한다. 연음되지 않게 음절 경계를 만들어 준다.

문장 수준, 안정화

1-4. 아동은 구조화된 놀이 상황에서 종성 /ㅂ/가 포함된 단어를 90% 이상 정조음할 수 있다.

---

1. 마술 놀이

* 구조화된 놀이 상황에서 문장 수준에서 조음 훈련을 할 때는 자연스럽게 대조짝을 유도하는 데 어려움이 있을 수 있으며, 아동에게 더 이상 대조짝 산출 훈련이 필요 없을 수도 있으므로 이 단계는 음성적 접근법과 유사하게 계획할 수 있다.

• 종성 /ㅂ/가 포함된 단어를 놀이 상황에 맞게 문장 수준에서 조음하게 한다.

　예 밥, 탑, 톱, 컵, 십, 압정, 앞치마, 밥솥, 접시, 지갑, 십자가

• 마술 놀이를 한다. 마술 놀이를 하면서 아동이 자신의 행동에 대해 말로 표현한다. "'십'을 '컵'에 담습니다. 수리수리마수리 변해라 '얍!', '십'이 '십자가'로 변했습니다."

→ 오반응: 아동의 산출을 모방하여 들려준 뒤 다시 목표단어를 조음하게 한다.

▶ 학습정리

☑ 조음·음운장애 치료법은 크게 음성적 치료법과 음운적 치료법으로 구분할 수 있다. 대상자에게 적절한 조음·음운장애 치료법의 선택은 조음·음운 능력뿐 아니라 관련 요인들에 대한 면밀한 조사와 평가에 근거하여 이루어져야 한다.

☑ 원인이 분명하지 않은 기능적 조음·음운장애는 증상에 따라 적절한 치료방법을 선택해야 한다. 대상자가 보이는 조음·음운의 오류 형태, 심한 정도, 기타 관련 특성에 따라 하위 유형을 감별하고 가장 효율적인 치료법을 선택하고 치료의 시작점을 정해야 한다.

☑ 이론적으로 음성적 치료법과 음운적 치료법으로 구분되지만, 대상자는 복합적인 증상을 보일 수 있으며, 진전 정도에 따라, 대상자의 특성에 따라 하나의 치료법으로만 조음·음운치료가 어려울 수 있다. 또한 현재까지 효과가 입증된 여러 치료법들을 적절한 단계에 적용하여 치료를 계획함으로써 보

다 효과적인 치료를 제공할 수도 있다.

☑ 이 장에서는 조음·음운치료 목표 설정과 활동 계획의 예를 하나의 목표음소만으로 제시하였다. 그러나 치료 과정 중에는 일반화 평가로 치료하지 않은 오류음소의 변화를 놓치지 않아야 하며, 필요하다면 일반화 촉진 활동을 통해 조음·음운치료의 효과를 극대화할 필요가 있다. 또한 현장에서는 수직적 접근으로 치료를 진행하더라도 목표음소의 언어학적 수준을 다르게 하여 대상자가 혼란을 보이지 않는다면 한 세션에 두 개 이상의 목표음소를 치료하기도 한다.

참고문헌

강옥미(2003). 한국어 음운론. 경기: 태학사.

고은(2017). 청각장애아 교육. 서울: 학지사.

국립국어원(2017). 표준어 규정: 문화체육관광부 고시 제2017-13호(2017. 3. 28.). https://kornorms.korean.go.kr

권도하, 신명선, 김효정, 박은실, 장현진, 신혜정, 황하정, 김수형, 이무경, 황보명, 박상희, 강은희, 손은남, 김영은, 이명순, 이옥분, 김선희, 황영진, 황상심(2014). 언어치료 임상방법. 경북: 물과길.

권도하, 신후남, 이무경, 전희숙, 김시영, 유재연, 신명선, 황보명, 박선희, 신혜정, 안종복, 남현욱, 박상희, 김효정(2009). 언어치료학개론. 경북: 한국언어치료연구소.

권도하, 이명순, 신후남, 신혜정, 정분선, 전희숙, 김효정, 고영옥, 곽미영, 최선영, 황하정(2011). 언어발달. 서울: 박학사.

권미선, 김정완, 이현정(2013). 말운동장애. 서울: 박학사.

권미지(2012). 다문화가정 아동의 조음음운 특성-변별자질 분석을 중심으로-. 언어치료연구, 21(3), 23-36.

김동일(2011). 기초학습기능 수행평가체제: 초기문해(BASA: EL). 서울: 학지사.

김민정(2021). 임상중심 말소리장애. 서울: 학지사.

김민정, 배소영(2005). '아동용 조음검사'를 이용한 연령별 자음정확도와 우리말 자음의 습득연령. *Korean Journal of Speech Sciences, 12*(2), 139-149.

김민정, 배소영, 박창일(2007). 아동용 발음평가(Assessment of Phonology & Articulation for Children: APAC). 서울: 휴브알엔씨.

김선정, 김영태(2006). 음운생략과제를 통한 5~6세 아동의 음운인식 발달 및 음운처리 능력과의 상관도 연구. 언어청각장애연구, 11(3), 16-28.

김수진(2014). 자발화에 나타나는 발달적 음운오류패턴. *Communication Sciences & Disorders, 19*(3), 361-370.

김수진(2016). 말소리장애 선별검사 개발 및 6세 아동의 출현율 조사. Communication Sciences & Disorders, *21*(4), 580-589.

김수진, 신지영(2020). 말소리장애(2판). 서울: 시그마프레스.

김수진, 한진순, 장선아, 박상희(2012). 아동의 조음음운장애치료. Ruscello, D. (2008). *Treating Articulation and phonological disorders in children*. 서울: 박학사.

김애화(2007). 국내 음운인식 검사도구 개발을 위한 선행 검사도구 분석. 특수교육저널: 이론과 실천, 8(2), 139-167.

김애화(2012). 음운 인식 특성 연구: 음운 인식 단위, 과제 유형, 음절 및 음소 위치 효과를 중심으로, 9(2), 93-111.

김영태(1996). 그림자음검사를 이용한 취학전 아동의 자음정확도 연구. *Communication Science & Disorders, 1*(1), 7-34.

김영태, 성태제, 이윤경(2003). 취학전 아동의 수용언어 및 표현언어 발달 척도(Preschool Receptive-Expressive Language Scale: PRES). 서울: 서울장애인종합복지관.

김영태, 신문자(2004). 우리말 조음음운평가(Urimal Test of Articulation and Phonology: U-TAP). 서울: 학지사.

김영태, 신문자, 김수진(2014). 우리말 조음음운평가(U-TAP)(수정 · 보완판). 서울: 학지사.

김영태, 신문자, 김수진, 하지완(2020). 우리말 조음음운검사2(Urimal Test of Articulation and Phonology2: U-TAP2). 서울: 학지사.

김영태, 심현섭, 김수진 공역(2012). 조음 · 음운 장애: 아동의 말소리 장애(제6판). Bernthal, Bankson, & Flipsen (2009). *Articulation and Phonological Disorders* (6th ed.). 서울: 박학사.

김영태, 홍경훈, 김경희, 장혜성, 이주연(2009). 수용 · 표현 어휘력 검사(Receptive and Expressive Vocabulary Test: REVT). 서울: 서울장애인종합복지관.

김유경, 석동일(2006). 언어병리학적 측면에서 음운인식의 본질적 특성 고찰. 언어치료연구, 15(2), 17-43.

김은영, 김효림, 송현주, 전영미, 최영은(2012). 한국 영아의 영어 음소 /l/-/r/ 변별에 대한 ERP 연구. 언어과학, 19(1), 47-67.

김정리(2003). 현대사회의 인간관계론. 경기: 학문사.

김향희(2012). 신경언어장애. 서울: 시그마프레스.

김희윤, 하승희(2016). 24-36개월 아동의 조음 변이성 연구. *Communication Sciences & Disorders, 21*(2), 333-342.

류현주, 김향희, 김화수, 신지철(2008). 다문화가정 아동의 조음능력 및 음운변동 특성. 음성과학, 15(3), 133-144.

문희원(2012). 12-24개월 구개열 영유아와 일반 영유아의 음운발달 비교. 한림대학교 언어청각학과 언어병리학전공 석사학위논문.

박상희(2011). 학령 전 아동의 이중모음 산출 특성 연구. 언어치료연구, 20(3), 1-16.

박상희, 석동일, 정옥란(2002). 청각장애아동의 음운인식능력에 대한 연구. 음성과학, 9(2), 193-202.

박향아(2000). 아동의 음운인식 발달. 아동학회지, 21(1), 35-44.

박현(2010). 단어단위 분석에 의한 2-4세 아동의 조음음운 특성 연구. 대구대학교 대학원 박사학위논문.

박혜성(2016). 조음장애 아동과 마비말장애의 치료 및 지도서를 위한 실용지침서. 서울: 군자출판사.

배소영, 임선숙, 이지희, 장혜성(2004). 구문의미 이해력 검사. 서울: 서울장애인종합복지관.

백은아, 노동우, 석동일(2001). 3-6세 아동의 상위음운능력 발달 연구. 음성과학, 8(3), 225-234.

석동일(2008). 기능적 조음음운장애 치료를 위한 하이브리드 접근 모형 개발. 언어치료연구, 17(3), 53-69.

석동일(2009). 하이브리드 접근법에 의한 조음음운장애치료 효과. 언어치료연구, 18(1), 73-87.

석동일, 권미지, 김유경, 박상희, 박현, 박희정, 신혜정, 이은경(2013). 조음음운장애 치료(제4개정판). 대구: 대구대학교 출판부.

석동일, 박상희, 신혜정, 박희정(2008). 한국어 표준 그림 조음음운 검사(The Korean Standard Picture of Articulation & Phonological Test: KS-PAPT). 서울: 학지사.

석동일, 이상희, 이무경, 유재연, 박상희, 최영화(2000). 음운장애치료. 대구: 대구대학교 출판부.

송영준, 이효자, 장현숙(2011). 국립특수교육원 말지각 발달 검사 도구(KNISE-DASP). 경기: 교육과학사.

신문자, 김재옥, 이수복, 이소연(2010). 조음기관 구조기능 선별검사(Speech Mechanism Screening Test: SMST). 서울: 학지사.

신지영(2005a). 3세~8세 아동의 자유 발화 분석을 바탕으로 한 한국어 말소리의 빈도 관련 정보. 한국어학회, 27, 163-200.

신지영(2005b). 한국어 음소의 전이 빈도. 한국어학, 28, 81-109.

신지영(2008). 성인 자유 발화 자료 분석을 바탕으로 한 한국어의 음소 및 음절 관련 빈도. 한국언어청각임상학회, 13(2), 193-215.

신지영(2014). 말소리의 이해. 서울: 한국문화사.

신지영(2016). 한국어의 말소리(개정판). 서울: 박이정.

신지영, 장향실, 장혜진, 박지연(2015). 한국어 발음 교육의 이론과 실제. 서울: 한글파크.

신지영, 차재은(2003). 우리말 소리의 체계: 국어 음운론 연구의 기초를 위하여. 서울: 한국문화사.

양지형(2005). 다학문적 접근법의 구개열 말-언어 관리. 대한구순구개열학회지, 8(2), 95-105.

원민주(2015). 말소리 장애 아동과 일반 아동의 종성 지각력 연구. 한림대학교 대학원 석사학위논문.

유필재(2005). 음운론 연구와 음성전사. 울산: 울산대학교 출판부.

윤미선, 김수진, 김정미(2013). 자발화 문맥에서의 단어단위 음운평가. 언어치료연구, 22(4), 69-85.

이성은, 김향희, 심현섭, 남정모, 최재영, 박은숙(2010). 청각장애 성인의 청지각적 말 평가: 초분절적 요소, 말명료도, 말 용인도를 중심으로. 언어청각장애연구, 15(4), 477-493.

이숙, 김화수(2013). 음운인식 검사도구 개발을 위한 국내 음운인식 연구에 관한 문헌 분석(2001-2012년). 유아특수교육연구, 13(2), 127-153.

이은경, 김지채(2015). 마비말장애 화자의 말명료도와 말용인도 평가를 위한 청자 집단 간 청지각 능력 비교. 언어치료연구, 24(4), 287-296.

이진호(2008). 국어 음운론 강의. 서울: 삼경문화사.

이진호(2021). 국어 음운론 강의(개정증보판). 서울: 집문당.

이호영(2001). 국어음성학. 서울: 태학사.

정승화(1999). 최소단어짝 훈련이 청각장애 아동의 치조음의 조음개선에 미치는 효과. 대구대학교 대학원 석사학위논문.

표화영, 한진순(2016). 구개열 및 두개안면 기형. 서울: 박학사.

하승희, 김민정, 피민경(2019). 일음절 낱말 과제에서 살펴본 한국 아동의 자음정확도와 습득연령. *Communication Sciences and Disorders, 24*(2), 460-468.

하승희, 설아영, 배소영(2014). 일반 영유아의 초기 발성 발달 연구. 말소리와 음성과학, 6(4), 161-169.

하승희, 설아영, 소정민, 배소영(2016). 자발화 분석을 통한 만 2세 한국아동의 말-언어발달 특성. *Communication Sciences and Disorders, 6*(4), 161-169.

하승희, 황진경(2013). 18~47개월 아동의 자발화 분석에 기초한 말소리 측정치에 관한 연구. *Communication Sciences and Disorders, 18*(4), 425-434.

한지혜(2005). 정상아동과 인공와우이식아동의 음운변동 비교. 연세대학교 대학원 석사학위논문.

한진순, 심현섭(2008). 구개열 아동과 일반 아동 및 기능적 조음장애 아동의 자음정확도, 말명료도 및 말 용인도 비교. 언어청각장애연구, 13(3), 454-476.

한진순, 표화영(2010). 구개열 및 두개안면 기형. 서울: 시그마프레스.

홍성인(2001). 한국아동의 음운인식 발달. 연세대학교 대학원 석사학위논문.

황진경, 하승희(2012). 2세 후반~4세 아동의 조음 변이성 연구. 언어청각장애연구, 17(3), 403-413.

황혜신, 황혜정(2000). 이중언어를 하는 아동의 언어능력발달에 관한 연구. 아동학회 21, 69-79.

Aase, D., Horve, C., Krause, K., Schelfhout, S., Smith, J., & Carpenter, L. J. (2000). *Contextual Test of Articulation.* Eau Claire, Wis: Thinking Publications.

American Speech-Language-Hearing Association. (2007). Childhood apraxia of speech[position statement]. Retrieved from www.asha.org/policy.

ASHA (2007). Childhood Apraxia of Speech[technical report] American Speech Language Hearing Association; Available from www.asha.org/policy.

ASHA (2007). https://www.asha.org/practice-portal/clinical-topics/articulation-and-phonology/#collapse_5

ASHA (2013). Childhood Apraxia of Speech, American Speech Langugae Hearing Association; Available from www.asha.org/policy.

Baudonck, N. L. H., Buekers, R., Gillebert, S., & Van Lierde, K. M. (2009). Speech intelligibility of Flemish children as judged by their parents. *Folia Phoniatrica et Logopaedica, 61*(5), 288-295.

Bauman-Waengler, J. (2004). *Articulation and Phonological Impairments.* Boston: Pearson Education. Inc.

Bauman-Waengler, J. (2011). *Articulatory and Phonological Impairments: A Clinical Focus* (4th ed.). Boston: Allyn & Bacon.

Bernthal, J. E., & Bankson, N. W. (2003). *Articulation and Phonological Disorders* (5th ed.). Boston: Allyn & Bacon.

Bernthal, J. E., & Bankson, N. W., & Flipsen, Jr, P. F. (2009). *Speech sound disorders in children: Articulation and phonological disorder* (6th ed.). Pearson education.

Best, C., & McRoberts, G. (2003). Infant perception of nonnative consonant contrasts that adults assimilate in different ways. *Language and Speech, 3,* 183-216.

Bleile, K. M. (2014). *The Manual of Speech Sound Disorders: A Book for Students & Clinicians* (3th ed.). CT: Cengage Learning.

Bowen, C., & Cupples, L. (1999). Parents and Children together(PACT): a collaborative approach to phonological therapy. *International Journal Communication Disorders, 34,* 35-55.

Bowen, C., & Cupples, L. (2004). The role of Families in optimizing phonological therapy outcome. *Child Language teach Therapy, 20,* 245-260.

Bunton, K., & Leddy, M. (2011). An Evaluation of articulatory working space area in vowel production of adults with Down syndrome. *Clinical Linguistics & Phonetics, 25,* 321-334.

Burditt, G. (1971). *Oral Sensory and Motor Treatment Kit.* Sammons Preston.

Cheng, L. R. L. (1993). Asian-American cultures. In D. Battle (Ed.), *Communication disorders in Multicultural Population,* 38-77. Boston: Andover Medical Publishers.

Darley, F., Aronson, A., & Brown, J. (1975). *Motor speech disorders.* Philadelphia: Saunders.

Dodd, B. (1995). *Differential Diagnosis and Treatment of Children with Speech Disorder.* London: Whurr.

Dodd, B. (2005). *Differential diagnosis and treatment of children with speech disorder.* Sussex: Whurr Publishers. Ltd.

Dodd, B. (2016). 말소리장애 아동의 감별진단과 치료(하승희 역). 서울: 시그마프레스. (원전은 2005년에 출판)

Dodd, B., Holm, A., Crosbie, S., & McComack, P. (2005). Differential diagnosis of phonological disorders. In B. Dood (Ed.), *Differential Diagnosis and Treatment of Children with Speech Disorders* (2nd ed.). London: Whurr Publishers.

Dodd, B., Holm, A., Crosbie, S., & McIntosh, B. (2011). Core Vocabulary intervention for inconsistent speech disorder. In L. Williams, S. McLeod, & R. McCauley (Eds.), *Interventions for speech sound disorders in children.* Baltimore: Brookes.

Dodd, B., Holm, A., Hua, Z., & Crosbie, S. (2003). phonological developmental: A normative study of British English-speaking children. *Clinical linguistics and phonetics, 17,* 617-643.

Dodd, B., Zhu, H., Crosbie, S., Holm, A., & Ozanne, A. (2006). *Diagnostic Evaluation of Articulation and Phonology.* London, England: Psychological Corporation.

Dwokin, J. (1978). Protrusive lingual force and lingual diadokinetic rates: A comparative analysis between normal and lisping speaker. *Language, Speech, and Hearing Services in School, 9,* 8-16.

Elimas, P. D., Siqueland, E., Jusczk, P., & Vigorito, J. (1971). *Speech perception in infants. Science 22, 171,* 303-306.

Gordon-Brannan, M. E., & Weiss, C. E. (2007). *Articulatory and phonologic disorders* (3rd ed.). Philadelphia: Lippincott Williams & Wilkins.

Hodson, B. W., & Paden, E. (1983). *Targeting Intelligible Speech: A Phonological Approach to Remediation.* Austin, TX: Pro-ed.

Hoff, E. (2005). *Language Development* (3th ed.). CA: Thomson Learning.

Jusczyk, P. (1992). Developing phonological categories from the speech signal. In C. Ferguson, Ferguson, L. Menn, & C. Stoel-Gammon (Eds.), *Phonological Development: Models Research, Implications.* Timonium, Md: York Press.

Justice, L., M., & Schuele, C. M. (2004). Phonological awareness: description, assessments, and intervention. In J. E. Bernthal & N. W. Bankson (Eds.), *Articulation phonological disorders* (5th ed.). Boston, MA: Ally & Bacon.

Kent, R. D., & Vorperian, H. K. (2013). Speech impairment in Down syndrome: A review. *Journal of Speech, Language, and Hearing Research, 56*(1), 178-210.

Khan, L. (2002). The sixth view: assessing preschoolers' articulation and phonology from the trenches. American *Journal of Speech-Language Pathology, 11,* 250-254.

Kim, M., Kim, S., & Stoel-Gammon, C. (2017). Phonological acquisition of Korean consonants in conversational speech produced by young Korean children. *Journal of Child Language, 44*(4), 1010-1023.

Kuhl, P. K. (1979). Speech perception in early infancy: Perceptual constancy for spectrally dissimilar vowel categories. *The Journal of the Acoustical Society of America, 66*(6), 1668-1679.

Locke, J. (1980). "The inference of speech perception in the phonologically disordered Child Part Ⅱ: Some Clinically Novel Procedures." Their Use, Some Findings. *Journal of Speech and Healing Disorders, 45,* 447.

McDonald, E. (1964). *Articulation Testing and Treatment: A Sensory Motor Approach.*

Pittsburgh, PA: Stanwix House.

Ménard, L., Schwartz, J. L., & Boë, L. J. (2004). Role of vocal tract morphology in speech development: perceptual targets and sensorimotor maps for synthesized French vowels from birth to adulthood. *Journal of Speech, Language, and Hearing Research, 47*(5), 1059–1080.

Miccio, A. W. (2002). "Clinical Problem Solving: Assessment of Phonological Disorders." *American Journal of Speech Language Pathology, 11*(3), 221–229.

Miccio, A. W., Elbert, M., & Forrest, K. (1999). The relationship between stimulability and phonological acquisition in children with normally developing and disordered phonologies. American *Journal of Speech-Language Pathology, 8,* 347–363.

Moon, C., Cooper, R. P., & Fifer, W. P. (1993). Two-day infants prefer their native language. *Infant Behavior and Development, 16,* 495–500.

Owens, R. E. (2012). *Language development an introduction* (8th ed.). Pearson.

Perez, E. (1994). Phonological differences among speakers of spanish-influenced English. In J. Berthal and N. Bankson (Eds.), *Child phonology: Characteristics, Assessment, and Intervention with special Populations,* 245–254. New York: Thieme Medical Publishers.

Polka, L., & Werker, J. F. (1994). Developmental changes in perception of nonnative vowel contrasts. *Journal of Experimental Psychology: Human Perception and Performance, 20*(2), 421–435.

Ruscello, M. D. (2008). Treating *Articulation and Phonological Dis*orders *in Children*. Missouri: Mosby Elsevier.

Rvachew, S., & Nowak, M. (2001). The effect of target-selection strategy on phonological learning. *Journal of Speech, Language and Hearing Research, 44,* 610–623.

Schissel, R. J., & Doty, M. H. (1979). Applicatin of the systematic multiple phonemic approach to articulation therapy: A case study. *Language Speech & Hearing Services in Schools, 3,* 178–184.

Secord, W. A., & Shine, R. E. (1997). *Targer words for contextual training.* Sedona, Ariz: Red Rock Educational Publications.

Shiriberg, L. D., & Austin, D. (1998). "Comorbidity of speech-language disorder: Implication for a phenotype Marker for speech delay" in R. Paul (Ed.), *Exploring the speech-language connection.* Baltimore: Paul H. Brookes Publishing Co., INC.

Shiriberg, L. D., & Widder, C. (1990). Speech and prosody characteristics of adults with mental retardation. *Journal of Speech and Hearing Research, 33,* 627–653.

Shiriberg, L. D., Fourakis, M., Hall, S. D., Karlsson, H. B., Lohmeier, H. L., McSweeny, J. L., & Wilson, D. L. (2010). Extensions to the Speech Disorders Classification System (SDS). *Clinical Linguistics and Phonetics, 24*(10), 795–824.

Shriberg, L. D., & Kwiatkowski, J. (1982). Phonological disorders Ⅲ: A procedure for assessing severity of involvement. *Journal of Speech and Hearing Disorders, 47,* 256–270.

Somers, R. K., & Kane, A. R. (1974). Nature and remediation of functional articulation disorders. In S. Dickson (Ed.), *Communication disorders: Remedial principles and practices.* Glenview: Scott, Foresman, and Co.

Stackhouse, J., & Wells, B. (1997). *Children's speech and literacy difficulties Ⅰ: A psycholinguistic framework.* London: Whurr.

Stark, R. (1980). Stages of speech development in the first year of life. In G. Yeni-Komshian, J. Kavanagh, & C. A. Ferguson (Eds.), *Child phonoloy: Vol. Ⅰ. Production* (pp. 73–92). New York: Academic Press.

Stark, R. (1986). Prespeech segmental feature development. In P. Fletcher & M. Garman (Eds.), *Language acquisition: Studies in first language development* (pp. 149–173). Cambridge University Press.

Strand, E., & Skindner, A. (1999). Treatment of developmental apraxia of speech: Integral stimulation methods. In A. Caruso & E. Strand (Eds.), *Clinical Management of Motor Speech Disorders in Children.* New York: Thieme.

Templin, M. (1957). *Certain language skills in children: their development and interrelationships(Institute of Child Welfare Monograph 26).* Minneapolis: The University of Minnesota Press.

Van Riper, C. (1990) 언어치료학(권도하 역). 대구: 학문사. (원전은 1982년에 출판)

Van Riper, C., & Erickson, R. L. (2001). 언어치료학 개론(개정 9판)(권도하 역). 대구: 한국언어치료학회. (원전은 1996년에 출판)

Vihman, M. M. (1992). Early syllables and the construction of phonology. In C. A. Ferguson, L. Menn, & C. Stoel-Gammon (Eds.), *Phonlogical development: Models, Research, implications* (pp. 393-422). Timonium, MD: York Press.

Williams, A. L. (2001). "Phonological assessment of child speech" In D. M. Ruscello (Ed.), *Tests and Measurements in Speech-Language Pathology* (pp. 31-76). Butterworth-Heinemann.

Winits, H. (1975). *From Syllable to Conversation.* Baltimore: University Park Press.

찾아보기

저자 소개

신혜정(Shin Hye Jung)
대구대학교 대학원 재활과학과 언어치료전공 이학박사
현 광주여자대학교 언어치료학과 교수

권미지(Kwon Mi Ji)
대구대학교 대학원 재활과학과 언어치료전공 이학박사
현 광주대학교 언어치료학과 교수

김시영(Kim Si Yung)
대구대학교 대학원 특수교육과 언어청각장애교육 전공 문학박사
현 대구보건대학교 언어치료학과 교수

김유경(Kim Yu Kyung)
대구대학교 대학원 재활과학과 언어치료전공 이학박사
현 순천제일대학교 언어치료과 교수

박상희(Park Sang Hee)
대구대학교 대학원 재활과학과 언어치료전공 이학박사
현 대구사이버대학교 언어치료학과 교수

박현(Park Hyun)
대구대학교 대학원 재활과학과 언어치료전공 이학박사
현 상지대학교 언어치료학과 교수

이은경(Lee Eun Kyoung)
대구대학교 대학원 재활과학과 언어치료전공 이학박사
현 동신대학교 언어치료학과 교수

이지윤(Lee Ji Yun)
대구대학교 대학원 재활과학과 언어치료전공 이학박사
현 제주국제대학교 언어치료학과 교수

조음·음운장애

ARTICULATION AND PHONOLOGICAL DISORDERS

2023년 3월 30일 1판 1쇄 발행
2024년 3월 25일 1판 2쇄 발행

지은이 • 신혜정 · 권미지 · 김시영 · 김유경 · 박상희 · 박현
         이은경 · 이지윤
펴낸이 • 김진환
펴낸곳 • ㈜ 학지사

         04031 서울특별시 마포구 양화로 15길 20 마인드월드빌딩
대표전화 • 02)330-5114   팩스 • 02)324-2345
등록번호 • 제313-2006-000265호

홈페이지 • http://www.hakjisa.co.kr
인스타그램 • https://www.instagram.com/hakjisabook/

ISBN 978-89-997-2883-9 93370

정가 18,000원

출판미디어기업 **학지사**

간호보건의학출판 **학지사메디컬** www.hakjisamd.co.kr
심리검사연구소 **인싸이트** www.inpsyt.co.kr
학술논문서비스 **뉴논문** www.newnonmun.com
교육연수원 **카운피아** www.counpia.com
대학교재전자책플랫폼 **캠퍼스북** www.campusbook.co.kr